Leopold Berchtold

Anweisung für Reisende

Nebst einer systematischen Sammlung zweckmässiger und nützlicher Fragen

Leopold Berchtold

Anweisung für Reisende

Nebst einer systematischen Sammlung zweckmässiger und nützlicher Fragen

ISBN/EAN: 9783743658677

Hergestellt in Europa, USA, Kanada, Australien, Japan

Cover: Foto ©Lupo / pixelio.de

Weitere Bücher finden Sie auf **www.hansebooks.com**

Anweisung für Reisende,

nebst einer systematischen Sammlung zweckmäßiger und nützlicher Fragen.

Aus dem Englischen des Grafen Leopold Berchtold mit Zusätzen von Paul Jakob Bruns Professor und Bibliothekar zu Helmstädt.

Mit Churfürstl. Sächsischer allergnädigster Freyheit.

Braunschweig
in der Schulbuchhandlung.
1791.

Vorrede.

Wenn gleich unser gegenwärtiges Zeitalter eine weit größere Anzahl von Reisebeschreibungen aufzuweisen hat als die vorigen, so scheinen doch die Anweisungen zum vernünftigen Reisen gegen Ende des vorigen und zu Anfang des jetzigen Jahrhunderts häufiger herausgekommen zu seyn, als sie, der überhandnehmenden Menge Bücher ungeachtet, in den letzten Decennien erschienen sind. Ich verweise, weil ich hier nicht weitläuftig seyn kann, auf die Titel der für Reisende bestimmten Schriften in J. A. Fabricii Abriß einer allgemeinen Historie der Gelehrsamkeit, I. Band Leipzig 1752. 45 S. Glaubt man etwa heut zu Tage, daß das Reisen keine Vorbereitung bedürfe? oder sollte es zur Bildung des Geschäftmannes und Gelehrten nicht mehr für so nöthig angesehen werden, als ehedessen? Ich bin zweifelhaft, wie diese Fragen zu beantworten sind, und glaube mit Recht bemerken zu können, daß Anweisungen, wie Reisen anzustellen sind, eben nicht zu den Büchern gehören, über deren Vervielfältigung man zu klagen Ursache hat. Um desto angenehmer muß die Erscheinung eines von einem einsichtsvollen Reisenden verfertigten Buches seyn, worin der Reisende auf die mancherley Gegenstände, die er vorzüglich zu betrachten hat, aufmerksam gemacht wird, und ihm eine Menge Fragen, die sich auf dieselben beziehen, zur Beantwortung vorgelegt werden. Das Buch, ob es gleich in England und in englischer Sprache herausgekommen ist, hat den aus Böhmen gebürtigen Grafen Leopold Berchtold zum Verfasser. Der vollständige in Kupfer gestochene Titel ist: An es-

say

say to direct and extend the Inquiries of patriotic Travellers with further observations on the means of preserving the life health and property of the unexperienced in their journies by land and sea, also a series of questions interesting to society and humanity necessary to be proposed for solution to men of all ranks and employment, and of all nations and governments comprising the most serious points relative to the objects of all travels. To which is annexed a list of English and foreign works intended for the instruction and benefit of Travellers and a catalogue of the most interesting European travels which have been publish'd in different languages from the earliest times down to September 8th 1787; by Count Leopold Berchtold, Knight of the military order of St. Stephen of Tuscany etc. Inter studia versandum est et inter auctores sapientiae; quam diu nescieris quid fugiendum, quid petendum, quid necessarium, quid supervacuum, quid iustum, quid honestum, non erit hoc

peregri-

peregrinari sed errare. SENECA Vol. I. II. London printed for the Author and sold by Mr. Robinson Mr. Debrett, Mr. Payne, Mr. Ieffery and Mr. Faulder 1789. Enterd at Stationers Hall. 8vo.

Der H. Graf der im Okt. 1789 in Hamburg war, und H. Justizrath Niebuhr zu Meldorf besuchte, hatte die Gefälligkeit mir von Hamburg aus ein Exemplar seines Buches zu schicken und zu melden, daß er das nächste Jahr eine Reise, von Marocco durch die Barbarey nach Aegypten, und von da nach Persien antreten wollte. Ich zweifle daran, daß diese Reise zu Stande gekommen ist; denn nach den letzten Nachrichten, die ich ihn betreffend durch meine Correspondenten in England habe einziehen können, hält er sich jetzt zu Paris auf.

Die Braunschweigische Schulbuchhandlung, welche, aber nicht auf mein Zureden (denn als deutscher Patriot muß ich wünschen, daß weniger übersetzt würde) sich entschlossen hatte, eine
Doll=

Dollmetschung von dem Buche zu veranstalten, glaubte, daß ich ihm durch einige Zusätze noch mehr Vollkommenheit geben könnte. Die Englischen Recensenten, so sehr sie übrigens mit dem Buche zufrieden waren, das auch in Deutschland mit Beyfall aufgenommen ist, hatten ihm seine Dicke zum Fehler angerechnet, da eine Anweisung im kleinern Format für den Reisenden bequemer gewesen seyn würde. Durch weitläuftige Zusätze würde das Buch zu einer Größe angeschwollen seyn, die dem beabsichtigten Gebrauch hätte nachtheilig werden können. Ich glaubte daher meine etwanigen Verdienste um dasselbe darauf einschränken zu müssen. Erstlich habe ich die von einem andern verfertigte Uebersetzung berichtiget. Zweytens einiges weggelassen, z. E. den Plan der philanthropischen Gesellschaft am Ende des 24. Abschnitts. Drittens, mich in meinen Supplementen der Kürze beflissen. Doch ist von mir der 8. Abschnitt S. 12.

Nr. 18. S. 3. 4. 8. 10. 15. 34. 37. 38. und viele andere, sowol große als kleine Einschaltungen, die derjenige, welcher sich die Mühe nehmen wird, das Original mit der Uebersetzung zu vergleichen, leicht selbst finden wird. Insbesondere ist fast alles, was zur Erläuterung der Fragen aus der Statistik angeführt ist, von mir hinzugesetzt. Da es dem Reisenden gleichgültig seyn kann, wie derjenige heißt, der seine Aufmerksamkeit schärft, so habe ich meine Zusätze durch keine besondere Schrift oder Zeichen von dem Text des Verfassers unterscheiden wollen.

Die Menge der Fragen darf einen Reisenden nicht abschrecken. Sie können nicht alle bey einem jeden Lande oder Orte aufgeworfen werden. Sind dem Leser die Fragen dunkel, so kann ihm dieses ein sicherer Beweis seyn, daß er den Gegenstand noch nicht gehörig kenne. Wenn er also nach diesem Entwurfe andere fragen will, so kann ihm auch derselbe zur vorgängigen Prüfung seiner selbst dienen. Eine

Eine Reihe von Fragen, deren Beantwortung von Reisenden verlangt wird, läßt sich auch nach der Ordnung der Länder gedenken, und würde in mancher Rücksicht für Reisende von Wichtigkeit seyn. Die Fragen müssen sich nur auf solche Gegenstände beziehen, in Ansehung deren man noch zweifelhaft oder unwissend ist. Reisende sollten billig ein Verzeichniß solcher Fragen vor Antretung ihrer Reisen entwerfen, und andere, zu denen sie das Zutrauen haben, daß sie den Zustand des Landes, so weit er dem Publikum vor Augen liegt, kennen, um die Bezeichnung dessen, was eigentlich incognitum in diesem Lande ist, bitten. Mögten doch alle, die nach Asien oder einem andern Welttheile reisen, ein Buch solcher Fragen mitnehmen können, als H. geh. Justizrath Michaelis den nach Arabien reisenden Gelehrten, in Beziehung auf biblische Gegenstände, vorlegte!

Den zweyten Theil, welcher ein Verzeichniß der Länder und Reisebeschreibungen enthält, hat der Uebersetzer weggelassen. Es konnte in England von Nutzen seyn, war für Deutschland entbehrlich, weil Stuck, Fabri, Meusel u. a. die Titel solcher Bücher schon geliefert haben. Ein Verzeichniß der besten Landkarten würde hier auch am schicklichen Orte gestanden haben. Ich muß ersuchen, die Notiz derselben aus den geographischen Büchern eines Büsching, Fabri u. a. zu nehmen.

Helmstädt,
im Aprilmonat 1791.

Paul Jakob Bruns.

Inhalt.

Inhalt
der Anweisung für Reisende.

Erster Abschnitt.
Von den nothwendigsten Kenntnissen eines jungen Reisenden   Seite 1

Zweyter Abschnitt.
Von den Gegenständen, die ein Reisender am aufmerksamsten untersuchen muß.   S. 16

Dritter Abschnitt.
Von der Art, wie man Erkundigungen einzuziehen habe.   S. 31

Vierter Abschnitt.
Wie man seine Beobachtungen zu Papier bringen soll,   S. 39

Fünfter Abschnitt.
Wie ein Reisender für die Sicherheit seiner Person und seines Eigenthums zu sorgen hat.   S. 41

Sechster Abschnitt.
Wie ein Reisender für seine Gesundheit, besonders in warmen Ländern, sorgen soll.   S. 46

Siebenter Abschnitt.
Wie ein Reisender sich am besten mit Geld zu versorgen hat.   S. 52

Achter Abschnitt.
Empfehlungsschreiben.   S. 54

Neunter Abschnitt.
Gasthöfe.   S. 55

Zehnter Abschnitt.
Reisegeräthe.   S. 59

Eilfter Abschnitt.
Seereisen.   S. 61

Zwölfter Abschnitt.
Vermischte Bemerkungen.   S. 65

Doktor Hawes Anweisung, wie die, dem Anschein nach Ertrunkenen oder auf andre Weise Erstickten, wieder herzustellen sind.   S. 68

Inhalt der Fragen.

Erster Abschnitt.
Topographie des Landes. S. 73

Zweyter Abschnitt.
Bevölkerung.
Historische Nachforschungen über die Bevölkerung --- Eintheilung der Einwohner --- Berechnungen verschiedner Verhältnisse der Bevölkerung --- Ursachen der Abnahme der Volksmenge und Mittel dieser vorzubauen --- Vermischte Fragen die Bevölkerung betreffend. S. 77

Dritter Abschnitt.
Zustand der Bauern.
Grenzen der Freyheit des Bauern --- Unterdrückung von Seiten der Obrigkeit --- Unterdrückung von Seiten der Landedelleute und deren Diener --- Besitzungen des Bauern --- Seine Wohnung --- Seine Nahrung --- Rauch- und Schnupftabak --- Kleidung --- Erziehung und Unterricht --- Arbeit und Betriebsamkeit --- Fortpflanzung und Dauer des Lebens --- Verordnungen, welche den Bauernstand betreffen --- Unterhalt der Geistlichkeit --- Zustand der Bauern in verschiednen Ländern, in Rücksicht auf ihre Freyheiten u. s. w. Dorfobrigkeiten. S. 86

Vierter

Vierter Abschnitt.
Ackerbau.

Nachricht von den Fortschritten des Ackerbaues in dieser Gegend --- Fragen, die politische Untersuchung, den Werth ꝛc. des Ackerbaues betreffend --- Berechnung des jährlichen Getreideertrags --- Berechnung, wie viel von den verschiednen Produkten verbraucht wird --- Theilung des Landes --- Art, wie die Ländereyen der Edelleute bebauet werden --- System des Ackerbaues --- Das Düngen --- Pflügen --- Säen --- Eggen --- Das Einsammeln des Getreides in die Scheunen --- Dreschdielen --- Kornböden --- Korngruben --- Landtaxe --- Art die landwirthschaftlichen Kenntnisse in der Gegend auszubreiten --- Verbesserung der Landwirthschaft --- Weidegrund und Wiesen --- Pflanzen und Wurzeln zum Färben --- Flachs und Hanf --- Weinberge --- Honig und Wachs --- Stufen der Fruchtbarkeit --- Art, die Unkosten und Einnahmen von einem Morgen Landes zu berechnen --- Verwahrung der Produkte des Ackerbaues gegen die Gefahr des Wetters --- Hindernisse in den Fortschritten der Landwirthschaft. S. 101

Fünfter Abschnitt.
Viehstand, im Allgemeinen.

Erläuternde Fragen zu der ökonomischen und politischen Uebersicht des Viehstandes. Allgemeine Fragen, welche auf den Viehstand Bezug haben. S. 123

Sechster

Sechster Abschnitt.
Hornvieh.

Historische Berechnung des Hornviehstandes --- Ställe --- Futter --- Krankheiten --- Fortpflanzung --- Käse und Butter --- Art, wie beydes genützt wird.   S. 126

Siebenter Abschnitt.
Schafe.

Historische Untersuchungen, in Rücksicht auf die Schafzucht --- Eintheilung der Schafe, in Betracht auf ihre Gestalt, die Feinheit ihrer Wolle und ihren Preis --- Wartung der Schafe --- Ställe --- Futter --- Pferch --- Schur --- Wolle --- Vortheile derer, die Schafe halten --- Krankheiten der Schafe --- Fortpflanzung --- Schafheerden --- Vortheile für das Land --- Gesetze, die Schafe und Wolle betreffend.   S. 129

Achter Abschnitt.
Pferde, Schweine und Federvieh.   S. 140

Neunter Abschnitt.
Holz.

Bauholz --- Brennholz --- Teer --- Pech --- Terpentin --- Pottasche --- Harz --- Fruchtbäume. S. 144

Zehnter Abschnitt.
Bergwerke.

Historische Untersuchungen über diesen Gegenstand --- Gegenwärtiger Zustand der Bergwer-

ke --- Vornehmste Operationen in Bergwer-
ken --- Fortschritte der Bergwerkskunde ---
Bergleute --- Gesetze und Verordnungen zum
Vortheile der Bergwerke.   S. 148

Eilfter Abschnitt.
Manufakturen.
Allgemeine Nachforschungen über den gegenwärtigen Zustand der Manufakturen --- Ihre Ausdehnung --- Arbeit dabey --- Hindernisse bey
dem Aufkommen der Manufakturen --- Aufmunterung zu Vermehnung derselben --- Allge-
meiner und besonderer Vortheil, den sie gewähren --- Auswärtige Manufakturen --- Bildung
der Manufakturisten --- Ihr Charakter. S. 152.

Zwölfter Abschnitt.
Fragen, welche auf alle Manufakturen an-
wendbar sind.
Errichtung der Manufakturen --- Arbeit --- Arbeiter --- Werkzeuge --- Verkauf der Waare --- Ausgabe und Ueberschuß --- Vermischte Fragen S. 163

Dreyzehnter Abschnitt.
Einländischer und ausländischer Handel.
Einländischer Handel --- Kornhandel --- Spedi-
tionshandel --- Kommißionshandel --- Sklavenhandel --- Ausfuhr --- Einfuhr --- Handlungsbilanz --- Staatsbilanz --- Handlungsgesellschaften --- Monopolien --- Münze --- Geld ---
Eingebildetes- und Papiergeld --- Ausfuhr des
Geldes --- Wechsel --- Banken --- Renten ---
Lebens-

Lebensassekuranzen --- Hindernisse bey dem Handel --- Verordnungen zu Beförderung desselben --- Gegen Kränkung des öffentlichen Handels --- Gegen Schleichhandel --- Bankerotte --- Wucher und Zinsen --- Betrug --- Aufkauf und Trödel --- Vertheurung und Alleinhandel --- Verführung der Künstler und Mittheilung der Maschinen --- Einschränkung unerfahrner Handwerker --- Lage des Landes, in Rücksicht auf den Handel --- Abgaben und Zölle --- Handlungs- und Schiffahrtsverträge mit verschiednen Mächten, besonders mit den Staaten der barbarischen Seeräuber --- Jährlicher Handelsertrag --- Kaufmannschaft S. 167

Vierzehnter Abschnitt.
Kolonien.

Historische Untersuchung, die Gründung der Kolonien betreffend --- Geographische Beschreibung derselben --- Produkte --- Bevölkerung --- Handel --- Regierungsform --- Vortheile, die das Mutterland aus den Kolonien zieht. S. 194

Funfzehnter Abschnitt.
Einländische Schiffahrt.

Untersuchungen, die schiffbaren Ströme und Seen betreffend --- Bau der Kanäle --- Gebrauch derselben --- ihre öffentliche und Privatvortheile. S. 198

Sechszehnter Abschnitt.
Schiffahrt auf der See.

Historische Untersuchung, die Seeschiffahrt betreffend --- Gegenwärtiger Zustand dieser Schiffahrt

fahrt --- Schiffer --- Milde Stiftungen für die
Schiffer und ihre Familien --- Seegesetze --- Fort=
schritte in der Kunst der Schiffahrt und andre
Gegenstände, die dahin gehören --- Seeräuber
--- Kaper. S. 201.

Siebenzehnter Abschnitt.
Fragen, welche auf jeden Seehafen an= wendbar sind.

Art des Seehafens --- Handel in demselben ---
Schiffe, die zu diesem Hafen gehören --- Asse=
kuranz --- Weise Verordnungen und nützliche
Maschinen --- Handlungsverhältniß zwischen
diesem Hafen und des Reisenden Vaterlande ---
Kaufleute --- Einkünfte des Hafens. S. 209

Achtzehnter Abschnitt.
Fischerey im Allgemeinen.

Lage des Landes, in Rücksicht auf die Fischerey ---
Verschiedne Gattungen von Fischen und Jah=
reszeit zum Fischfange --- Fischhandel --- Ein=
salzen --- Vortheile, die das Land aus der Fische=
rey zieht. S. 213

Neunzehnter Abschnitt.
Heeringsfang.

Historische Untersuchungen, die Heeringsfischerey
betreffend --- Ausrüstung der Fahrzeuge zum
Heeringsfange --- Verfahrungsart, bey dieser
Fischerey --- Weise, die Heeringe zu bereiten ---
Verkauf --- Ermunterung zur Heringsfischerey
Vortheil dieser Fischerey für den Staat. S. 216

Zwan=

Zwanzigster Abschnitt.
Wallfischfang.
Chronologische Untersuchung den Wallfischfang betreffend --- Ausrüstung eines Schiffes dazu --- Verfahrungsart --- Verkauf des Erhaltnen --- Ermunterung zu dieser Fischery --- Vortheil des Wallfischfangs für den Staat.   S. 220

Ein und zwanzigster Abschnitt.
Corallenfischerey.
Untersuchung, den Ursprung und die Fortschritte der Corallenfischerey betreffend --- Ausrüstung der Corallenböte --- Verfahrungsart bey dem Fischen --- Handel --- Aufmunterung zur Corallenfischerey --- Vortheil dieser Fischerey für den Staat.   S. 224

Zwey und zwanzigster Abschnitt.
Kauffartheyschiffe.
Ausdehnung des Schiffbaues --- Schiffsbedürfnisse und deren Preise --- Eigenschaft der Schiffe --- Kosten --- Vortheil des Schiffbaues für das Land.   S. 227

Drey und zwanzigster Abschnitt.
Gesetze und Verwaltung der bürgerlichen Justiz.
Historische Nachrichten von der Gesetzgebung --- Rechte der Eingebornen --- Verhältniß zwischen Herren und Dienern --- Zwischen Mann und Weib --- Zwischen Eltern und Kindern --- Zwischen Vormündern und Mündeln --- Lehnssystem --- Verträge --- Selbstvertheydigung --- Kränkung der reellen und personellen Rechte ---

Gerichtshöfe --- Rechtsgelehrte --- Justizverwaltung --- Verordnungen, die bürgerliche Justizadministration betreffend --- Belohnungsgesetze. S. 230

Vier und zwanzigster Abschnitt.
Kriminalgesetze und Verwaltung der peinlichen Justiz.

Kriminalgesetze --- Obrigkeit --- Verfahrungsart und Verhaftnehmung --- Verhör --- Zeugen --- Eidschwur --- Folter --- Vertheydigung --- Appellation --- Urtheil --- Vollstreckung --- Heimliche Anklage --- Verbrechen und Strafen --- Zufluchtsörter --- Verbannung --- Gefängnisse Weise Verordnungen der zuvorkommenden Gerechtigkeit --- Bemerkungen über den Nutzen der philanthropischen Gesellschaft, welche in London im Jahr 1788 ist gestiftet worden, um Verbrechen vorzubeugen und die Sitten der Armen zu verbessern. S. 242

Fünf und zwanzigster Abschnitt.
Policey.

Sorgfalt für das Leben und das Eigenthum der Einwohner --- Gesundheitskollegium --- Sorgfalt für Leichen und Begräbnisse --- Vorkehrungen gegen Krankheit und den Tod, durch ungesunde Speisen und andre Zufälle --- Mittel, dem sittlichen Verderben vorzubeugen --- Verordnungen, die öffentliche Sicherheit betreffend --- Mittel, den Ruf und die Ehre der Einwohner zu sichern --- Vorsicht bey Feuersgefahr --- Erleuchtung --- Lebensmittel auf den Märkten und Vorkehrungen gegen Vertheurung --- Reinhaltung

tung der Stadt --- Mittel das Leben in der Stadt angenehm zu machen, und Fremde hinzuziehen --- Diesem ist beygefügt eine Tabelle über die Marktpreise, über die jährliche Konsumption in der Hauptstadt, über die Abgaben von den eingeführten Lebensbedürfnissen und über die Oerter, woher diese Artikel gebracht werden ꝛc. Desgleichen eine Tabelle von den Haushaltungsausgaben in der Hauptstadt. S. 252

Sechs und zwanzigster Abschnitt.
Milde Stiftungen.

Einrichtung, um ertrunkne und erhenkte Personen, erstickte und erdrückte Kinder, wieder ins Leben zurück zu rufen --- Personen, die durch böse Dünste betäubt sind --- Erfrorne --- Siechenhäuser --- Entbindungshäuser --- Findlingshäuser --- Einimpfungsanstalten --- Für venerische Kranke --- Tollhäuser --- Zu Besserung liederlicher Weibspersonen --- Zu Verheyrathung armer Mädchen --- Aufnahme arbeitsamer Dürftigen --- Errichtung eines öffentlichen Leihhauses --- Werkhäuser --- Versorgung solcher Armen, die sich, ihres Standes wegen, schämen zu betteln --- Sorgfalt für gebrechliche, zur Arbeit untüchtige Arme --- Waisenhäuser --- Oeffentliche Belohnungen menschenfreundlicher Handlungen. S. 263

Sieben und zwanzigster Abschnitt.
Erziehung

Historische Untersuchungen in Rücksicht auf die Erziehung --- Säugung der Kinder --- Kleidung --- Schlaf und Betten --- Behandlung der Kinder in Rücksicht auf den Körper --- Bildung ihres Herzens --- Unterricht im Lesen, Schreiben und Rechnen

Rechnen --- Körperliche Uebungen --- Häusliche
Erziehung --- Oeffentliche Erziehung --- Berühmte Männer. S. 273

Acht und zwanzigster Abschnitt.
Ursprung, Sitten und Gebräuche der Nation.

Ursprung der Nation --- Veränderungen, die mit
dem Volke vorgegangen sind --- Gestalt und charakteristische Gesichtsbildung --- Einfluß des
Klima --- Genie --- Charakter der Nation ---
Aberglaube und Vorurtheile --- Betragen gegen
Fremde --- Nahrung --- Kleidung --- Einrichtung der Wohnungen --- Vergnügungen --- Oeffentliche Feste --- Gebräuche bey Hochzeiten, bey
freudigen und traurigen Begebenheiten ꝛc. S. 284.

Neun und zwanzigster Abschnitt.
Weiber.

Erziehung des weiblichen Geschlechts im Allgemeinen --- Kostschulen --- Ausdehnung der Freyheit,
die man erwachsenen jungen Frauenzimmern
einräumt --- Verheyrathungen --- Einfluß der
Frauenzimmer in Staatsangelegenheiten --- Berühmte Weiber --- Gesetze, welche das weibliche
Geschlecht betreffen. S. 290

Dreyßigster Abschnitt.
Religion und Geistlichkeit.

Historische Untersuchungen, die Religion des Landes betreffend --- Herrschende Religion --- Toleranz --- Geistlichkeit --- Mönchsorden in den römischkatholischen Provinzen --- Immunitäten
und Freyheiten der Geistlichkeit --- heilige Zufluchtsörter --- Vergehungen gegen Gott und
Religion. S. 295

Ein

Ein und dreyßigster Abschnitt.
Adel.
Entstehung des Adels — Einkünfte — Vorrechte und Stiftungen zum Vortheil des Adels — Erbliche Titel und Güter — Gerichtsbarkeit der Landgüter — Aufenthalt und Vergnügungen — Einfluß und Ansehen des Adels — Erziehung — Reisen junger Edelleute — Kriegsdienste — Charakter des Adels — Ertheilung von Orden und Titeln, oder Ehrenstellen — Gesetze, auswärtige Edelleute betreffend — Vermischte Fragen. S. 301

Zwey und dreyßigster Abschnitt.
Regierung.
Historische Nachforschungen, die Regierungsform betreffend — Grundgesetze — Grenzen der landesherrlichen Gewalt — Ministerium — Regierungssystem in den Provinzen — Beförderung zu Aemtern im Staate. S. 308

Drey und dreyßigster Abschnitt.
Auflagen und Steuern.
Befugniß Taxen aufzulegen — Steuersystem — Vertheilung der Abgaben und ihr Betrag — Gegenstände, die man, lieber als die Bedürfnisse des Lebens, mit Abgaben belegt — Luxus — Arten von Abgaben — Art, wie die Last der Abgaben vertheilt wird — Art der Hebung — Weise Verordnungen, in Rücksicht auf die Steuern. S. 312

Vier und dreyßigster Abschnitt.
Finanzen.
Historische Nachforschungen, die Einkünfte betreffend — Gegenwärtige Quelle der Einkünfte — Art, die Gelder zu heben — Finanzkollegium — Historische Nachforschungen, die jährlichen Staatsausgaben betreffend — Gegenwärtige Ausgaben. S. 317

Fünf und dreyßigster Abschnitt.
Landmacht.
Historische Untersuchungen, die Armee betreffend — Gegen-

Gegenwärtiger Zustand des stehenden Heers --- Ausgabe dafür --- Anschaffung der Pferde --- Militärsystem --- Rekrutenwerbung --- Behandlung der Soldaten und Kriegszucht --- Ermunterung zur Tapferkeit --- Charakter der Soldaten --- Erziehung junger Edelleute, die zum Kriegsdienste bestimmt sind --- Beförderung der Officiers --- Einquartierung der Soldaten --- Festungen --- Zenghäuser --- Berühmte Männer im Kriegswesen. S. 321

Sechs und dreyßigster Abschnitt.
Flotte.

Historische Untersuchungen, die Flotte betreffend --- Jetziger Zustand --- Bemannung der Flotte --- Vorsicht zu Erhaltung der Gesundheit der Seeleute an Bord --- Milde Stiftungen für untüchtig gewordne und für deren Wittwen und Kinder --- Artikel zur Regierung der Flotte --- Admiralitätsgericht. S. 332

Sieben und dreyßigster Abschnitt.
Bauart und Beschaffenheit der Kriegsschiffe.

Schiffswerfte und Oberaufsicht darüber --- Schiffsvorräthe und Versorgung der Flotte mit Lebensmitteln --- Verhältnisse der verschiednen Rangordnungen von Schiffen --- Beschaffenheit der Bauart --- Pulvermühlen --- Gießen der Schiffskanonen --- Fortgang in der Kunst, mit Kanonen zu schießen --- Schule der Schiffahrt und der Schiffsbaukunst --- Verbesserungen in beyden. S. 337

Acht und dreyßigster Abschnitt.
Landesherr.

Erziehung des regierenden Fürsten --- Seine Regierung. S. 344

Allgemeine Regeln,

um über die Armuth oder Reichthum einer Stadt, eines Fleckens, einer Gegend, bey der Durchreise zu urtheilen. S. 350

Erster

Erster Abschnitt.
Von den nothwendigsten Kenntnissen eines jungen Reisenden.

Ohne die nöthige Vorbereitung läßt sich keine Sache gehörig ausführen, am wenigsten kann ein junger Mann von Stande, der zu seinem eigenen Unterricht, zum Besten des menschlichen Geschlechts überhaupt, oder zur Beförderung der Glückseligkeit seines Vaterlandes insbesondere, zu reisen wünscht, seinen Endzweck zu erreichen hoffen, wenn er nicht schon alle nöthige Vorkenntnisse erlangt hat, ehe er dieß schwere Geschäft unternimmt.

Es giebt eine unendliche Menge von Gegenständen, die der nähern Untersuchung und Aufmerksamkeit eines Reisenden werth sind, und die um desto erheblicher werden, je wichtiger die Anwendung der von ihnen erlangten Kenntniß der Welt ist. Ich rathe daher jeder jungen Standesperson, die einen lobenswürdigen und unwiderstehlichen Trieb in sich fühlt, durch Reisen ihre Kenntnisse zu vermehren, sich zuvor Einsichten in den Künsten und Wissenschaften zu erwerben,

werben, deren Ausbreitung und Vervollkommnung dem menschlichen Geschlechte überhaupt, und ihrem Vaterlande insbesondere ersprießlich ist.

Durch Lektüre und eigenes Nachdenken können wir zwar auf manchen richtigen Begriff von dem gerathen, worauf wir bey Reisen unsre Aufmerksamkeit richten müssen, — allein unsre beste und vornehmste Führerinn, die Erfahrung, lehrt uns, daß vieles erst durch Winke einsichtsvoller Freunde ersetzt werden muß, was in Büchern nicht berührt wird, und was wir durch Nachdenken nicht erforschen. Daher sollte auch jeder, der mit Nutzen reisen will, vor allen Dingen einsichtsvollen und gutmüthigen Männern, denen das öffentliche Wohl am Herzen liegt, seinen Plan mittheilen; sich von ihnen die wichtigsten Gegenstände, welche eine vorzügliche Aufmerksamkeit verdienen, anzeigen lassen, und von ihnen lernen, was das Wohl der Menschen befördert, und was die Hauptkrankheiten sind, woran dieser politische Körper, von dem wir Glieder sind, vorzüglich leidet.

Mit Vergnügen wird ein Menschenfreund seine erlangten Einsichten weiter mittheilen; vieles kann daher durch den Umgang mit einsichtsvollen und erfahrnen Männern erlernt werden: aber schriftliche Unterweisung behauptet doch immer einen großen Vorzug, weil sie dem Gedächtnisse besser zu Hülfe kommt, und weil man beym Schreiben auch weit mehr Muße hat, den wahren Nutzen seiner Nebenmenschen zu überdenken, als beym mündlichen Vortrage.

Von

Von folgenden Künsten und Wissenschaften ist es unumgänglich nothwendig, daß ein Reisender sich Kenntnisse erwerbe, als:

1. Gesetzgebung.

Wer weise Gesetze im Auslande aufsuchen will, um durch Mittheilung derselben an die Gesetzgeber seines Vaterlandes, seine Landesleute besser, betriebsamer, reicher und glücklicher zu machen, der muß von dem ganzen Umfang des Justizwesens, von dem Geiste, der die Gesetze beseelen, der Art und Weise, wie die Gerechtigkeit in Civil- und Kriminalfällen gehandhabt werden muß, und von den Einrichtungen, welche zur Aufrechthaltung einer guten Polizey auf dem Lande und in den Städten zu treffen sind, unterrichtet seyn, auch die in Absicht dieser Stücke in seinem Vaterlande bemerkbaren Fehler vorher kennen.

2. Naturgeschichte.

Das Studium der allgemeinen und der besondern Naturgeschichte seines Vaterlandes, wird ihm Mittel an die Hand geben, seinen Mitgeschöpfen wesentliche Dienste zu leisten; er muß aber vorzüglich diejenigen Zweige dieser Wissenschaft kultiviren, welche am sichersten zu diesem Ziele führen. Dieß Studium äußert auch einen sehr vortheilhaften Einfluß auf unser Gemüth, indem es mannigfaltige Gelegenheiten verschaft, die unerschöpfliche Macht des göttlichen Urhebers der uns umgebenden unnachahmlichen Werke zu bewundern und anzubeten.

3. Mineralogie, Metallurgie und Chemie.

Der große Nutzen der Mineralogie, Metallurgie und Chemie überhaupt, als besonders zur Verbesserung der Manufakturen, und folglich zur Erweiterung der Handlung, ist zu allgemein bekannt, als daß er hier auseinandergesetzt zu werden brauchte. Gemeiniglich glaubt eine reisende Standesperson, daß Kenntniß der schönen Künste am wenigsten entbehrt werden könne, und ein Gelehrter, daß er nur nach Bibliotheken und Schriftstellern an einem Orte zu fragen habe. Wenn alle Reisende Einsichten in der Naturgeschichte, Fabrikwissenschaft, Chemie nud den mancherley Zweigen der Staatswissenschaft sich vorher erwürben: so würden ihre Reisen dem Vaterlande sehr ersprießlich werden können.

4. Mathematik.

Je weitumfassender das Studium der Mathematik ist, desto vorsichtiger und fleißiger muß es betrieben werden. Diejenigen Zweige desselben, welche im gemeinen Leben am anwendbarsten sind, verdienen unsre größte Aufmerksamkeit.

Durch Erlernung der Mathematik gewöhnt sich ein Jüngling, alles gewissermaßen systematisch zu betreiben, wodurch auch für seine Privatökonomie große Vortheile entstehen.

5. Mechanik.

Die Mechanik ist ein sehr wichtiges Studium. Durch sie lernen wir den Bau und die Anwendung mancher besondern und sehr zusammengesetzten Maschinen,

schinen, als Weberstühle, Mühlen u. dgl. sehr leicht kennen, die man auf Reisen zu beobachten Gelegenheit findet, und mit Nutzen in sein Vaterland einführen kann.

6. Hydrostatik, Hydraulik und Architektur.

Hydrostatik und Hydraulik sind zwey so wichtige Zweige der angewandten Mathematik, daß man einen Hauptfehler begeht, wenn man seine Reisen beginnt, ehe man sie erlernt hat. — Ohne sie wird man vergebens die bewundernswürdigen Kunstwerke anstaunen, die durch Wasser getrieben werden, und von überaus großem Nutzen sind, da sie einen starken Aufwand von Zeit und Kräften ersparen helfen. Und wie wird der Reisende von Gebäuden urtheilen können, wenn er mit den Regeln, wornach sie aufgeführt werden müssen, gänzlich unbekannt ist?

7. Perspektive.

Wer genaue und richtige Plane von allerley Maschinen entwerfen will, muß eine gründliche Kenntniß der Perspektive besitzen. Besonders wird ein Reisender, der Kenntniß genug von Maschinen hat, um die sinnreichen neuen Erfindungen derselben richtig zu fassen, auch große Hülfe in dieser Wissenschaft finden, sie richtig darzustellen.

8. Erdbeschreibung.

Die Erdbeschreibung ist eine so nützliche oder vielmehr unentbehrliche Wissenschaft, daß es eben so thöricht seyn würde, eine Reise anzutreten, ohne sie erlernt zu haben, als mit Nahrungsmitteln und Erfrischungen auf der Reise unversorgt zu seyn.

Die Kenntniß des Gebrauchs der Erd- und Himmelskugel, bedarf eben so wenig einer besondern Empfehlung da ihr Nutzen allgemein anerkannt wird, und von der Erdbeschreibung auf keine Weise getrennt werden kann.

9. Navigation und Schiffsbaukunst.

Die Kenntniß des Schiffswesens macht Seereisen angenehm und lehrreich. Durch sie kann ein Reisender nicht nur seine Einsichten erweitern und berichtigen, sondern auch oft Gelegenheit finden, sein und der ganzen Schiffsgesellschaft Leben zu erhalten, wenn die Führer des Schiffs durch Unwissenheit, Unordnung oder Trunkenheit es in Gefahr bringen.

10. Ackerbau.

Der Ackerbau ist gewiß die nützlichste und nothwendigste Kunst, und verdient daher unsre vorzüglichste Aufmerksamkeit. Eine Nation, die starken Ackerbau treibt, muß mächtig, reich und glücklich werden; und daher sollte auch jedes Individuum so viel als möglich zu seiner Vervollkommnung beytragen, und es an nichts fehlen lassen, sich die nöthigsten Kenntnisse der Land- und Hauswirthschaft zu verschaffen.

Ein aufmerksamer und einsichtsvoller Beobachter solcher Staaten, die den Ackerbau vorzugsweise treiben, wird, außer den unzähligen Vortheilen, die er seinem Vaterlande verschaffen kann, auch an Moralität gewinnen, indem er immer gefühlvoller gegen den Mangel anderer, und wohlwollender gegen diejenige Klasse von Menschen werden muß, die, obgleich am wenigsten

wenigsten geachtet, doch bey weitem die nützlichste ist, indem sie ihr Vaterland ernähren und vertheidigen muß.

Ein Reisender muß von dem Zustande des armen Landbauers in seinem Vaterlande eben so genau, als von dem seiner eigenen Familie, unterrichtet seyn; wie wollte er sonst Vergleichungen darüber mit der Verfassung des Landmannes in andern Ländern anstellen, und sich von den wissenswürdigsten Dingen unterrichten können? Wer zu Hause genau darauf geachtet hat, wie sehr verschieden der Landbau getrieben wird, dem wird es auch nicht schwer werden, im Auslande richtige Beobachtungen anzustellen, wie jede Art von Boden am vortheilhaftesten angebaut wird, und wie ein guter Wirth einem kleinen Fleckchen Lande zuweilen hinlänglichen Unterhalt für eine zahlreiche Familie zu entlokken versteht.

II. Sprachen.

Man kann unmöglich mit Nutzen reisen, ohne die Sprache des Landes zu kennen, das man zu seiner Belehrung besuchen will; die Lateinische und Französische Sprache reicht wirklich nicht zu; ein Reisender muß oft vieles von solchen Leuten zu lernen suchen, denen beyde Sprachen fremd sind. Rechnet man hierzu noch, daß viele der in der Landessprache abgefaßten Publikationen, (zu geschweigen die National-Municipal- und Polizeygesetze) die Aufmerksamkeit eines Reisenden verdienen; so wird jeder gestehen, daß Sprachkenntniß ein unumgänglich nothwendiges Talent sey.

Eine Sprache in dem Lande selbst, wo sie gesprochen wird, erst erlernen zu wollen, ist auch um beswillen nicht anzurathen, weil ein großer Aufwand von Zeit dazu erfordert wird, der weit besser zu andern Dingen angewandt werden kann.

Ich berufe mich auf die Erfahrung und Wahrheitsliebe derer, welche die Sprachen der Länder kannten, die sie besuchten, und sie werden einmüthig gestehen, daß die Fertigkeit, die Landessprache zu reden, ihnen eine große Gewalt über die Gemüther der Eingebornen gegeben hat. Ein Fremder wird von den Eingebornen geachtet, und hat ihnen eine Ehre und Gefälligkeit erwiesen, sobald er sich Mühe gegeben hat, ihre Sprache richtig zu erlernen. In Gesellschaft versteht er alles was gesprochen wird, und das Zutrauen zu ihm wird vermehrt, wenn er sich in der Landessprache mittheilen kann.

Mit Personen von der geringern Klasse kann er durchaus nicht ohne sie fertig werden, und er ist beständigen Plackereyen, Zänkereyen und Uebervortheilungen unterworfen, wenn er sich nicht ihnen verständlich machen kann.

12. Arithmetik.

Obgleich die Arithmetik unter den Erfordernissen zu einer feinen Erziehung nicht die erste Stelle einnimmt; so ist sie doch um nichts destoweniger eine sehr nützliche und eben so schätzbare Wissenschaft, als viele andre, indem alle Stände ihrer bedürfen, und ein Reisender ihrer in vielen Fällen nicht entbehren kann.

13. Zeich=

13. Zeichnen

gehört zu den nothwendigen und feinen Talenten eines Reisenden.

Es ist sehr unterhaltend, wenn man Landschaften, Kleidungen u. dgl. abzeichnen, oder seine Skizzen und Entwürfe schön darstellen kann; aber noch weit nützlicher ist es, wenn man, wie wir oben bey der Perspektive erinnerten, zusammengesetzte Maschinen und Werke aus verschiedenen Gesichtspunkten richtig und kunstmäßig abzuzeichnen versteht.

14. Eine lesbare und geschwinde Hand.

Es ist ein Hauptbedürfniß für einen Reisenden, eine lesbare Hand zu schreiben, er entgeht dadurch einer Menge Unbequemlichkeiten, Verzögerungen und Misverständnissen. Man kann nicht allenthalben geschickte Abschreiber finden; und die Erfahrung lehrt es auch zur Genüge, daß man sich nicht auf die Ehrlichkeit fremder Leute verlassen könne.

Ein Reisender erhält zuweilen starke Sammlungen wichtiger Schriften nur auf eine kurze Zeit geliehen, die er weder einem Abschreiber noch sonst jemanden anvertrauen darf; und kann also, wenn er nicht selbst geschwinde schreiben kann, den Vortheil nicht daraus ziehen, den er selbst wünscht, und den sein Freund ihm damit gewähren wollte.

Eben so wird es auch sehr nützlich seyn, mit Abkürzungen schreiben zu lernen, und ein geheimes Alphabeth zu wissen, womit man sehr wichtige Dinge aufzeichnen kann, die man nicht gerne jedem zudringlichen oder verschlagenen Menschen preis geben will.

15. Schwimmen.

Obgleich der Selbsterhaltungstrieb schon einen jeden lehrt, sich gegen alle Gefahren zu sichern; so halte ich es doch nicht für überflüßig, die Schwimmekunst allen, welche auf Reisen gehen, besonders zu empfehlen, indem sie leicht in die Gefahr zu ertrinken gerathen können. Außer dieser Pflicht gegen uns selbst, erfordert es auch die Menschlichkeit und die Pflicht gegen andre, daß wir uns so geschickt wie möglich zu machen suchen, das Leben unsrer Nebenmenschen retten zu können, wenn es in Gefahr geräth. Welche Handlung ist edler,— ich möchte sagen göttlicher, — als einem Menschen das Leben zu erhalten?

Viele stehen in dem Wahne, als wenn erwachsene Menschen das Schwimmen nicht mehr erlernen könnten; die tägliche Erfahrung überzeugt uns aber von dem Gegentheile. Wenn der zum Unterrichte gewählte Platz die natürliche Furchtsamkeit des Lehrlings nicht vermehrt, und der Lehrer geschickt genug ist; so wird er es gewiß bald weit in dieser nöthigen Kunst bringen.

Man hat viele Maschinen erfunden, die den Körper im Wasser unterstützen, deren man sich im Anfange auch mit Nutzen bedient, um sich zu einer leichten Stellung zu gewöhnen, und den Muth zu erhalten. Die gewöhnlichsten und bekanntesten, die mir jetzt beyfallen, sind Bachstrom's Cuirasse und der Scaphander des Abbé de la Chapelle, welcher in Frankreich in hohem Ansehen steht.

Von dem Reiten, Fechten und andern körperlichen Uebungen ist nichts erinnert worden, weil es als ausgemacht angenommen wird, daß die körperliche

Bildung

Bildung bey der Erziehung des Reisenden nicht vernachläßiget ist.

16. Oberflächliche medicinische Kenntnisse.

Da es sich ohne Gesundheit nicht gut reisen läßt; die menschliche Natur aber unzählig vielen Unordnungen unterworfen ist, und nicht allenthalben geschickte Aerzte und Wundärzte zu haben sind; so ist es einem jeden zu rathen, daß er sich so viele medicinische Kenntnisse erwerbe, als nöthig sind, um mit den Haupturfachen der Krankheiten vertraut zu werden, und einfache Mittel für die gewöhnlichsten bereiten zu können.

Eben so wäre es auch sehr nützlich, wenn er so viel von der Chirurgie erlernte, um zur Ader lassen, und eine Wunde verbinden zu können, welches ein Reisender beydes oft nöthig hat.

Er sollte auch billig die besten Verfahrungsarten kennen, ertrunkene, erfrorene und von schädlichen Dünsten erstickte Personen wiederherzustellen. — Reisende werden in heißen Klimaten oft von einem plötzlichen Stich der Sonne befallen, welches die Franzosen un coup de soleil nennen; ein unfehlbares Mittel gegen diesen gefährlichen Zufall würde von großem Nutzen seyn.

17. Musik.

Eine hinlängliche Geschicklichkeit in dieser Kunst ist einem Reisenden bey vielen Gelegenheiten nützlicher, als er sich vorstellt. Sie führt ihn in manche feine Gesellschaft, verschaft ihm wichtige Bekanntschaften, und ersetzt auch sehr angenehm den Mangel derselben.

Es

Es giebt wenige Menschen, die die Musik nicht liebten, und wer seine Muße zu diesem unschuldigen Vergnügen verwendet, dem wird seine Mühe reichlich dadurch vergolten werden, daß er andre durch eine Beschäftigung unterhält, die ihm selbst großes Vergnügen gewährt. Die Musik hält uns auch von den Spieltischen und zuweilen von unordentlichen Gesellschaften ab, in die ein junger Mann sehr leicht gerathen kann.

Ein Instrument, das sich in der Tasche tragen läßt, als z. B. eine Flöte, ist einem größern weit vorzuziehen.

18. Geschmack.

Aber nicht bloß Musik, sondern auch andere schöne Künste müssen, wenn nicht von ihm geübt, doch wenigstens geliebt werden. Ueberhaupt muß der Reisende Empfindung für alles Schöne, es sey ein Werk der Natur oder Kunst, besitzen, und es nach richtigen Grundsätzen zu beurtheilen wissen. Wie viel Vergnügen, andere Gründe hier nicht anzuführen, entbehrt nicht der geschmacklose Reisende, gegen den, welchen jede Schönheit rührt, und mit unaufhörlichen Vergnügungen der reinsten Art, wenn er durch die kultivirten Länder Europens reiset, überströmet?

19. Menschenkenntniß.

Beynah alle Sprachen Europens haben vortrefliche Schriften über diesen schweren, vielumfassenden und wichtigen Gegenstand aufzuweisen, so daß ich gewiß nicht nöthig habe, ihn weiter zu erörtern; ich bemerke bloß, daß ein jeder, der geschwinde Fortschritte hierin

machen

machen will, sein eigen Herz genau untersuchen muß.
Wer fremde Charaktere ausspähen will, muß zuvor
seine eigene Neigungen, Launen und Widersprüche ken=
nen lernen; muß beständig über sich wachen, seine
Fehler einsehen, die Wirkungen seiner Seele analysiren,
und dann erst andre mit der strengsten Aufmerksamkeit,
selbst in Kleinigkeiten beobachten. Der Nutzen, den
wir aus dieser Kenntniß ziehen können, fällt leicht in
die Augen; wir können die Menschen leiten, wohin
wir wollen, wenn uns keine Falte in ihrem Kopfe oder
Herzen verborgen bleibt.

20. **Kenntniß des vaterländischen Staates.**

So wenig der Arzt einen Kranken wieder herzustel=
len vermag, dessen körperliche Beschaffenheit und Lei=
den ihm ganz unbekannt sind, so wenig kann ein Pa=
triot, mit dem besten Willen, der Krankheit des po=
litischen Körpers seiner Nation abhelfen, wenn er nicht
genau weiß, wo und wie die wahren Ursachen der Lei=
den versteckt sind. Um also das Uebel, woran das
Vaterland kränkelt, genau kennen zu lernen, und bey
der Wurzel angreifen zu können, muß er genau auf die
Winke erfahrener und wohlgesinnter Freunde achten,
und in Gesellschaft unterrichteter und aufmerksamer
Freunde eine ökonomische und Handlungsreise durch alle
Distrikte seines Vaterlandes machen, und sich in kei=
nem Stücke, weder bey seinen Nachforschungen, noch
bey der Reise selbst übereilen.

Die gewöhnlichsten und gefährlichsten Quellen des
Uebels bey einer Nation entstehen aus der Unterdrü=
kung des Landmanns, und aus einem falschen Agri=
kultur=

Kultursystem. Er muß daher die genaueste und richtigste Kenntniß von dem Zustande des Landmanns, und von der Land= und Hauswirthschaft zu erlangen suchen, und so unabläßig in diesem Bestreben seyn, als wenn er in dieser Absicht eigentlich von der Regierung abgesandt wäre.

Es ist auch sehr anzurathen, daß er seine Beobachtungen nach eben dem Plane aufzeichne, den er sich für seine Untersuchungen in fremden Ländern gemacht hat, er wird sich alsdann dadurch, daß er sich die ausgebreitetste und nützlichste Bekanntschaft mit seinem Vaterlande verschaft, zugleich fähig machen, auch auswärts in allen seinen Untersuchungen systematisch zu Werke zu gehen, und die fremden Staaten mit dem seinigen richtig zu vergleichen.

21. Vorläufige Bekanntschaft mit den Ländern, die man besuchen will.

Um sich auf seinen Reisen gehörig unterrichten zu können, muß man schon zuvor, in mancher Rücksicht, mit den Ländern, die man besuchen will, bekannt seyn. Man erlangt diese Bekanntschaft aber durch die Lektüre der besten Schriftsteller über ihre ältere und neuere Geschichte, von denen man sich auch allenfalls Auszüge zum nachmaligen Vergleichen mit seinen eigenen Beobachtungen, machen kann. Man erforsche auf den Ursprung der Nationen, lerne ihre merkwürdigsten Perioden, die Quellen ihres Emporkommens und ihrer Abnahme, ihre gegenwärtige Verfassung, Hülfsquellen, Reichthum, Macht u. s. w. kennen.

Unter der neuern Geschichte eines Staates, verstehe ich auch Bekanntschaft mit den besten und neuesten geographischen Beschreibungen, Land= und Seereisen ꝛc. wodurch man am besten erfährt, was bis jetzt noch unbemerkt geblieben ist.

Vor seiner Abreise muß man sich auch die besten und richtigsten General= und Specialkarten der Länder, worauf man sein Augenmerk gerichtet hat, anschaffen; sie auf Leinewand ziehen lassen, um sie bequem in der Tasche tragen zu können, und sie allezeit bey der Geschichte zu Rathe ziehen. Die neuesten Postkarten mit Bemerkung der Entfernungen, Postgeldes u. s. w. sind insbesondre sehr nützlich.

Der Reisende muß nicht immer die gewöhnliche Straße gehen. Auf Nebenwegen trift er manchmal noch mehr Merkwürdigkeiten an, als auf den Heerstraßen. Nur muß er sich von allen dem, was er auf dem Wege zum Hauptorte Merkwürdiges zu sehen und zu betrachten hat, so viel möglich ist, vorher unterrichten.

Ueberhaupt muß der Reisende, wenn er kein Polyhistor ist, doch eine Anlage zum Polyhistor haben. Billig sollte ihm kein Gegenstand unbemerkt bleiben; wie kann er aber beobachten ohne Kenntnisse? Sein Auge sey gegen alles, was Menschen thun, oder die Natur geschaffen hat, offen, und seine Seele sey zu jeder Zeit zum Nachdenken darüber aufgelegt.

Außerdem, daß man sich selbst die besten Nachrichten aus gedruckten Büchern sammlet, muß man sich auch von Freunden, die selbst gereist sind, geschriebene Anweisungen geben lassen, wie man fremde Ge-

genden,

genden, am vortheilhaftesten, sichersten, angenehmsten und wohlfeilsten besuchen könne; dann ihre Meynungen mit einander vergleichen, und die beste wählen.

Je mehr wir uns anderer Erfahrungen zu eigen machen können, desto mehr werden wir an Zeit, Kosten und Beschwerden ersparen, und an Zufriedenheit gewinnen.

Die sprüchwörtlichen Redensarten fremder Völker enthalten in wenig Worten ihre Art zu urtheilen, und sollten uns also schon bekannt seyn, ehe wir sie besuchen, damit wir richtige Begriffe von ihrer Denkungsart mitbringen.

Zweyter Abschnitt.
Von den Gegenständen, die ein Reisender, am aufmerksamsten in fremden Ländern, untersuchen muß.

Es giebt sehr viele Gegenstände, die der besondern Aufmerksamkeit eines Reisenden werth sind, welche wir jetzt, nach ihrer größern oder mindern Wichtigkeit, in Klassen eintheilen wollen.

Zur ersten Klasse gehören

solche Gegenstände, welche unmittelbaren Bezug auf Menschenwohl haben, folglich das allgemeine Wohl befördern,

befördern, und von jedem Menschen, der gesunden Verstand hat, hinlänglich geprüft werden können. Erkundigungen, die den öffentlichen Nutzen beabsichtigen, kann man gewöhnlich ohne Kosten einziehen, und wer die Kunst zu erforschen recht versteht, wird leicht seinen Endzweck erreichen. Daher sollte auch, nach meiner Meynung, kein Reisender unterlassen, sich mit der äußersten Sorgfalt um alles zu bekümmern, was zur Glückseligkeit des menschlichen Geschlechtes etwas beytragen könnte.

Die zweyte Klasse

begreift alles in sich, aus dessen näherer Kenntniß dem Vaterlande des Reisenden ein Zuwachs von Glückseligkeit entspringen könnte, was also auch mittelbar in genauer Verbindung mit dem allgemeinen Wohl der Menschen überhaupt steht.

Zur dritten Klasse

rechne ich alles, wodurch der Reisende reelle Privatvortheile für sich erlangen, und sich zu seiner erwählten Lebensart vervollkommnen kann.

Die vierte Klasse

schließt solche Dinge in sich, deren Kenntniß mehr zur Zierde, als zum wahren Nutzen gereicht, um derentwillen man auch keine der vorerwähnten Klassen vernachläßigen darf, wodurch man aber doch die Welt überführen kann, daß man fremde Länder mit Nutzen besucht habe. Ich komme nun zu den wichtigsten Gegenständen des Nachforschens.

I.
Die Erhaltung des menschlichen Lebens.

Da Menschenleben allen zu berechnenden Werth sehr weit überwiegt; so beschwöre ich jeden Freund des menschlichen Geschlechts, jede Nachricht von neuen Einrichtungen, wohlthätigen Stiftungen, sinnreichen Erfindungen, kurz von allem, was zur Erhaltung des Lebens nachgeahmt und angenommen werden kann, mit der größten Anstrengung zu sammeln.

Aufmerksamkeit und ausdauernder Fleiß bey seinen Untersuchungen werden ihm zu vielen glücklichen Entdeckungen der Art verhelfen, — und ein edles Herz findet sich dadurch genug für seine Mühe belohnt.

Man kann voraussetzen, daß in jedem civilisirten Lande solche Einrichtungen getroffen sind, wodurch Hauptverbrechen, so viel als möglich, vorgebeugt, und das Leben vieler Menschen erhalten wird, welches in andern Staaten, — wo man weniger darum bekümmert ist, das Laster nicht aufkeimen zu lassen, als den Verbrecher zu bestrafen, — ein Opfer der beleidigten Gesetze geworden wäre.

Ein Reisender, der mit Fleiß weise Gesetze dieser Art sammelt, und dem Gesetzgeber seines Vaterlandes mittheilt, kann viel dazu beytragen, die Moralität seiner Landesleute in einem hohen Grade zu verbessern, und das Leben vieler Menschen zu sichern.

Außer diesen gesetzlichen Vorkehrungen giebt es auch viele politische Einrichtungen, wodurch unmittelbar für die Gesundheit und das Leben der Bürger gesorgt wird, wovon ich hier nur einige Beyspiele ausheben

heben will: Zu Livorno, Marseille, Malta, Ancona ꝛc. sind den Aufsehern der Lazarethe vortrefliche Regeln zur Verhütung der Pest vorgeschrieben.

In Toscana und in dem kaiserlichen Gebiete trifft man neue und sehr heilsame Vorschriften an, den Ausbruch epidemischer und endemischer Krankheiten zu verhüten, oder ihn sogleich wieder zu hemmen.

Vortrefliche politische Einrichtungen, dem Kornmangel und der Hungersnoth vorzubeugen, trifft man im toscanischen und preußischen Gebiete an. In Oestreich und in einigen italienischen Staaten sind sehr gute Verordnungen, das Lebendigbegraben der Scheintodten zu verhindern, erschienen. Eben so besitzen Oestreich, Preußen, Frankreich und verschiedene italienische Staaten sehr gute Einrichtungen, dem Kindermorde zu steuren, dessen gewöhnliche Quellen Scham, Furcht vor körperlicher Bestrafung, der Mangel an Aussicht, ein durch seine Geburt schon unglückliches Geschöpf zu ernähren, sind.

Im Toscanischen ist eine Maschine erfunden worden, welche die Kinder gegen das so gewöhnliche Uebel, erstickt oder erdrückt zu werden, sichert. Die Regierung zu Florenz beförderte ihren Gebrauch ungemein, und gab sogar nachdrückliche Befehle zu ihrer allgemeinen Einführung. Auch ist sie in Deutschland, Schweden, Spanien und neuerlich in Großbritannien hin und wieder eingeführt worden. Man hat berechnet, daß in dem letztern Reiche allein seit dem Jahre 1686 zwey und vierzig tausend Kinder erdrückt worden sind.

In Deutschland, Frankreich, Holland, Rußland ꝛc. hat man wohlthätige Institute errichtet, Ertrunkene, Erfrorne,

Erfrorne, Erdrückte u. f. f. wieder ins Leben zurück zubringen. Von der zu London, unter dem Namen *Humane Society*, errichteten Gesellschaft, schweige ich jetzt ganz; sie ist durch die Bemühungen vieler edel denkender Männer und besonders der so geschickten als menschenfreundlichen Aerzte Hawes und Lettsom ein Muster aller Institute dieser Art geworden, und gereichet der unbegränzt thätigen Großmuth und Menschenliebe der englischen Nation zur größten Ehre.

Nach der Erhaltung des menschlichen Lebens verdient unsre vorzügliche Aufmerksamkeit

II.
die Art, wie für die niedrigsten Volksklassen gesorgt wird.

Der Reisende muß sich mit der größten Sorgfalt und Aufmerksamkeit von dem Detail der wohlthätigen Stiftungen, welche die Unterstützung der leidenden Menschheit zum Zwecke haben, zu unterrichten suchen. Z. B. Von der Einrichtung der Gefängnisse, der Kranken-, Findlings-, Waisen- und Tollhäuser, kurz jedes, für Gegenstände des Mitleidens bestimmten Aufenthalts. Man findet durch ganz Europa vortreffliche Stiftungen und Anlagen dieser Art, am besten sind aber doch wohl England, Italien und Spanien damit versehen.

III.
Beschäftigung der Armen.

Es ist ein sehr beobachtungswürdiger Gegenstand, wie in jedem Lande die gesunden, starken aber trägen Armen, —

Armen, — die nicht ganz unbrauchbaren Armen von beyden Geschlechtern, — die kleinen Kinder, — die armen Hausväter und die unglücklichen Bürger der mittlern Klasse, die gerne ihr Brodt auf eine ehrliche Weise erwerben möchten, u. a. m. beschäftiget werden; oder wie für Kranke, sehr alte, zu aller Arbeit untaugliche Arme gesorgt wird; wie die Fonds dazu beschaffen sind, und wie sie verwaltet werden. Man muß auch seine Untersuchung über die Speisung der Armen, und wie am wohlfeilsten dafür gesorgt werden könne, anstellen.

Um eine genaue Kenntniß des Armenwesens zu erlangen, — ohne welche man unmöglich richtig über den Reichthum und die Macht eines Staats urtheilen kann, — muß man sich von den Armenverordnungen, und wie weit solche ausgeführt werden, unterrichten, und so viel wie möglich, alles mit eigenen Augen ansehen. Nach diesem Gegenstande nehmen, ihrer vorzüglichen Wichtigkeit wegen, die erste Stelle ein:

IV.
Die Verbesserungen in der Landwirthschaft.

Einem gefühlvollen Herzen kann nichts angenehmer seyn, als durch Einführung eines verbesserten Ackerbaues, nützlicher, bisher unbekannter Gewächse u. m. dgl. etwas zur Erleichterung des Unterhalts seiner Nebengeschöpfe beyzutragen. Ein Reisender kann dieß Vergnügen leicht erlangen, wenn er allenthalben die besten Landwirthe ausforscht, sie besucht, und sich bey ihnen aufs schärffste nach allen Landesprodukten erkundigt; findet er, — wenn er diese mit den Produkten seines

seines Vaterlandes vergleichet, (wovon er eine Liste in Duplo mit auf Reisen nehmen muß.) — daß gewisse Sämereyen, Wurzeln oder Pflanzen, die hier gut fortkommen, in seiner Heimath noch unbekannt sind: so muß er weder Mühe noch Unkosten scheuen, um eine recht ausführliche und deutliche Beschreibung ihrer Kultur, Zubereitung, Anwendung, u. s. w. zu erlangen.

Kann er alles mit eigenen Augen ansehen, so ist es um desto besser: vorzüglich wichtig ist es aber, daß ein Reisender alle Bemerkungen und Beobachtungen, die er sowohl über diesen als über andre wichtige Gegenstände zu machen Gelegenheit hat, sogleich, und zwar in Duplo, niederschreibe; damit wenn ihm durch einen Zufall eine Abschrift verloren gienge, er doch die andre noch besitze. Es ist daher auch sehr gut, wenn man seine glücklichen Entdeckungen sogleich seinen Freunden schriftlich mittheilt, — weil das Gute nie zu früh bekannt werden kann, und weil man dadurch sich auch am sichersten gegen die Gefahr schützt, seine Nachrichten alle auf einmal einzubüßen; worunter manche seyn können, die sehr schwer, oder niemals wieder zu erlangen sind.

V.
Erfundene Maschinen.

Instrumente und Geräthschaften, wodurch die niederdrückenden Arbeiten des armen Landmannes gemildert werden können, sind um so wünschenswerther, je öfter wir Beyspiele haben, daß Leute durch gar zu starke Anstrengung in eine gänzliche Entkräftung verfallen, Gesundheit und Leben einbüßen. Die neuen Erfin-

Erfindungen dieser Art verdienen daher unsre vorzügliche Aufmerksamkeit. Eben so auch alle Erfindungen, das Land von Unkraut zu reinigen, zu pflügen, zu säen, zu ärndten, zu dreschen, Korn zu mahlen, ein Land auszutrocknen und zu bewässern, erprobte Methoden, Pflanzungen von Fruchtbäumen und Nutzholz zu veranstalten, Bauholz zu fällen und wegzuschaffen, Sägemühlen anzulegen u. s. w. welche den Reisenden als Gegenstände von äußerster Wichtigkeit intereßiren müssen.

VI.
Entdeckungen, die von patriotischen Gesellschaften gemacht, oder ihnen vorgelegt sind.

So wie Kultur und Verfeinerung überhaupt mit schnellen Schritten in Europa immer weiter vorwärts rückt; so vermehrt sich auch die Anzahl seiner patriotischen und ökonomischen Gesellschaften: selbst in Spanien zählte man schon im April 1788. sechs und vierzig derselben. Gewiß hat Europa den größten Theil seiner nützlichen Entdeckungen diesen Gesellschaften zu verdanken; und die ganze Menschheit ist gewissermaßen in ihrer Schuld.

Ein Reisender muß sich daher auch eine Liste von allen Gesellschaften dieser Art, die in jedem Lande anzutreffen sind, verschaffen, ihre Maschinen besehen, sich nach den Preisen erkundigen, die sie schon ausgetheilt haben, und austheilen wollen, ꝛc. Manchmal ist er auch wohl so glücklich gute Modelle, Kupferstiche oder Zeichnungen von den besten Maschinen zu erlangen, und die nöthigen Erklärungen darüber einzuziehen. Kann man in einen beständigen Briefwechsel mit den Sekretarien solcher Gesellschaften, oder mit sonst einem thätigen Mitgliede derselben treten, um von Zeit zu Zeit von neuen und nützlichen Entdeckungen unterrichtet zu werden; so kann man dieß als einen großen Gewinnst betrachten.

VII.
Manufakturen und Handlung.

In Manufakturen findet man viele Maschinen und Instrumente, von denen sich ein Reisender, — es koste was es wolle, — Zeichnungen, Modelle und umständliche Beschreibungen von ihrer Einrichtung und Zusammensetzung, von ihrer Anwendung, ihrem Preise u. s. w. verschaffen sollte. Billig sollte er seine Nachforschungen auch so weit ausdehnen, den Namen und den Wohnort des Erfinders zu erfahren; ob sie frey können ausgeführt werden oder nicht; wie lange sie halten können 2c. 2c.

Die in der Folge vorkommenden speciellern Fragen, welche bey jeder Manufaktur anwendbar sind, werden alles übrige hinreichend aufklären.

Ich füge jetzt nur dieß noch hinzu, daß man von jeder Manufaktur, die man besieht, sich eine Liste von den Artikeln, die daselbst verfertigt werden, und von dem Preis eines jeden Artikls verschaffen sollte.

Ein Reisender, dem die Wohlfarth seines Vaterlandes am Herzen liegt, muß sich auch um die Handlung desselben bekümmern, weil sie die Quelle großer Reichthümer und Bequemlichkeiten ist, viele Leute nützlich beschäftigt, und die Macht der Staaten auf eine

gewisse

gewisse Weise gründet. Erstlich muß er den inländischen Handel kennen, und dann auf seinen Reisen alle mögliche Erkundigungen einziehen, wie der ausländische Handel mit den Nationen, die er besucht, zu erweitern, und mit größerm Vortheil zu betreiben wäre; ob nicht neue Handlungszweige zu entdecken, und die ältern vernachläßigten wieder zu beleben wären. Es versteht sich von selbst, daß ich Schiffarth, Fischerey, Schiffbauerey ꝛc. kurz alles, was thätige Menschen mit Vortheil beschäftigen, und den Reichthum und die Macht des Staates vermehren könne, mit hierunter begreife.

Ein Gegenstand von großer Erheblichkeit ist ferner auch die gute Einrichtung der

VIII.
Taxen.

Es ist sehr interessant und von großem Nutzen, die Einrichtung der Taxen in verschiedenen Ländern zu kennen; man muß nemlich genau untersuchen, ob die Taxen so eingerichtet sind, daß sie dem ärmern Theil des Volkes nicht zur Last fallen, — welches Taxationssystem dem Vortheile jedes Landes am angemessensten ist u. s. w. Die Gegenstände der Taxation und der Finanzen sind so genau mit einander verbunden, daß man nicht an die einen ohne an die andren denken kann.

IX.
Finanzen.

Die verschiedenen Mittel, welche von der Regierung angewandt werden, große Summen zu erheben,

B 5 ohne

ohne den Unterthan zu entkräften; die Methode den Kredit des Staats, sowohl im Lande als auswärts, zu erhalten, und das System einer wohleingerichteten innern Oekonomie, sind Dinge von der größten Wichtigkeit für einen patriotischen Reisenden.

Ich schreite jetzt zu einigen Bemerkungen über Gesetze und Verwaltung der Justiz.

X.
Gesetze und Verwaltung der Justiz.

Wir haben schon zuvor von der Wichtigkeit solcher Gesetze gesprochen, welche dazu gegeben sind, Verbrechen zu verhüten; es giebt aber noch viele andre, sowohl peinliche als bürgerliche Gesetze, welche unsrer besondern Aufmerksamkeit werth sind, weil sie viel zu dem Glücke oder Unglücke derer beytragen, für die sie gemacht sind.

In Italien, und besonders in Toscana findet man sehr weise gesetzliche Einrichtungen. Der jetzt regierende Großherzog *) ist allgemein für einen der weisesten und menschenfreundlichsten Gesetzgeber, die je zum Glück einer Nation geboren wurden, bekannt. Sein Kodex, der kürzlich von dem um alle Länder sehr verdienten Herrn Howard **) publicirt, und in die

meisten

---

*). Nunmehriger Römischer Kaiser und König in Ungarn und Böhmen.   A. d. U.

**) Von diesem außerordentlichen Manne lieset man folgende Anekdoten in dem Esprit des Journaux 1790. Aout St. 229. die einer seiner Freunde im Monat May 1790 bekannt gemacht hat. Howard war damals 62 Jahre alt, und schien eine vollkommene Gesundheit

meisten europäischen Sprachen übersetzt ward, bestätiget meine Behauptung zur Gnüge. Ein Reisender, der

zu genießen. Er sagte, daß er schon seit mehreren Jahren kein Fleisch gegessen, und seit 30 Jahren keinen Tropfen Wein getrunken habe. Seine tägliche Nahrung bestand in 2 Brodten einen Sou werth, mit Butter oder Confituren, einer Pinte Milch, und 5 oder 6 Tassen Thee, nebst einem gekochten Apfel des Abends, ehe er sich zu Bette legte. Als er in Warrington seinen Traktat über die Lazarethe drucken ließ, stand er um 3 Uhr Morgens auf, welches er 18 Wochen, selbst mitten im Winter, fortsetzte. Den Thee betrachtete er als ein großes Mittel den Geist zu erheitern, führte ihn beständig auf seinen Reisen bey sich, und gab dem grünen Thee den Vorzug.

In der Bahn, die er betreten hatte, glaubte er von der Vorsehung unterstützt zu seyn, und nie wollte er seine Arbeit durch Vergnügungen unterbrechen. Er bediente sich seiten der Empfehlungsbriefe an Standespersonen in den Oertern, die er besuchte. Er glaubte in seinen Nachforschungen glücklicher zu seyn, wenn er sich selbst überlassen wäre.

Er hatte 3 Jahre zu der letzten Reise, die er sich vorgenommen, bestimmt. Während der Zeit wollte er Cairo besuchen, sich eine geraume Zeit daselbst, als an dem Orte, wo die Pest entstanden seyn soll, aufhalten, darauf die Krim, Constantinopel und die Barbaren besuchen. Er schien sich nicht darum zu bekümmern, was in Büchern von der Pest geschrieben war. Einem Freunde, der ihm ein französisches Buch über die in Marseille ausgebrochene Pest zugeschickt hatte, antwortete er folgendes: "Ich lese sehr wenig über die Pest, weil ich meine Folgen aus den Beobachtungen, die ich über die Krankheit selbst anstelle, und nicht aus den Theorien derer, die niemals die mit dieser Krankheit Behafteten besucht haben, ziehen will. Meine allgemeinen Ideen, die ich mir darüber gebildet habe, weichen von allem, was ich in Büchern darüber gelesen habe, ab."

Als Herr Howard 1788 zu Constantinopel war, bemerkte er, daß die Türken ihre Kenntnisse zu erweitern wünschten,

der gut eingerichtete Verordnungen sammeln will, sollte sich billig zuerst nach denen erkundigen, die unter der

wünschten. Den damaligen Großvizier hielt er für einen rechtschaffenen Mann, der Druckereyen in der Hauptstadt errichten, und Einrichtungen zur Verhütung der Pestseuchen treffen wollte. Er fand, daß die Lehre von der Prädestination und Nothwendigkeit nur in der niedrigsten Volksklasse herrschend wäre. Die aufgeklärten Menschen gebrauchen die erforderliche Vorsicht, um der fürchterlichen Krankheit zuvorzukommen.

Auf der zweyten Reise wollte er Jamespulver mitnehmen, um die Würkung dieses Heilmittels in der Pest zu erproben, und er hörte mit Vergnügen, daß Lord Baltimore seit mehreren Jahren in dem Hospital der Franken zu Constantinopel dieses Pulver versucht habe. Er hatte es 6 Personen eingegeben, wovon 3 genasen.

Er bestätigte das, was viele Reisende von den harten Strafen erzählt haben, womit die Türken diejenigen, die sich falscher Gewichte und Maaße bedienen, zu belegen pflegen. Er rühmte gewisse Eigenschaften dieses Volkes, vornemlich seine Erkenntlichkeit für Dienste, die man ihm geleistet habe, und setzte hinzu, daß, als er einmal so glücklich war, einen reichen Türken von einer Krankheit zu befreyen, dieser ihm eine Börse mit 2000 Zechinen angeboten habe. H. Howard schlug sie aus, und erbat sich blos die Erlaubniß, aus seinem Garten Trauben und Orangen holen zu lassen, um sie beym Frühstück mit Thee zu genießen. Der Türke sandte ihm jeden Morgen einen großen Korb der besten Früchte, die in seinem Garten zu haben waren.

Von der Polizey in Berlin sprach er mit der größten Hochachtung. Er behauptete, daß nach seiner Erfahrung in dieser Stadt das Gewicht des Brodtes am richtigsten sey. In allen Städten, die er durchreiste, machte er es sich zur Vorschrift, des Abends von den Beckern Brodt zu demselben Preise einzukaufen, um es zu vergleichen. Er gab es nachher an die Armen. Der Prinz Heinrich, den er sehr schätzte, fragte ihn, ob er nach den Strapazen der Reise niemals die öffentlichen Oerter zur Ergötzlichkeit besuchte. Er antwortete: niemals,

der Regierung dieses gerechten und gütigen Fürsten gemacht wurden.

Am mals, und ich schmecke kein größeres Vergnügen, als das, was mir die Erfüllung meiner Pflichten gewährt.

Als der Großherzog von Toscana ihn zur Mittagstafel in seinem Pallast einlud, gab er zur Antwort: daß es ihm unangenehm wäre, Sr. Hoheit nicht aufwarten zu können, daß er aber nicht 3 Stunden seinen Beschäftigungen entziehen könnte. Er brachte von Florenz ein Exemplar der peinlichen Gesetze von Toscana, übersetzte es ins Englische, und gab es heraus 1789.

Der verstorbene Römische Kaiser verlangte eine Unterredung mit Howard zu haben, um von ihm zu erfahren, was er von den Hospitälern und Gefängnissen in seinen Ländern dächte. Hr. Howard weigerte sich, die an dem kaiserlichen Hofe eingeführte Etiquette, der zufolge die Vorgelassenen die Knie beugen müssen, zu beobachten. Er hielt es unter der Würde eines Menschen, vor einem Sterblichen, und vor einem andern, als Gott, die Knie zu beugen. Der Kaiser that Verzicht auf die Ceremonie, (die 6 Wochen nachher, als Howard Wien verlassen hatte, durch ein Edict aufgehoben wurde,) empfieng Hrn. Howard in seinem Kabinet, und unterhielt sich mit ihm einige Stunden. Howard gestand dem Kaiser sehr freymüthig, daß seine Hospitäler schlecht verwaltet würden, und er ließ sich mit vielem Nachdruck gegen die Höhlen aus, die in einigen Gefängnissen in der Stadt existirten. Der Kaiser, der über diese Freymüthigkeit empfindlich wurde, sagte: "Aber warum beklagen Sie sich über diese Höhlen? Hängt man nicht in England die Menschen bey Dutzenden?" Sire, antwortete Howard, lieber mögte ich in England gehangen werden, als in einer solchen Höhle leben. Der Kaiser sagte auch nachher zu einem Engländer bey Hofe: Würklich, dieser kleine Engländer schmeichelt nicht.

Wenn er von seinem Charakter sprach, so versicherte er, daß er beständig ruhig und heiter wäre, und daß seine Ruhe weder durch Traurigkeit noch unmäßige Freude gestört würde; welches er seiner Mäßigung zuschrieb.

Auf

Am nächsten gränzet hieran

XI.
Erziehung.

Die Erziehung hat einen so mächtigen Einfluß auf alle unsre Handlungen, daß man sie als die Quelle des menschlichen Glückes oder Elendes ansehen kann. Ein Reisender sollte sich billig genau darnach erkundigen, wie in jedem Lande für die Erziehung gesorgt, wie die körperlichen und geistigen Kräfte entwickelt, und das Herz der Jugend gebildet wird. Außerdem, daß sich viele gute Bemerkungen sammeln lassen, wenn man allenthalben die Erziehung der Jugend überhaupt untersucht, — von denen manche mit großem Nutzen zu Hause angewandt

> Auf seiner Rückreise von Venedig wurde das venetianische Schiff, auf welchem er sich eingeschifft hatte, von einem Corsar aus Algier, der ein größeres Schiff führte, angegriffen. Der Corsar wurde zurückgeschlagen. Nach geendigtem Treffen sprachen die Matrosen von der Kaltblütigkeit des kleinen Engländers, der bey ihnen auf dem Schiffe war, mit Bewunderung.
> Er glaubte, die Infection und die böse Luft an einer gewissen Spannung, die er am Kopfe und an den Augen verspürte, zu erkennen. In dem Lazarethe zu Constantinopel hatte er 2 oder 3 Personen an der Pest sterben sehen.
> Man erzählte ihm von den schönen Versen, die der D. Darwin zu seinem Lobe gemacht hatte, und fragte ihn, ob er sie gelesen hätte. Er leugnete es, und sagte, man könnte ihn in keine größere Verlegenheit setzen, als wenn man von ihm in öffentlichen Schriften spräche. Dieser vortrefliche Mann ist zu Cherson nach einer zwölftägigen Krankheit gestorben. Er ward in dem Hospital von einigen gefährlichen Kranken, die er mit Arzneymitteln versorgte, angesteckt.
> Anm. d. Uebers.

gewandt werden können; so wird man auch noch den besondern Vortheil aus dieser Bemühung ziehen, mit ziemlicher Gewißheit über die Nationalcharaktere urtheilen zu können, weil die Erziehung einen überaus starken Einfluß auf die Bildung derselben hat.

Dritter Abschnitt.
Von der Art, wie man Erkundigungen einzuziehen habe.

I. Ein Reisender muß sichs zur Regel machen, sich nicht um Kleinigkeiten zu bekümmern, so lange noch wichtige Dinge seine Aufmerksamkeit erfordern: indessen versteht es sich von selbst, daß es besser sey, zehn Dinge, die ohne Nutzen zu seyn scheinen, zu untersuchen, als ein einziges zu vernachläßigen, das etwas zu unsrer Belehrung beytragen könnte.

II. Wem es ernstlich um seine Belehrung zu thun ist, der muß sich nie auf Berichte von andern verlassen, so lange nur eine Möglichkeit vorhanden ist, selbst zu sehen und zu hören. Wir werden oft durch unsre eigenen Augen getäuscht, aber doch weit öfterer durch andrer.

III. Ein Reisender muß über jeden Gegenstand, der ihm zu Gesichte kommt, seine Betrachtungen anstellen, damit seine Aufmerksamkeit in beständiger Uebung erhalten werde, und ihr nichts von Erheblichkeit entgehen könne.

IV.

IV. Wer fremde Länder besucht, um Erkundigungen zu seinem Unterricht einzuziehen, der wird wohl daran thun, seine Absichten gerade gegen diejenigen am meisten zu verbergen, die sich die größte Mühe geben, sie zu erforschen; man kann immer einen scheinbaren Vorwand finden, ohne deswegen der Wahrheit zu nahe zu treten. — Auch muß man ein geheimnißvolles Ansehen sorgfältig vermeiden, damit die Neugierde der Forscher nicht noch mehr gereizt werde.

V. Ein Reisender muß sich nicht eher um die gegenwärtige Beschaffenheit wichtiger Gegenstände bekümmern, als bis er vorher schon Nachrichten von ihrer Entstehung, ihren glänzendsten Perioden, den Ursachen ihres Wachsthums und ihrer Abnahme bis zum gegenwärtigen Moment eingezogen, und die sichersten Dokumente nachgelesen habe. Er muß seine Untersuchungen auch so einrichten, daß er immer von einer auf die andre geleitet wird, wodurch er sich vieles erspart.

VI. Man suche sich vollständige Listen solcher Männer zu verschaffen, die wegen ihrer dem Staate geleisteten Dienste berühmt sind, und erforsche zugleich, für welche Gattungen von Dienstleistungen der Staat sich am dankbarsten zu zeigen pflegt.

VII. Man muß bey seiner Ankunft in eine Stadt, so bald als möglich, in die größten Buchladen gehen; — die Buchhändler stehen immer mit den Gelehrten in gewissen Verbindungen; sie können uns die besten Nachrichten von ihren Schriften, der allgemeinen Aufnahme derselben ꝛc. geben, und oft auch zu ihrer persönlichen Bekanntschaft verhelfen.

VIII.

VIII. Wir können uns sehr glücklich schätzen, wenn wir gleich bey unsrer Ankunft Bekanntschaft mit Männern machen können, die ihres Kopfes und ihres Herzens wegen gleich große Achtung verdienen. Wir dürfen ihnen nur entdecken, daß wir durch Berichtigung und Vermehrung unsrer Kenntnisse etwas zur Verbesserung unsres Vaterlandes beytragen wollen, und können dann sicher hoffen, daß sie uns viele Bemerkungen und Beobachtungen zur Vergrößerung der Summe von Glückseligkeit unter uns, mittheilen werden. Eine Gelegenheit durch den Umgang mit rechtschaffenen, einsichtsvollen Männern sich zu unterrichten, ist ganz unschätzbar, — wir erlangen in wenig Stunden Kenntnisse, worauf sie vielleicht Jahre lang mit vieler Mühe gesammelt haben. Man suche daher ihre Gesellschaft, so oft als es sich thun läßt, ohne sie zu belästigen, und sammle sich einen Schatz von ihren Beobachtungen und Maximen. Ein Reisender, dem das Glück solcher Bekanntschaften zu Theil wird, muß sich alle Mühe geben, vor seiner Abreise das Versprechen zu erhalten, diese durch einen Briefwechsel dauerhafter und nützlicher zu machen, indem man dadurch die neusten und besten Entdeckungen einander mittheilen, und durch einen solchen Tausch viel zum Besten des menschlichen Geschlechts beytragen kann.

IX. Es gehört auch mit zu dem Zwecke eines Reisenden, der auf nützliche Untersuchungen ausgeht, so bald als möglich die besten Künstler zu besuchen, ihre besten Entdeckungen und Erfindungen zu sammeln, und ihnen die in seinem Lande gemachten Erfindungen mitzutheilen.

C

Durch

Durch einen solchen wechselseitigen Tausch nützlicher Kenntnisse, wird die sonst gewöhnliche Zurückhaltung gänzlich verbannet, das Herz von edlern Gefühlen belebt, und der Reisende wird Gelegenheit finden, vieles zu lehren und zu lernen. Kann er mit diesen Leuten auch in so ferne in einen Briefwechsel treten, daß sie ihm ihre neuesten Erfindungen schriftlich mittheilen; so kömmt er dadurch seinem Zwecke, — durch seine Reisen nützlich zu werden, — um vieles näher.

X. Es wäre auch recht gut, wenn man eine Liste von solchen Leuten haben könnte, die für sonderbare und eccentrische Köpfe gehalten werden; ein Reisender kann oft zur Kenntniß einer Menge nützlicher und seltner Erfindungen durch sie gelangen, die im Lande vielleicht blos deswegen nicht geachtet werden, weil sie in dem Gehirne solcher Männer zur Reise kamen, die einmal als sonderbar verschrieen sind.

XI. In manchen Orten ist es gebräuchlich, alle politische und merkantilische Nachrichten zu publiciren, wodurch man sehr richtige Begriffe von dem Lande erlangen kann: ein Reisender wird sich also ämsig darum bekümmern müssen; am sichersten findet er gewöhnlich in solchen Buchläden, die den Verlag dieser Schriften übernommen haben, die nöthige Belehrung. Er kaufe sich solche Schriften, die zur Kenntniß des Landes und des Volkes viel beytragen und selten über die Gränze kommen, als Beschreibungen einzelner Städte, Staatskalender, Intelligenzblätter, Verordnungen, politische Zeitung, Andachtsbücher, Volkslieder, u. f. Aus diesen und eigenen Beobachtungen abstrahire er
sich

sich den Geist der Nation, hauptsächlich des großen Haufens.

XII. Ein Reisender, der den Geist, die Sitten und Gewohnheiten einer Nation studiren will, wird sie immer origineller und ächter finden, je weiter er in die, von der Hauptstadt entfernten, Provinzen bringt. Die wirklichen Nachkommen der ältesten Landesbewohner, und die originellste Landessprache trift man in den Gebirgen an; eben so lassen sich auch die guten oder schlechten Wirkungen der Regierungsform am sichersten in den entlegensten Provinzen beobachten.

XIII. Wenn man den eigenthümlichen Geist und Charakter der niedrigern Stände genau erforschen will; so ist es sehr rathsam, bey Gesprächen mit ihnen seinen Rang und Stand zu verheimlichen; sonst werden sie weder frey noch offenherzig reden, besser scheinen wollen, als sie wirklich sind, den Fremden mit Höflichkeitsbezeugungen überhäufen, und es ihm unmöglich machen, tief genug in sie einzudringen.

XIV. Es würde einen sehr hohen Grad von Unvorsichtigkeit und Mangel an Menschenkenntniß verrathen, wenn man die Sitten und Gewohnheiten der Länder, worin man sich als Fremder aufhält, lächerlich machen wollte. Man handelt gewiß weit klüger, wenn man, ohne sich zu niedrigen Schmeicheleyen herabzulassen, vernünftige Gründe aufsucht, die Schwächen einer fremden Nation zu entschuldigen, und sich, so viel als möglich, nach ihren Sitten und Gebräuchen in der Kleidung und dem ganzen Anstande richtet, wodurch sie offen und zutraulich werden, und einem den Weg zum Ziele sehr erleichtern,

XV.

XV. Um die Gesetze und die Justizverwaltung eines fremden Landes genau kennen zu lernen, muß man oft ihren Civil= und Kriminalproceduren da, wo der Zutritt zu ihnen verstattet wird, beywohnen, und öffentliche gerichtliche Vorträge mit anhören, woraus sich die wichtigsten Bemerkungen ziehen lassen.

XVI. Außer einer allgemeinen Liste von den Manufakturen in einem Lande, sollte man sich auch eine Liste von den Manufakturen jeder Stadt und ihrer umliegenden Gegenden, durch die man reiset, nebst einer ausführlichen Beschreibung derselben Zahl der Arbeiter nach ihren Klassen, Alter, u. s. Quantum der verarbeiteten rohen Materie, Ort des Absatzes u. s. zu verschaffen suchen.

XVII. Wir werden um desto mehr Nutzen aus der Besichtigung der Manufakturen ziehen, je genauer wir von dem Manufakturwesen überhaupt unterrichtet sind; wenigstens muß man sich aber zuvor aus guten Schriften und Wörterbüchern von der Gattung von Manufaktur zu unterrichten suchen, die man zu besehen willens ist, um treffender fragen, und sich sogleich an die wesentlichsten Gegenstände wenden zu können.

XVIII. Ein Reisender muß keine Manufaktur besehen, ohne sich nach der Zeit ihrer Anlage, und dem Grade ihrer Zu= oder Abnahme zu erkundigen, er wird dadurch auf richtige Begriffe über den Zustand des Kunstfleißes in diesem Lande, kommen.

XIX. Eben so muß er auch das Eigenthümliche im Geschmacke u. s. w. einer jeden Manufaktur zu erforschen suchen, um entweder die vaterländischen darnach

nach verbessern, oder zur Erweiterung ihres Handels etwas beytragen zu können.

XX. Wenn man durch Dörfer reist, muß man sich nach Ab= oder Zunahme der Bevölkerung und der Konsumtion seit den letzten fünf, zehen oder zwanzig Jahren, und nach ihren Ursachen erkundigen.

XXI. Die Annalen eines Ortes enthalten oft sehr nützliche und merkwürdige Anekdoten. Man sollte daher immer, zum wenigsten ihren Index, durchlesen, und sich das Beste daraus notiren.

XXII. Wenn man eine beträchtliche Büchersammlung besieht, muß man nicht vergessen auch nach Handschriften zu fragen, in was für Sprachen sie geschrieben sind, von welchem Alter sie sind, ob das Datum von dem Abschreiber angegeben ist, oder nur muthmaßlich bestimmt wird, ob und warum sie selten sind, ob diese oder Mspt. der Gattung gedruckt sind, und wenn das Mspt. gar nicht gedruckt ist, warum dieses unterblieben ist, ob ein gedrucktes oder geschriebenes Verzeichniß der Mspt. vorhanden ist, und wie hoch sich wohl die Anzahl der Mspt. in jeder Sprache belaufen mag.

In Ansehung der gedruckten Bücher ist eine minder erhebliche Frage, wie stark die gesammte Zahl derselben geschätzt wird; mehr erhebliche Fragen aber sind, ob viele der ersten Drucke und seltene Bücher vorhanden sind, ob zur Vermehrung der Bibliothek ein Fond ausgesetzt ist, wer die Aufsicht über sie hat, und wie sie verwaltet wird, ob die Bücher nach den Materien und nach was für einem Plane aufgestellt sind, ob Catalogi über die Bibliothek vorhanden sind, ob die Bücher genutzt werden, und von wem, in welchen Fächern sie am stärksten ist, und was zu dieser Stärke die Veranlassung gegeben, für welches Fach bey der Vermehrung am mehrsten gesorgt, oder ob keines gänzlich vernachläßigt wird. Ueber die Geschichte der Bibliothek, ihre Aufseher, und deren Verdienste um die ihnen anvertrauten Schätze kann man sich auch belehren lassen. Große Privatbibliotheken, von denen in Italien verschiedene, durch die Großmuth ihrer Besitzer, dem Publikum offen stehen, müssen nicht übergangen werden.

XXIII. Alle öffentliche, imgleichen die beträchtlichen Privatsammlungen von Naturalien, Gemälden, Bildhauerarbeiten, Kupferstichen, Kunstwerken, Antiken, müssen mit Aufmerksamkeit und zu wiederholtenmalen untersucht werden; aber auch in diesen Fällen gilt, was überhaupt von Reisen gesagt werden kann, daß nur derjenige sich schmeicheln darf, viel nach Hause zu bringen, welcher viel mitgebracht hat.

XXIV. In Ländern, die ehemals ihrer Macht und Gelehrsamkeit wegen berühmt waren, muß man sich sorgfältig nach den Gegenden erkundigen, wo noch Denkmäler der alten Kunst zu sehen sind, und diese in Gesellschaft geschickter Antiquare und Künstler betrachten. Hat man Lust Antiken zu kaufen, so muß man sich wohl vorsehen, daß man nicht betrogen wird, welches mit Gemmen und Münzen sehr häufig geschieht. Oft findet man bey Goldschmieden Gold- und Silbermünzen um einen sehr billigen Preis. Da Spanien wenig besucht wird; so will ich nur noch hinzufügen, daß in der Gegend von Barcelona, Tarragona, Morviedro, Valencia, Murcia, Granada, Ecija, Seville, Medina-

Medina-Sidonia, Corduba, u. s. w. viele Antiken gefunten werden, die man oft äußerst wohlfeil erhalten kann.

Vierter Abschnitt.
Wie man seine Beobachtungen zu Papier bringen soll.

I. Ein Reisender sollte immer Dinte, Feder und Papier bey sich haben, weil Bleyfeder sich zu leicht verwischt, und er auf einmal um seine Bemerkungen gebracht werden könnte.

II. Alles, was man bemerkenswerth hört oder sieht, muß man — und zwar, wo möglich, auf der Stelle, — niederschreiben. Am besten ist es, wenn man seine eigene Gedanken darüber sogleich mit aufzeichnet.

III. Billig muß man auch jeden Abend vor dem Schlafengehen aus dem Taschenbuche alles in sein Journal eintragen, damit die Materialien sich nicht zu sehr häufen, und nichts Erhebliches vergessen werde.

IV. Sein Journal muß man so führen, daß man noch immer seine Gedanken in Noten hinzufügen könne. Wahrheit ist das erste und wichtigste, worauf man zu sehen hat, die Schönheit des Stils steht ihr weit nach, und muß ihr ganz weichen, so bald sie nicht neben einander bestehen können.

V. Es ist sehr rathsam neben dem Journale noch ein andres Buch zu führen, worin jedem besondern Fache eine gewisse Anzahl Seiten gewidmet ist. Hierin muß man blos Facta eintragen, von deren Gewißheit man die höchste Evidenz hat. Ein Reisender muß überhaupt sehr vorsichtig seyn, und alles so lange bezweifeln, bis er unwidersprechliche Beweise erlangt hat. Selbst gedruckte Listen; Nachrichten, die unter Aufsicht der Regierung erscheinen, verdienen eine Stelle in diesem Buche, obgleich sie auch falsch seyn können; denn ihre Authenticität scheinet doch durch die öffentliche Autorität bestätiget zu seyn.

Je wichtiger ein Reisejournal ist, je weniger muß ein Reisender sich der Gefahr aussetzen es zu verlieren; es ist daher nicht rathsam, daß er es in einer Tasche bey sich führe, weil diese, bey einem großen Gedränge, leicht von Dieben ausgeleert werden können. Ein recht vorsichtiger Mann führt eine doppelte Abschrift seines Journals, die er jede an einem besondern Orte aufbewahrt. Es ist auch eine große Unvorsichtigkeit sein Journal auszuleihen: will man einem Freunde wichtige Kontente daraus mittheilen; so muß es in einzelnen Abschriften bestehen.

VI. Ein geheimes, nicht zu entzyfferndes Alphabeth, wovon wir schon vorher Erwähnung thaten, wird von sehr großem Nutzen seyn.

VII. Ein Reisender kommt seinem Gedächtnisse sehr zu Hülfe, wenn er alle Anfragen, die er beantwortet wünscht, niederschreibt und numerirt. Man muß sich aber wohl hüten solche Listen nicht zu verlieren; in manchen Ländern, wo die Regierung wachsam und sich

ihrer

ihrer Schwäche bewußt ist, könnte der unschuldige Besitzer dadurch in große Verlegenheit gebracht, und für einen Spion angesehen werden.

VIII. Wenn ein Reisender Nachrichten über wichtige Gegenstände einzieht; so sollte er nie vergessen, den Namen, Stand und Wohnort ꝛc. dessen zu notiren, der ihm diese Nachrichten mittheilte; weil ihre Glaubwürdigkeit sehr stark davon abhängt.

Fünfter Abschnitt.
Wie ein Reisender für die Sicherheit seiner Person und seines Eigenthums zu sorgen hat.

I. Man ist auf seiner Reise unendlich vielen Unannehmlichkeiten unterworfen, wenn man sich nicht fest darauf verlassen kann, einen treuen, mäßigen, verschwiegenen, unerschrockenen Bedienten bey sich zu haben; und muß daher sehr vorsichtig in der Wahl eines solchen Menschen seyn, und seinen Charakter auf alle mögliche Weise zu erforschen suchen.

Ferner muß ein Bedienter, der zu Reisen taugen soll Französisch sprechen, eine leserliche und schnelle Hand, schreiben, um alles, was man ihm vorlegt, richtig und behende kopiren zu können, und allenfalls so viel auch von der Wundarzneykunst verstehen, um seinem Herrn im Nothfalle, und wenn kein eigentlicher Chirurgus zu haben ist, eine Ader öffnen zu können.

Hat man einen solchen Bedienten gefunden; so muß man sich auch seine Zuneigung dadurch zu erwerben suchen, daß man sich seiner väterlich annimmt, und ihm eine lebenslängliche Versorgung zusichert.

II. Man muß sich mit Reisegefährten, die man zufälliger Weise antrift, in keine gar zu große Vertraulichkeit und Gemeinschaft einlassen, der Erfolg kann zuweilen sehr übel seyn. Auch frage man nie nach ihrem Namen, der Absicht ihrer Reise, wie lange sie an einem Orte bleiben werden u. s. w. Eben so wenig lasse man sich auf bestimmte Antworten ein, wenn solche Fragen an einen gerichtet werden: das beste ist, wenn man seine Abneigung sich deutlich herauszulassen, auf eine solche Weise äußert, daß der überlästige Frager den Muth verliert, weiter in uns zu bringen, ohne sich für beleidigt halten zu können.

III. Trinker, Spieler und gewisse Klassen von Weibern muß man vermeiden, wenn man nicht seinen Ruf, seine Gesundheit, sein Vermögen, und was noch kostbarer ist, seine Zeit einbüßen, und für diesen überaus hohen Preis nur die traurigsten Erfahrungen sammeln will.

IV. Ein Reisender findet aller Orten Emigranten aus seinem Vaterlande, die Leute von schlechtem Charakter sind, die aufborgen, wo sie was kriegen können; auf Unkosten unerfahrner junger Leute zu schwelgen suchen; sich durch ihren Schutz in Gesellschaften eindrängen, oder sich Zutritt in die Häuser angesehener Familien verschaffen, die sie denn ebenfalls auszuplündern suchen, und einen Theil ihrer Schande auf den jungen unvorsichtigen Mann mit wälzen. Wie sehr

diese

diese zu fliehen sind, sieht ein jeder leicht ein. Aber es ist überhaupt rathsam, ehe man sich in die geringste Vertraulichkeit mit einem Fremden einläßt, der nur einigen Verdacht bey uns erregt, daß man sich genau erkundige, ob er Zutritt im Hause seines Gesandten habe, und wie er daselbst aufgenommen werde; und selbst dann, wann wir auch die befriedigendste Nachrichten von dieser Seite eingezogen haben, sollten wir uns doch noch immer etwas entfernt halten, bis wir uns von seinem wahren Werthe sicher überzeugt hätten.

V. So bald als man in der Hauptstadt eines Landes ankommt, muß man sich an seinen Gesandten wenden, um bey einem unglücklichen Zufalle auf seinen Schutz rechnen zu können; bey Hofe vorgestellt, und in die Gesellschaften des hohen Adels eingeführt zu werden. In manchen Orten wird ein Fremder gar nicht zu den besten Gesellschaften gelassen, wenn sein Gesandter ihn nicht kennt.

VI. Es würde von einer äußerst lächerlichen Eitelkeit zeugen, wenn man auf der Reise prächtige diamantne Ringe anstecken, oder kostbare goldne Uhren, Dosen ꝛc. bey sich führen wollte. Diese Dinge haben schon das Leben manches Reisenden in Gefahr gebracht, und sind Aushängeschilder für die Gastwirthe und andre Leute ihres Schlages, die Rechnungen desto höher anzusetzen.

VII. Die beste Weise seine wichtigsten Papiere sicher zu bewahren, ist, sie in einen rehledernen Gurt zu thun, der mit vier Taschen versehen, (welche, um sich besser biegen zu lassen, einen Zoll von einander abstehen

stehen müssen,) und ohngefehr zehen Zoll breit ist. Dieser Gurt wird, unter der Weste, mit sechs kleinen Schnallen um den Leib befestiget, und jede Tasche mit drey kleinen, platten metallnen Knöpfgen verschlossen: ein solcher Gürtel ist ohnehin sehr gut, wenn man geschwinde reitet, und kann sehr viele Papiere enthalten, die man sonst leicht aus den Taschen verlieren könnte.

VIII. Pistolen mit doppelten Läufen, (besonders wenn beyde Läufe oben sind, daß man nicht nöthig hat, die Pistole umzukehren,) sind am besten zur Vertheidigung eines Reisenden. — Geschliffene Agatsteine, sind besser als gewöhnliche Feuersteine. — Viele schieben ein Stück Kork vor die Kugel, weil sie sich dann nicht soll bewegen können. — Die horizontale Lage ist die beste für Pistolen, die man bey sich im Wagen hat. — Der kleine Schieber am Schlosse, welcher hindert, daß die Pistole nicht von selbst losgehen kann, ist eine sehr schöne Erfindung, und sollte niemals zurückgelassen werden.

IX. Um sich wegen verbotener Waare keiner Unannehmlichkeit und Gefahr auszusetzen, muß man sich allezeit vorher, ehe man in ein andres Gebiet reiset, nach den dieserhalb ergangenen Verordnungen genau erkundigen. In manchen Ländern ist man so strenge, daß ein Fremder, bey dem verbotne Waaren gefunden werden, aller seiner bey sich führenden Sachen für verlustig erklärt, und noch in eine beträchtliche Geld- oder Gefängnißstrafe condemnirt wird. — Es ist besser, wenn man zufälliger Weise solche Waaren bey sich hat, sie je eher, je lieber, zu jedem Preise wegzugeben, als seine Ehre und seinen Beutel aufs Spiel zu setzen.

setzen. Gewöhnlich stehen die Postknechte mit den Zollbedienten in einem Verständnisse, und theilen den Ertrag ihrer Verrätherey. Die italienischen Veturini sind deshalb besonders berüchtigt.

X. Man kann (besonders zur Nachtzeit,) nicht Vorsicht genug anwenden, wenn man über einen Fluß oder eine Brücke setzt. Die Fuhrleute sind oft betrunken, verfehlen dann den rechten Weg, und machen sich und die Reisende unglücklich.

XI. Reisende sollten es nie zugeben, daß Fremde, — es sey unter welchem Vorwande es wolle, — sich hinten auf den Wagen setzen. Man hat viele Beyspiele, daß die ärgsten Spitzbübereyen und Mordthaten auf diese Weise ausgeübt worden sind.

XII. In verdächtigen Gegenden muß man die Wagenlade vorn setzen, welches überhaupt, so oft als es sich thun läßt, geschehen muß.

XIII. Des Nachts muß man nie, ohne die nöthigen Vorsichtsregeln anzuwenden, durch große Wälder reisen; überhaupt ist es sehr rathsam in gefährlichen Gegenden lieber zu gehen, als zu fahren, weil man sich bey einem Angriffe — wenn man zu Fuße ist — viel besser vertheidigen kann.

XIV. Wenn ein Fremder, in einer großer Stadt, auf der Straße beraubt wird: so ist es sehr gefährlich für ihn den entflohnen Dieb zu verfolgen; diese sind selten allein, und ihre Helfer suchen gewöhnlich dadurch für ihre Sicherheit zu sorgen, daß sie den Verfolger verwunden oder tödten.

Sechster

Sechster Abschnitt.
Wie ein Reisender für seine Gesundheit, besonders in warmen Ländern, sorgen soll.

I. Ein Reisender muß seine Konstitution genau kennen; muß wissen, was sich mit ihr verträgt und nicht verträgt, und so viel als es die Umstände erlauben, bey Gewohnheiten, die dieser angemessen sind, bleiben. Im Essen und Trinken, — in der Art sich zu kleiden, — in seinen Leibesübungen, — in der Ruhe ec. sollte man sich billig nach den mäßigsten Bewohnern des Landes richten. Die Erfahrung hat die Völker aller Länder gelehrt, welche Lebensart ihnen am heilsamsten ist.

II. Obgleich die Nachmittagsruhe (Siesta) den meisten Fremden in Spanien und Italien sehr gut bekommt; so entstehen doch in kältern Gegenden, — wo man mehr Speisen und benebelnde Malzgetränke zu sich zu nehmen gewohnt ist, — häufig Schlagflüsse daraus. Reisende, die in warmen Ländern zu einem Nachmittagsschlafe eingeladen werden, müssen darauf achten, daß seine Dauer ihrer langsamern oder geschwindern Verdauung angemessen sey: eine Viertel- oder Halbestunde ist hinreichend, eine ganze Stunde sollte man nie schlafen. In einer horizontalen Lage zu schlafen, ist gewiß schädlich, — der beste Ort ist ein Armstuhl oder Kanape. — Der Kopf muß hoch liegen, der Leib zurückgebogen, und etwas gegen die linke Seite gekehrt seyn, und alles, was den freyen Umlauf

lauf des Blutes hindert, muß aus dem Wege geräumt werden, wenn man nicht mit Kopfschmerzen erwachen will.

III. Das Wasser ist an vielen Orten sehr ungesund, — wenn Seife, die man hineinwirft, unaufgelöst darin liegen bleibt; so ist seine Schädlichkeit erwiesen. Kann man kein andres Trinkwasser bekommen; so muß man es wenigstens dadurch etwas zu verbessern suchen, daß man es durch ein feines leinenes Tuch laufen läßt, und etwas Eßig oder Zitronensaft beymischt, oder geröstet Brodt hineinwirft. Das beste ist, wenn mans abkocht und wieder kalt werden läßt. Quellen, die bey Sümpfen und Kloaken entspringen, oder einen weißlichten Schaum auf der Oberfläche des Wassers haben, werden mit Recht für ungesund gehalten.

IV. Gar zu starke Bewegung nach dem Essen, ist durchgängig schädlich, doch aber noch mehr in heißen als in kalten Klimaten. Wer also reitet, oder in einem Wagen fährt, worin er sehr gerüttelt wird, muß nur wenig essen. Eben so muß man auch, — besonders auf Reisen in den südlichen Ländern, — wenig hitzige Getränke zu sich nehmen, weil das Blut schon ohnehin, durch die Bewegung des Fahrens, erhitzt wird.

V. Die Reinlichkeit erfordert es, daß man sich auf Reisen öfter bade, als zu Hause; dieß darf aber weder nach der Mahlzeit, noch wenn das Blut in Wallung, oder das Wetter zu heiß ist, geschehen. Die kühlen Morgen= und Abendstunden sind eigentlich die besten zu diesem so zuträglichen Vergnügen. Der erfahrenste Schwimmer sollte billig nie in der See oder

in

in einem Flusse baden ohne einen andren guten Schwimmer bey sich zu haben. Man muß auch solche Stellen wählen, wo keine Pflanzen auf dem Boden sind, sondern, wo er aus reinem Sande besteht. Die Pflanzen sind oft giftig, und können üble Wirkungen hervorbringen, wenn man auf sie tritt. Enie sehr wichtige Vorsichtsregel beym Baden ist, mit dem Kopfe zuerst ins Wasser zu stürzen, weil sonst ein zu starkes Zuströmen des Blutes nach diesem Theile einen Zufall des Schlags verursachen könnte.

VI. Wer zu Wagen reiset, kann leicht geschwollne Beine bekommen; es wird daher für dienlicher gehalten, Schuhe als Stiefeln zu tragen. Man muß auch, um den Umlauf des Blutes nicht zu hemmen, die Strumpfbänder lösen, zuweilen aussteigen, und wann es geschehen kann, gehen. Die Kutschenfenster müssen auch zuweilen geöfnet werden, damit die Luft nicht verderbe.

VII. Feberbetten und durchgenähte baumwollne Decken, ziehen die bösen Dünste leicht in sich, man sollte sich ihrer also in den Wirthshäusern nicht ohne die nöthige Vorsicht, bedienen, sondern sich nach den Regeln verhalten, die im neunten Abschnitt Nr. XI. ertheilt werden.

VIII. Auch sind die Dünste von Holzkohlen äußerst schädlich, man sollte sich solche nie in das Zimmer bringen lassen, als bis sie ganz ausgebrannt sind. Viele Leute haben ihr Leben dadurch eingebüßt, daß sie sie die Nacht über im Zimmer ließen.

IX. Es ist der Gesundheit sehr nachtheilig in sumpfigen Gegenden zu schlafen, weil die Luft da sehr verberbt derbt ist, wie z. B. in den pontinischen Sümpfen im Kirchenstaate ꝛc.

X. Süßer oder gekochter Wein, den man im päbstlichen Gebiete, an der abriatischen Küste u. a. O. findet, hindert der Verdauung sehr und erhitzt das Blut, man muß ihn daher nur sehr selten und in kleiner Quantität zu sich nehmen.

XI. Frische Früchte, sogar die reifesten Weintrauben, schwächen den Magen, in heißen Klimaten. Zu häufig und ohne Brodt genossen, bringen sie gewiß die schädlichsten Wirkungen hervor.

XII. In heißen Klimaten muß man, — besonders des Abends, — sich so viel als möglich von Fleischspeisen enthalten, sie verursachen sehr leicht gefährliche Faulfieber.

XIII. Mit offenen Fenstern in heißen Ländern zu schlafen, ist so gefährlich, daß wenig Menschen Zeit genug haben, ihre Unvorsichtigkeit zu bereuen. Wer zu Fuße reiset, muß sich nie unter dem Schatten eines Baumes, oder nahe bey einem Hanffelde schlafen legen.

XIV. Etwas frische Früchte, oder ein Stückchen Brodt, löscht den Durst besser als Wasser: kann man nichts als Wasser haben; so sollte man doch etwas Eßig oder Zitronensaft dazu mischen.

XV. Nach einer starken Reise zu Fuße muß man nicht zu viel Speise zu sich nehmen, und sich nicht neben ein großes Feuer setzen.

XVI. Kann man nicht umhin, sich einige Zeit in einer sumpfigten Gegend aufzuhalten; so sorge man wenigstens dafür, in einem trockenen Hause die obern

Stockwerke bewohnen zu können; — mache sich Bewegung, doch ohne Anstrengung und ohne sich den feuchten Dünsten auszusetzen; und nehme nahrhafte Speisen und etwas geistige Getränke zu sich.

XVII. Wer sich noch nicht ans Gehen gewöhnt hat, muß in seinen Fußreisen den Weg allmählig verlängern. Ist der Wind sehr stark: so suche man ihn lieber von der Seite als im Gesichte zu haben.

XVIII. Um allen Ungemächlichkeiten und übeln Folgen der unterdrückten Ausdünstung auszuweichen, sollte man auf Fußreisen beständig ein flanellnes Brusttuch auf dem bloßen Leibe tragen.

XIX. Frisch geschlachtetes Fleisch, Gartengewächse und frische Fische, sind jeder andern Speise vorzuziehen; so wie überhaupt die frischesten und einfachsten Speisen die besten sind.

XX. In Wirthshäusern, die selten besucht, und in Zimmern, die selten geheizt werden, findet man oft feuchte Betten. Man muß sie, als sehr gefährlich, vermeiden; ein Reisender kann sich durch ein Nachtlager in solch einem Bette die ärgsten Krankheiten und selbst den Tod zuziehen. Man sehe daher immer darnach, ob das Bette trocken, und die Betttücher vor dem Feuer gehalten sind. Beym geringsten Verdacht ist es besser, daß man sich auf reines und trocknes Stroh lege. Selbst bey seinen Freunden muß man, ohne die nöthige Vorsicht, sich in kein Bette legen: weil in vielen Häusern eigentliche Betten für Frembe gehalten werden; die, wenn sie lange nicht gebraucht worden sind, ebenfalls dumpfig und feucht seyn können.

XXI.

XXI. Wenn einem Reisenden die Kleider sehr durchgenäßt worden sind; so muß er vorzüglich für ein recht trockenes Bette sorgen, die Laken gut ausluften lassen, ein reines, stark mit Zucker oder andern Species durchgeräuchertes Hemb anlegen, und vor dem Niederlegen sich die Haut tüchtig mit Flanell reiben, welches die Ausdünstung sehr befördert. Die Theile des Körpers, welche am meisten von der Nässe gelitten haben, müssen mit lauwarmen Wasser, worin etwas Seife aufgelöst wird, gewaschen werden. Wem es die Umstände nicht erlauben, trockene Kleider anzulegen, der muß so lange in beständiger Bewegung bleiben, bis ihm die Kleider auf dem Leibe trocken werden. Indessen muß man dieß doch so viel als möglich zu vermeiden suchen, weil man sich dadurch, — wenn man nicht schon daran gewöhnt ist, — Rheumatismen, Koliken, u. dgl. aussetzt.

XXII. Wer durch die Sonnenhitze in eine starke Ausdünstung gerathen ist, muß sich sehr vor dem Thaue hüten, — wer ihm nicht ganz ausweichen kann; der muß sich doch auf keinen Fall ruhig hinsetzen; die fortdauernde Bewegung begünstigt die Ausdünstung und mildert doch die übeln Eindrücke der kühlen Luft um vieles.

XXIII. Vor dem Frühstücke sollte man nie ein Krankenhaus besuchen, weil man bey leerem Magen sehr leicht von bösen Krankheiten angesteckt werden kann. Eine gute Vorsichtsregel ist, ehe man Kranke besucht, ein Stückchen in Weinessig eingetauchtes Brodt zu essen, und die Nasenlöcher und den Mund mit Kampferessig zu waschen. So lange man sich im Krankenhause aufhält, sollte man den Speichel nicht herunterschlucken, sondern lieber ein Stückchen Schwamm oder Löschpapier im Munde halten, worin er sich einsaugt. Eben so ist es auch sehr gut, bey solchen Gelegenheiten, ein Glas Wein mit etwas Zucker und dem Safte einer halben Zitrone zu trinken.

XXIV. Folgende Mittel sollte ein Reisender beständig bey sich führen:

    1 Bouteille Vinaigre de quatre Voleurs.
    1 — Franzbrantwein.
    1 — Arquebusade, oder peruvianischen Balsam.
    1 — Salmiakgeist, gegen Ohnmachten.
    1 — Hoffmannische Tropfen.

Siebenter Abschnitt.
Wie ein Reisender sich am besten mit Geld zu versorgen hat.

I. Ein Reisender handelt sehr unvorsichtig, wenn er viel baares Geld bey sich führt: die sicherste Art ist, sich mit Kreditbriefen von einer großen Stadt zu der andern zu versehen.

II. Kreditbriefe auf gute Häuser sind in mancher Rücksicht den Wechseln vorzuziehen; denn außerdem, daß diese oft kleiner oder größer seyn können, als wir sie gerade jetzt gebrauchen, so riskirt man auch noch oft durch

durch sie zufälliger Weise in langweilige Processe verwickelt, und in dem Laufe seiner Reise aufgehalten zu werden. Auch hat ein Krebitbrief den Vorzug, daß er dem Reisenden gewissermaßen ein Recht auf die Zurechtweisung und den Schutz des Kaufmanns oder Banquiers giebt.

III. Es ist sehr gut mehr als einen Krebitbrief bey sich zu haben, damit man nicht in Geldverlegenheit gerathe, wenn Einer zufälliger Weise nicht angenommen werden sollte.

IV. Muß man dem Banquier, von dem man seinen Krebitbrief nimmt, sogleich den Werth desselben in die Hände geben; so thut man besser, ihm statt baaren Geldes, solche Verschreibungen oder Bankscheine zu geben, die Zinsen tragen, weil der Banquier sich entweder zu gar keinen oder doch nur zu äußerst geringen Zinsen verstehen werde. Am besten und am gebräuchlichsten ist es aber, einen guten Bürgen für den Belauf des Krebitbriefes zu stellen.

V. In ganz Europa findet man allenthalben falsche Banknoten und andre nachgemachte öffentliche Papiere; ein Reisender muß also bey der Annahme von Papiergeld äußerst vorsichtig zu Werke gehen; — am gefährlichsten ist es in diesem Stücke in dem päbstlichen Gebiete.

VI. In manchen Ländern muß man auf Goldmünzen ein beträchtliches Aufgeld geben, welches man bey kleinen Ausgaben nicht wieder bekömmt. Man muß also hierüber genaue Erkundigung einziehen, um keinen Schaden zu leiden.

Achter Abschnitt.
Empfehlungsschreiben.

I. Ein Reisender, der Vortheile von dem Schutze seines Abgesandten genießen will, muß ihm entweder persönlich bekannt seyn, Empfehlungsschreiben an ihn haben, oder ihm von einem angesehenen Manne vorgestellt werden.

II. Außer dem Empfehlungsschreiben an seine Abgesandte, muß sich ein Reisender auch mit andern an Banquiers und Kaufleute versehen, die ihm oft nützlicher als Briefe an die vornehmsten adelichen Häuser sind; weil jene ihn von vielen interessanten Dingen besser unterrichten können, und gewöhnlich auch sehr bereitwillig dazu sind: indessen sind doch Empfehlungsschreiben an Personen von hohem Range, gar nicht zu verwerfen, und oft von großem Nutzen.

III. Auch Empfehlungsschreiben an Leute aus den niedrigern Ständen muß man nicht verschmähen. Als Fremder kann man nicht zu viele Freunde haben, — und wie wenige findet man auch, denen das Wohl des Fremden wirklich am Herzen liegt! Fehlt es dem Reisenden nicht an Menschenkenntniß; so wird er aus jeder Bekanntschaft Nutzen zu ziehen wissen, — von den gemeinsten Leuten kann er oft am meisten erfahren, wenn er sie recht zu nützen weiß. Der Mensch muß in allen Ständen studirt werden, und mancher Reisender ist belehrter aus einer Hütte, als aus einem Pallast getreten.

IV.

IV. Empfehlungsschreiben an höhere Zollbeamte geben dem Reisenden oft Gelegenheit, sehr nützliche Nachrichten und authentische Listen, die sonst nirgends zu haben sind, von der Ein= und Ausfuhr, von der Handlung überhaupt, den Manufakturen u. s. w. zu erlangen.

Neunter Abschnitt.
Gasthöfe.

I. Man sollte immer in dem besten oder einem der besten Gasthöfe einkehren. Man wird besser darin bedient, ist mit seinem Eigenthume sicherer, bey den Einwohnern in der Stadt, mit denen man zu thun hat, und die den Fremden zuerst nach seinem Logis fragen, in besserm Ansehen, und wird nicht viel theurer darin leben, als in einem schlechten. In schlechten Gasthöfen, wo gemeine Leute einkehren, ist man nicht sicher; — der Wirth bestrebt sich auch nicht so sehr seinen Ruf zu erhalten, und sucht sich die Gelegenheit zu Nuße zu machen, wenn er einmal einen vornehmen Gast erhascht, um sich auf eine lange Zeit bey ihm zu entschädigen.

II. Wer mit der Post reiset, muß sich nie von dem Postillion nach einem Hause bringen lassen, das ihm gerade gefällt. Gewöhnlich stehen diese mit den Gastwirthen in Verbindung, und suchen nur ihre Vortheile. Man thut daher am besten, wenn man sich von einem

Orte zum andern von dem Postmeister oder von seinem Gastwirthe oder Freunden, die die Tour gemacht haben, die besten Häuser anweisen läßt.

III. Ein Reisender muß nie zugeben, daß ein Fremder bey ihm in demselben Zimmer schlafe, unvermeidliche Fälle ausgenommen. Ueberhaupt kann man nicht behutsam genug, auf der Reise, zu Werke gehen: je weniger man traut, desto besser. Es giebt viele Leute, die blos auf Kosten des Publikums herumstreifen, sich bey jedem unter einem andern Vorwande einzuschmeicheln suchen, sich aufdringen, in Vertraulichkeiten einlassen, und nichts weiter suchen, als einen jungen, unerfahrenen Reisenden zu Grunde zu richten. Viele von ihnen bestreben sich die Fremden dadurch zu gewinnen, daß sie sich ihnen ganz ergeben zeigen, ihnen allerley, und oft sogar sehr wesentliche Dienste leisten, — aber auch in dem Falle muß man auf seiner Hut seyn, um nicht überlistet zu werden.

IV. Man miethe nie einen Bedienten im Gasthofe, wenn der Wirth nicht für seine Treue und Redlichkeit einstehen will.

V. In einigen Ländern, vorzüglich in Italien, muß man sich, so bald man in einem Gasthofe absteigt, nach dem Preise der Zimmer, des Tisches u. s. w. erkundigen, wenn man nicht Gefahr laufen will, alles drey= und vierfach zu bezahlen. In Deutschland und England ist diese Vorsicht unnöthig, und würde nur Mistrauen gegen den Fremden erwecken.

VI. Noch sicherer geht man, wenn man täglich seine Rechnung bezahlt, und sich eine Quittung darüber geben läßt. Die Wirthe können einem auf diese Weise nicht

nicht leicht etwas zu viel anrechnen, und bedienen besser, weil sie täglich fürchten, man wolle ihr Haus verlassen.

VII. Viele Wirthe sind äußerst neugierig, suchen die Reisenden auszuforschen, und durchsuchen wohl in ihrer Abwesenheit sogar ihre Koffer ꝛc. Man muß daher nie vergessen solche zu verschließen und alles wegzuräumen, was ihnen zu sehr in die Augen fallen und zu große Begriffe von dem Vermögen des Reisenden geben könnte, weil sie ihre Rechnung gewöhnlich darnach einrichten.

VIII. In einsamen abgelegenen Gegenden, wo man in den Wirthshäusern für seine Sicherheit besorgt seyn muß, thut man wohl daran, wenn man seinen Bedienten bey sich in der Stube schlafen, und die ganze Nacht hindurch ein Wachslicht brennen läßt. — Ehe man sich niederlegt, muß man unter dem Bette, und allenthalben, wo sich leicht einer verstecken kann, zusehen. —

Kleine Nachtriegel, in Gestalt eines Kreuzes, lassen sich beynah an alle Thüren anwerfen, — sie mögen schon manchem Reisenden das Leben gerettet haben, und sollten daher niemals vergessen werden. Hat man keinen solchen Riegel; so verramme man die Thüre mit einem Tische, worauf man Stühle setzt.

IX. Es kann auch nicht schaden, wenn man, — im Fall man die Nacht in einem solchen einsamen Wirthshause zubringen muß, — so ganz wie von ohngefehr, dem Wirthe seine Feuergewehre zeigt, und, ohne ihm etwas davon merken zu lassen, daß man sich nicht ganz sicher bey ihm aufgehoben glaube, ihm mit einer dreusten Mine versichert: man fürchte sich nicht vor einer sehr überlegenen Anzahl von Feinden. So eine kleine Kriegslist ist oft von sehr guter Wirkung.

X. Da es der Gesundheit sehr nachtheilig ist, in einem Zimmer, das lange verschlossen war, zu essen oder zu schlafen; — so sollte man allezeit in dem Zimmer, welches einem angewiesen wird, so bald als man hineinkommt, die Fenster aufsperren, und etwas Eßig auf eine glühende Feuerschaufel sprengen, um die Luft zu reinigen.

XI. Da man auf der Reise keinesweges sicher ist, gesunde Betten zu bekommen; so lasse man sich, um aller möglichen Ansteckung vorzubeugen, eine leichte seidne Decke, zwey Paar Betttücher, und zwey zusammengenähte, gegerbte Hirschfelle, 6 Fuß 6 Zoll lang und 3 Fuß 6 Zoll breit, machen, und führe diese beständig mit sich. Die Hirschhäute werden auf die Unterbetten, oder Matrazen gelegt, und mit des Reisenden eigenem Betttuche bedeckt, wodurch alle schädliche Ausdünstung verhindert wird. Ueber sich nimmt er seine seidne Decke, worauf er, der Wärme wegen, auch noch einige Kleidungsstücke legen kann. Die Hirschhäute müssen des Morgens, ehe man sie einpackt, wenigstens 5 Minuten lang ausgelüftet werden. Wer nicht mit einem solchen Reisebette versehen ist, sollte sich wenigstens nicht ganz entkleiden, wenn er sich in ein fremdes Bette legt; — das Halstuch, die Strumpfbänder ꝛc. ꝛc. muß er aber ganz lösen, um den Umlauf des Blutes nicht zu hindern, und apoplektischen Zufällen vorzubeugen.

XII. Seine Börse, oder was sonst sehr in die Augen fallend ist, lasse man nicht auf dem Tische liegen,

um

um niemand dadurch zu reitzen, und zu Dieberehen Anlaß zu geben.

XIII. Wenn man in einem Gasthofe eine Zeitlang zu bleiben denkt; so frage man gleich bey seiner Ankunft den Wirth, ob er einem für alles, was man bey sich hat, einstehe oder nicht; — will er nicht dafür einstehen; so thut man am besten, wenn man seine besten Sachen zu einem bekannten und sichern Banquier bringen, und ihn einen Schein über deren Empfang ausstellen läßt.

XIV. Wenn man lange in einem fremden Orte bleiben will; so thut man am besten, wenn man sich in ein Privathaus einmiethet, wobey man vieles erspart, und bessere Bewirthung hat.

Zehnter Abschnitt.
Reisegeräthe.

I. Je mehr man bey sich führt, desto kostbarer ist die Fracht, desto leichter kömmt man in Gefahr wegen verbotener Artikel in Verantwortung zu gerathen, desto länger wird man allenthalben aufgehalten, und desto stärkere Rechnungen machen die Wirthe. Wer weite Reisen macht, sollte sich daher immer, so wenig wie möglich, mit vielem Gepäcke beschweren.

II. Wer zu seiner Belehrung reiset, von dem ist nicht zu erwarten, daß er in fremden Ländern durch eitele Pracht Aufsehen wird erregen wollen, und er thut

thut daher sehr wohl daran, sich nicht mit einer überflüßigen Garderobe zu belasten, wobey seine Bequemlichkeit und seine Oekonomie viel gewinnt.

III. Papiere und Schriften werden am besten verwahrt, wenn man sie recht dicht aufrollt, in hartes Papier wickelt, und auf jeder Rolle mit wenigen Worten ihren Inhalt notirt.

IV. Um seine Schriften der Unachtsamkeit der Zollbedienten nicht preis zu geben, ist das sicherste sie zusammen in einer festen Brieftasche zu verwahren, die mit Justen überzogen ist. Dieses Leder läßt kein Wasser durchdringen, und hält auch durch seinen Geruch die Würmer ab.

V. Kurze und hohe Koffers sind besser als lange und flache, weil sie auf alle Wagen passen. Daß Festigkeit eine Haupteigenschaft bey ihnen ist, versteht sich von selbst.

VI. Man lasse nie zwey Koffer zugleich visitiren, — da man nur auf einen sehen kann; so läuft man Gefahr, daß der andre indeß geplündert werde.

VII. Man kann leicht in Verantwortung gerathen, wenn man versiegelte Pakete zu bestellen mitnimmt, weil sie verbotene Waaren enthalten können.

VIII. Man leide auch nicht, daß der Bediente Kontrabande für sich mitnehme; indem der Herr, in solchen Fällen, gewöhnlich die Schuld des Dieners büßen muß.

IX. Man kann, in vielen Ländern, der Unannehmlichkeit seine Koffer auf jeder Station durchsuchen zu lassen, dadurch ausweichen, daß man sie versiegeln oder plombiren läßt. Ein Reisender kann sich also erkundigen,

bigen, wo dieß angeht, und sich viele Verdrießlichkeiten ersparen.

X. Es ist nicht rathsam Bücher bey sich im Koffer zu führen, die in steifer Pappe gebunden sind, weil sie die andern Sachen scheuern und verderben können. — Im Fall der Noth lege man sie ganz an den Boden, so fest und unbeweglich wie möglich, und bedecke sie mit starkem Papiere.

XI. Unter andern schaffe man sich auch folgende Dinge vor seiner Abreise an:

Ein Reißbesteck, Papier und Tusche.

Eine gute Uhr, oder einen genauen Zeitmesser (time keeper.)

Einen Kompaß.

Ein Barometer.

Ein Thermometer.

General= und Specialkarten der Länder, die man besuchen will, welche auf Leinewand gezogen sind, und zusammengelegt werden können.

Ein gutes Teleskop.

Eine Kamera obscura, Wachslichter, Zunderbüchse, Nachtriegel, die an allen Thüren passen.

Eilfter Abschnitt.
Seereisen.

I. Ehe man mit dem Schiffer das Schifflohn bedingt, erkundige man sich nach dem Alter des Schiffes, nach seiner Fracht, wie viel Leute darauf sind,

sind, welche Passagier mitgehen, ꝛc. jeder Umstand hat seine eigene Vortheile und Nachtheile.

II. Segelt das Schiff nach der Barbarey, so erkundige man sich genau darnach, ob die seeräuberischen Staaten auch seine Flagge respektiren.

III. Manche Schiffer sind gegen die Passagiers sehr artig und höflich so lange sie im Hafen liegen, und werden sehr grob, wenn sie abgesegelt sind, man muß sich daher auch genau nach ihrem Betragen erkundigen.

IV. Je mehr Schiffe nach demselben Hafen hinsegeln, desto wohlfeiler kann man mit fortkommen, weil es jedem Schiffer um Passagiers zu thun ist. Man erkundige sich also, und nehme seine Maaßregeln darnach.

V. Je vornehmer und reicher man auf dem Schiffe erscheint, je mehr muß man auch bezahlen, ohne deswegen größere Bequemlichkeiten zu erlangen. Ein Reisender, welcher den Werth des Geldes kennt, wird also seinen Rang und sein Vermögen lieber zu verbergen, als zu erkennen zu geben suchen.

VI. Es sind allerley Regeln auf Seereisen zu beobachten, die den meisten jungen Reisenden unbekannt sind. Man erkundige sich also bey den Barquiers und solchen, welche vom Seewesen unterrichtet sind, so genau wie möglich nach allem, z. B. nach dem Schifslohne u. s. Dieß ist noch nöthiger, wenn sie Kaufmannswaaren oder Güter, die eine gewisse Vorsicht erfordern, bey sich führen.

VII. Je länger die Reise dauern kann, je mehr muß man dafür sorgen, in einem guten Verständnisse mit dem Schiffskapitän, den Passagiers ꝛc. ꝛc. zu bleiben.

bleiben. Man sorge dafür auch bey seinem Bedienten und leide daher nicht, daß er Karten spiele, stark trinke 2c. wodurch er in Zank und Streit mit dem Volke gerathen könnte. Es hat oft eine recht gute Wirkung, wenn man dem Schiffsvolke einige kleine Geschenke macht.

VIII. Oft ist es dem Reisenden sehr nützlich ein Empfehlungsschreiben an den Konsul desjenigen Staates zu haben, wo der Kapitän zu Hause ist, das man bey seiner Ankunft abgeben kann. — Wenn er bey Zeiten davon unterrichtet wird; so wird er sich gewiß während der Reise viel aufmerksamer und besser betragen.

IX. Wer sich von der Führung eines Schiffes und von der Schiffahrt überhaupt unterrichten will, muß sehr genau auf jeden Befehl hören, den der Kapitän dem Schiffsvolke giebt, und sich nach dessen Bedeutung erkundigen. Zuweilen machen die Kapitäne keine Schwierigkeiten, Abschriften ihres Schiffsjournals mitzutheilen, welches für einen Reisenden sehr interessant ist.

X. Wenn Reisende Waaren einschiffen lassen, so sollten sie sich nicht zu weit über die Absichten, die sie damit haben, herauslassen; weil solche Mittheilungen leicht zu ihrem Schaden genutzt werden können.

XI. Das Beyspiel des berühmten Kapitäns COOK, der in 3 Jahren und 18 Tagen die ganze Erde umschiffte, und von 118 Mann, die er bey sich hatte, nur einen einzigen verlor, beweiset genug, daß die weitesten und langwierigsten Seereisen, ohne Schaden für die Gesundheit, unternommen werden können, wenn man

nur

nur die nöthigen Vorkehrungen zu treffen weiß. Animalische Speisen, besonders frisch geschlachtetes Fleisch, in zu großen Portionen genossen, sind dem Seefahrer allemal schädlich. Desto gesunder ist aber Sauerkohl, welches zugleich ein sehr gutes antiskorbutisches Mittel ist. Suppe in Kuchen ist ein vortrefliches Nahrungsmittel, besonders wenn sie mit Vegetabilien aufgekocht wird. Grütze, Kartoffeln, Apfel= und Birnmost, Weinessig, Orangensaft und Zitronen sind sehr wichtige Artikel; — eigentlich sollte man zu jedem Gerichte etwas Weinessig mischen.

XII. Täglich muß man seine Muskeln dadurch in Bewegung setzen, daß man einige Schiffsarbeiten verrichtet; wöchentlich bade man sich wenigstens einmal; sorge sehr für Reinlichkeit; sey so viel als möglich auf dem Verdeck; bringe seine Betten täglich in die Luft; rauche bey feuchtem Wetter; esse oft und wenig auf einmal; schlafe mäßig; und suche beständig sich munter und bey guter Laune zu erhalten.

XIII. Wer der Seekrankheit unterworfen ist, suche in der Mitte des Schiffes zu bleiben, weil da die Bewegung am wenigsten stark ist.

XIV. Wer mit Verstopfungen behaftet ist, muß sich mit Medikamenten versehen, die den Leib, ohne zu starken Reitz öffnen, und sehr mäßig schwere Speisen und hitzige Getränke zu sich nehmen.

XV. Selten haben Kauffartheyschiffe von 100 bis 200 Tonnen einen Schiffsarzt oder Wundarzt am Bort; man muß sich daher selbst mit einer kleinen Kiste solcher Arzneyen versehen, deren man vorzüglich bey Seekrankheiten bedarf.

XVI.

XVI. Wer zur See reiset, muß seine eigne Lanzette haben; denn wem mit einer Lanzette zur Ader gelassen wird, die man kurz vorher bey einem skorbutischen Patienten gebraucht hat, der läuft die stärkste Gefahr angesteckt zu werden.

XVII. Venerische Personen dürfen sich auf keine lange Seereise wagen. Jeder Seereisende sollte aber das vortrefliche Werk des Doctors Lind über die Krankheiten der heißen Klimaten, über den Skorbut, und über die Gesundheit der Seefahrer, mit großer Aufmerksamkeit studiren.

Zwölfter Abschnitt.
Vermischte Bemerkungen.

I. Vor seiner Abreise aus dem Vaterlande, sollte ein jeder seinen letzten Willen peremtorisch aufsetzen; damit allen Verdrießlichkeiten und Streitigkeiten sicher begegnet werde, die in der Familie eines Reisenden entstehen würden, wenn er in einem fremden Lande plötzlich verstürbe.

II. Man sey äußerst vorsichtig in der Wahl eines Reisegefährten; wer andere Zwecke auf seiner Reise beabsichtet, ein anderes Interesse hat, anders denkt als wir, wer nicht gutmüthig, thätig, wißbegierig ist, — der wird uns eine Last werden, und das Angenehme, was das Reisen in Gesellschaft sonst hat, durch seine Person, in Bitterkeit verwandeln.

E   III.

III. Man rede in der Fremde, und besonders mit fremden Personen, so wenig von Religion und Politik, als von seinen eigenen Angelegenheiten.

IV. Neugierde wird eine Tugend, wenn sie aus der Neigung sich zu unterrichten und seinem Vaterlande nützlich zu werden, entspringt.

V. Wer keinen Verstand und keine Beurtheilungskraft von Natur hat, wird noch eher dümmer als klüger von seinen Reisen zurückkommen; und Sokrates hatte mit der Behauptung gewiß recht: Ein Thor muß seinen Geist, aber nicht sein Klima verändern, um klug zu werden.

VI. Wer in eine Gesellschaft tritt, muß auf die allgemeine Stimmung achten, und die seinige ihr gleich zu machen suchen; man gewinnt sie dadurch für sich, und macht, daß die Unterhaltung bald offener und freyer wird. Eben so muß man seine Reden auch mehr fragend als bestimmt, diktatorisch oder widersprechend vortragen.

VII. Die Kunst in Gesellschaften zu gefallen, besteht nicht darin, alles sehr umständlich auseinander zu setzen, sondern seinen Vortrag so einzurichten, daß manches nicht berührt wird, welches dem Zuhörer zu ergänzen übrig bleibt.

VIII. Jedermann sieht es gerne, wenn man über Dinge fragt, die in sein Fach einschlagen; weil er dadurch Gelegenheit bekommt, sich von seiner stärksten Seite zu zeigen, ohne prahlerisch zu erscheinen.

IX. Der Weise zählt seine Minuten, kein Augenblick darf ihm entschlüpfen; — Zeit ist Leben, man
verlängert

verlängert es, wenn man auf das haushälterischste mit ihr umgeht, und ihren kleinsten Theil zu nützen sucht.

X. Ein philosophischer Reisender betrachtet sein Vaterland, als einen kranken Freund, und forscht allenthalben nach Rath für seine Wiederherstellung.

XI. Wem es völlig genügt, das blos zu wissen, was andre, vor ihm, erfunden haben, der wird gewiß selbst nichts neues erfinden. Wer blos andern folgt, hat kein eignes Ziel, und wie will man finden, was man nicht sucht?

XII. Der Mensch ist schuldig Menschen zu dienen; — wer nicht vielen nützlich werden kann, werde es wenigen; — wer es nicht wenigen werden kann, bestrebe sich es blos seinen Verwandten zu werden; — und wem es auch hierzu an Kraft gebricht, der sorge nur für sich.

Wer sich selbst besser macht, sorgt doch auch zugleich für andre; der Lasterhafte ist ungerecht gegen sich und gegen alle, denen er, als Tugendhafter, nützlich gewesen wäre. Indem wir an unserm wahren Vortheil arbeiten, werden wir schon dadurch selbst auch andern nützlich, welches immer geschieht, wenn etwas zur Vervollkommnung Eines Mitglieds der menschlichen Gesellschaft gethan wird.

XIII. Ich kann diese Bemerkungen nicht besser, als mit den vortreflichen Worten Seneka's beschließen, welcher von sich selbst sagt: Ich lerne nur, um lehren zu können. Die interessanteste Entdeckung würde allen Reiz für mich verlieren, wenn ich gezwungen wäre sie nur für mich selbst zu behalten, und ich würde die Weisheit selbst verschmähen, wenn ich sie in mir verschliessen müßte. Der Besitz wird nur durch Mittheilung angenehm.

Doktor Hawes
Anweisung
wie die, dem Anschein nach, Ertrunkenen, oder auf andre Weise Erstickten wieder herzustellen sind.

I. Die Wiederherstellung der Wärme ist von der größten Wichtigkeit, um das Leben wieder hervorzubringen: so bald also der Körper aus dem Wasser gezogen ist, muß er geschwinde entkleidet, — oder wenn er nackt ist, eiligst mit einigen Röcken, Bettdecken, oder was man sonst sogleich bey der Hand haben kann, bedeckt und behutsam, mit etwas in die Höhe gerichtetem Kopfe, in das nächste Haus getragen werden. Ist die Luft kalt und feucht; so lege man diesen Unglücklichen ins Bette, in eine mäßig geheitzte Stube, — oder im Sommer, gegen die geöffneten Fenster über, daß die Sonnenstrahlen auf ihn fallen können, und leide nicht mehr als höchstens 6 Personen um ihn, weil mehrere die Rückkunft des Lebens aufhalten. Der Körper muß mit warmen Tüchern abgetrocknet, sanft mit Flanell gerieben und mit Rum, Brantewein oder Senf besprengt werden. Man
macht

macht auch mit gutem Erfolge Bähungen von diesen Mitteln auf die Herzgrube. Man fährt mit einer mit Flanell bedeckten Warmpfanne den Rücken hinauf und hinunter; und bringt Flaschen mit heißem Wasser und heiße Steine in Flanell gewickelt, unter die Fuß=sohlen, in die Hände und an andre Theile des Kör=pers an.

II. Das Athemholen wird sehr befördert, wenn man den Mund und ein Nasenloch zuhält, und mit einem Blasebalge in das andre mit der gehörigen Stärke Luft hinein läßt, um die Lungen auszudehnen, während dem ein andrer die Brust ganz sanft mit den Händen drückt, um die Luft wieder herauszubringen, wodurch dem natürlichen Athmen nachgeahmt wird. Ist die Röhre zu dick für die Nase; so kann man die Luft auch durch den Mund einblasen. Einhauchen soll=te man den Athem nur dann, wann kein Blasebalg zu haben ist.

III. So bald wie möglich bringe man Tobaksrauch in die Gedärme, und wiederhole dieß in der ersten Stunde 3 oder 4 mal. Sollten es die Umstände nicht zulassen; so bediene man sich der Tobaksklystiere, oder andrer scharfen Infusionen mit Salz. Die Rauchmaschine ist gewiß von großem Nutzen, und lei=stet bey allen Fällen von scheinbarem Tode die erprieß=lichsten Dienste.

IV. Starkes Schütteln trägt vieles zu einer grös=sern Wirksamkeit der übrigen Mittel bey; man faßt daher den Verunglückten bey den Armen und Beinen (besonders wenn es ein junger Bursche ist) und schüt=telt ihn, in der ersten Stunde verschiedne Mal, 5 oder

6 Minu=

6 Minuten lang, hin und her. Wenn der Körper ganz rein abgetrocknet ist; so lege man ihn zwischen zweyen gesunden Menschen ins Bette, und lasse hauptsächlich die linke Seite reiben, wodurch die Bewegung des Herzens am leichtesten wieder hervorgebracht wird.

V. Ist man ohngefehr eine Stunde nach dieser Methode fortgefahren, so suche man aus einem benachbarten Brauhause, Bäckerhause oder Glasfabrike entweder heiße Asche, Hülsen von aufgebrauetem Malze oder Hefen ꝛc. zu bekommen, lasse eins dieser Dinge so weit abkühlen, bis der Grad seiner Wärme nicht viel stärker als bey einem gesunden Menschen ist. Kann man bequem zu einem warmen Bade gelangen; so kann es, verbunden mit der vorher erwähnten Behandlungsart, mit Nutzen gebraucht werden.

VI. Frühes Elektrisiren ist gewiß sehr gut, und befördert die wohlthätigen Wirkungen der übrigen Mittel sehr. Dr. Kite ist in seinem Versuche über die Wiederherstellung scheinbartodter Menschen,*) sehr dafür, und hält es für den Probierstein, woran man

---

*) Diese von der humane Society gekrönte Preisschrift ist verdeutscht und mit einer Vorrede begleitet von Dr. C. F. Michaelis; Leipzig 1790 herausgekommen. Man verbinde damit E. Goodwyns Untersuchung der Wirkungen des Ertrinkens, Erdrosselns und durch schädliche Luftarten erfolgten Erstickens, nebst den wirksamsten Mitteln, Scheintodte wieder herzustellen. Aus dem Englischen von Dr. C. F. Michaelis. Leipzig 1790. Imgleichen P. J. B. Previnaires Abhandl. über die verschiedenen Arten des Scheintodes und über die Mittel, welche die Arzneykunde und Polizey anwenden können, um den gefährlichen Folgen allzufrüher Beerdigungen zuvorzukommen. Aus dem Französischen von Bernh. Gottlob Schreger. Leipzig 1790.

man erkennen kann, ob noch Leben in der Person ist oder nicht.

VII. Fängt der Kranke an zu seufzen, nach Luft zu schnappen, treten Konvulsionen oder andre Zeichen des wiederkehrenden Lebens ein; so gieße man ihm 1 oder 2 Theelöffel voll warmes Wasser in den Mund, und wenn er wieder schlucken kann, gebe man ihm etwas warmen Wein oder Brantewein mit Wasser. Fährt er fort sich allmälig zu erholen, stellt sich Athemholen, das Gefühl wieder ein; so lege man ihn in ein recht warmes Bette, und lasse ihn, wenn er, wie es gewöhnlich der Fall ist, gerne schlafen will, ungestört ruhen, — nach einer kleinen Weile wird er gesund und munter erwachen.

Man muß in der oben angezeigten Methode 3. 4. Stunden unermüdet fortfahren, und sich nicht irre machen, wenn die Zeichen des wiederkehrenden Lebens nicht sogleich erscheinen. Wer weiß wie viele Menschen aus Mangel an Beharrlichkeit, und durch die falsche Vorstellung: wer sich nicht bald erholt, erholt sich gar nicht, auf das grausamste vernachläßigt worden sind.

Ohne den ausdrücklichen Befehl eines Arztes lasse man in solchen Fällen nie zur Ader.

Bey dem ersten Gerüchte, daß einer ertrunken oder auf andre Weise erstickt sey, halte man sogleich heißes Wasser, warme Bettdecken, einen Blasebalg, Brantewein, Hirschhorn Tropfen, und die andren oben angeführten Dinge, bereit; denn je geschwinder die nöthigen Mittel angewandt werden, desto größer ist auch die Hoffnung zur Wiederherstellung.

Die gemeinsten Leute können einen oft, wenn sie den eben vorgeschriebenen Plan genau befolgen, wieder herstellen: es ist aber doch immer besser, wenn man einen geschickten Arzt dabey haben kann, der nach der jedesmaligen Beschaffenheit der Sache, die nöthigen Vorschriften zur Abänderung der Verfahrungsart zu geben weiß.

Die hier vorgeschriebene Methode hat schon oft die besten Dienste bey plötzlich erfolgtem Scheintode nach Konvulsionen, Erstickung, Hängen, übermäßiger Kälte, starkem Blitze u. s. w. geleistet. Erfrorne muß man mit Schnee reiben, ehe man sie in ein warmes Zimmer bringt. Erstickte vom Schwefel= oder Kohlendampf, ꝛc. hat man oft allein dadurch hergestellt, daß man ihnen die Brust und das Gesicht mit kaltem Wasser näßte.

In einem Zeitraume von 14 Jahren ist, auf diese Weise, eine Anzahl von 839 Scheintodten wieder hergestellt worden.

Verzeichniß
wichtiger und interessanter
Fragen,
die man Menschen aus allen Ständen und Nationen und unter jeder Regierungsform vorlegen kann, und um deren Beantwortung es jedem, der mit Nutzen reisen will, zu thun seyn muß.

Erster Abschnitt.
Topographie des Landes.

A.
Geographische Bemerkungen.

I. Unter welcher Breite liegt das Land?

II. Wie lange ist der längste Tag in dem nördlichsten Theil, und der kürzeste in dem südlichsten Theil desselben?

III. Wie steht der Thermometer gewöhnlich im Sommer? — Wie im Winter? — Was ist der äußerste Punkt in jeder Jahreszeit?

IV. Wie groß ist das Land? — Welche Form hat es?

V. Wie viel Seeküsten?

VI. Welche Gränzen hat das Land?

VII. Wie groß ist die Gränze an jeder Seite?

VIII. Wie viele Quadratmeilen enthält das Land?

IX. Wie ist das Land eingetheilt?

X. Wie heißen die vornehmsten Seen? — Flüsse, wo entspringen sie, wo verlieren sie ihren Namen, wo fließen sie in die See?

XI. Welche Flüsse sind schiffbar? — Wann sind sie es, — wie tief sind sie?

XII. Wie heißen die kleinern Flüsse? — Von welchen hätte man am meisten Vortheil zu erwarten, wenn man sie schiffbar machte? — Warum geschieht es nicht?

XIII. Hat das Land Mineralquellen? — Heiße Bäder? — Wie heißen die besten? — In welchen Krankheiten hat man den größten Nutzen von ihnen?

XIV. Wie heißen die vornehmsten Seehafen?

XV. Welche haben die beste Lage zur Sicherheit der Schiffe?

XVI. Wie tief ist jeder Hafen? oder wie viel Fuß Wasser hält jeder Hafen zur Zeit der Fluth und zur Zeit der Ebbe?

XVII. Was hat jeder Hafen für einen Ankergrund?

XVIII. Welches sind die wichtigsten Unbequemlichkeiten und Gefährlichkeiten bey jedem Hafen?

XIX. Wie heißen die kleinen Hafen?

XX. Wie heißen die Bayen, welche die Seeküste bildet?

XXI. Wie heißen die vornehmsten Berge? — Welche senkrechte Höhe haben sie? — Giebt es auch vulkanische Gebirge im Lande?

XXII. Sind beträchtliche Waldungen im Lande? — Wie heißen sie? — Wie groß sind sie?

XXIII.

XXIII. Welche Beschaffenheit hat der Boden im Ganzen?

XXIV. Sind große Sümpfe im Lande? — In welcher Gegend sind sie? — Wie groß sind sie? — Warum werden sie nicht ausgetrocknet und urbar gemacht?

XXV. Ist der Boden im Ganzen fruchtbar, oder unfruchtbar? tief oder flach?

XXVI. Ist die Luft feucht oder trocken, — gesund oder ungesund? Wie ist die Witterung beschaffen? Werden fortgesetzte Beobachtungen darüber angestellt? Durch Gesellschaften von Gelehrten und solche, die mit den Gesellschaften in Verbindung stehen? Hat das Exempel von Manheim viele Nachfolger gehabt?

XXVII. Wann nehmen die verschiednen Jahreszeiten ihren eigentlichen Anfang?

XXVIII. Hat das Land eine leichte Verbindung mit den benachbarten Ländern?

XXIX. Welche Vortheile genießt das Land durch seine natürliche Lage?

XXX. Welche Nachtheile entstehn ihm aus seiner Lage?

XXXI. Können Kriegsschiffe sicher an der Seeküste landen, oder werden sie durch Sandbänke und Klippen unsicher gemacht?

XXXII. Welcher Mittel bedient man sich die Verschlemmung und Versandung der Küste zu verhindern, wie z. E. in Holland und dem venetianischen Gebiete? Wie verfährt man, wenn man die Landung einer feindlichen Flotte fürchtet?

XXXIII.

XXXIII. Welche Pflanzen gedeihen am besten im Lande?

XXXIV. Was hat es für Metalle, Mineralien, Foßilien?

XXXV. Was hat es für Land= und Seethiere?

XXXVI. Wie viele Meilen des Landes gehen auf einen Grad?

XXXVII. Wie viel Fuß hält die Meile?

B.
Kataster von Ländereyen.

I. Wie viel Morgen Landes rechnet man, die zum Getraidebau, als Waitzen, Gerste, Roggen ꝛc. verwendet werden?

II. Wie viel zu Hülsenfrüchten?

III. Wie viel zum Weinbau?

IV. Wie viel zu Oehlbäumen?

V. Wie viel zu Hanf und Flachs?

VI. Wie viel zu Maulbeerbäumen?

VII. Wie viel zu Weiden, — zu Gemeinweiden, — zu Wiesenwachs?

VIII. Wie viel zu Waldungen?

IX. Wie viel zu den Heerstraßen, Flüssen ꝛc.?

X. Wie viel Morgen bleiben ihrer Lage wegen unangebaut, als auf den Gebirgen, in Sümpfen ꝛc.?

XI. Wie viel Morgen Landes nehmen die Häuser=, Straßen=, Obst= und andre Gärten ꝛc. ein?

XII. Wie viel Städte und Flecken enthält das Land?

XIII. Wie viel Dörfer?

XIV.

XIV. Welches ist die kleinste, die mittelste und die größte Anzahl Häuser eines Dorfes?

XV. Wie viel Wirths- und Pächterhäuser?

XVI. Wie viel Erzbisthümer und Bisthümer?

XVII. Wie viel Kirchspiele?

XVIII. Wie viel Menschen wohnen überhaupt auf der Quadratmeile? — Wie viel in den am wenigsten bevölkerten Provinzen? — Wie viel in den volkreichsten Provinzen?

XIX. Wie viel bezahlt im Durchschnitt die Quadratmeile angebauten Landes überhaupt jährlich an Taxen?

XX. Wie viel betragen die Taxen zusammengenommen, auf jeden einzelnen Kopf?

Zweyter Abschnitt.
Bevölkerung.

Geschichte der Bevölkerung.

I. Wie stark war in den frühesten Zeiten die Anzahl der Einwohner des Landes? — Wodurch nahm sie zu, — wodurch ab? — Wie ist sie jetzt?

II. Weiß man mit Gewißheit, daß die Bevölkerung zunimmt? und in welchem Grade? Wie lange wird es wohl dauren, bis sich die Anzahl der Einwohner verdoppele?

Einthei-

Eintheilung der Einwohner.

I. Wie stark rechnet man die Anzahl der Bauern, — ihrer Weiber, — ihrer Kinder?

II. Eben so mit den Manufakturisten.

III. Wie viel zählt man Tagelöhner?

IV. Wie viel Handwerker?

V. Wie viel Lehrburschen?

VI. Wie viel Seeleute, in königlichen Diensten?

VII. Wie viel auf Kauffartheyschiffen?

VIII. Wie viel Fischer?

IX. Wie viel Bergleute?

X. Wie viel Bediente?

XI. Wie viel Studenten auf Universitäten und andern Erziehungsanstalten?

XII. Wie viel Bürger?

XIII. Wie viel Künstler?

XIV. Wie viel reguläre Truppen?

XV. Wie viel Miliz?

XVI. Wie viel fremde Truppen?

XVII. Wie viel Juden?

XVIII. Wie viel Zigeuner, Neger?

XIX. Wie viel Kaufleute, Krämer, Trödler 2c.

XX. Wie viel Advokaten, Notarii 2c.?

XXI. Wie viel Geistliche, Mönche, Nonnen?

XXII. Wie viel leben von ihrem Vermögen?

XXIII. Wie viel Kaufleute haben sich aus den Geschäften zurückgezogen?

XXIV. Wie viel Adeliche zählt man?

XXV. Wie viel arme Männer, Weiber, Kinder?

XXVI. Wie viel Fremde von allen Nationen und Ständen?

XXVII.

XXVII. Wie war die Bevölkerung in den letzten 5, 10 und 25 Jahren beschaffen? Worin weicht der gegenwärtige Zustand derselben vorzüglich von den ebenerwähnten drey Perioden ab?

XXVIII. Welcher Mittel bedient sich die Polizey, um genaue Berechnungen der Bevölkerung des Landes zu erlangen? Ist eine besondere Commißion dazu anberahmt, wie in Schweden? Kann man die Zahl nur nach der Menge der Gebornen und Gestorbenen muthmaßlich bestimmen, wie dieses noch immer der Fall in den meisten Ländern Europens ist? Nimmt man die Zahl der steuerpflichtigen Häuser als ein Datum an, wie dieses in England der Fall ist? Was hat man sonst für ein Datum die Volksmenge herauszubringen? Weiß man sie aus Zählungen, dergleichen zweymal im Preußischen vorgenommen werden?

Berechnung der verschiedenen Verhältnisse der Bevölkerung.

I. Wie verhält sich die Anzahl der jährlich Gebornen, zu der Bevölkerung überhaupt?

II. Wie zu der Hauptstadt?

III. Wie verhält sich die Anzahl der jährlich Kopulirten zu der Bevölkerung überhaupt?

IV. Wie zu der Hauptstadt?

V. Wie viel von 100 sterben, nach den besten Berechnungen, jährlich im ganzen Lande überhaupt?

VI. Wie viel in der Hauptstadt?

VII. Wie viel Mütter kommen jährlich von 100 im ganzen Lande nieder?

VIII. Wie viel in der Hauptstadt?

IX. Wie viel Kinder rechnet man im Durchschnitt auf jede Ehe im ganzen Lande?

X. Wie viel in der Hauptstadt? Wie viel unehliche Kinder rechnet man jährlich?

XI. Wie groß ist die stärkste Anzahl der Einwohner auf einer Quadratmeile? — Wie groß die mittlere Anzahl? — Wie groß die kleinste? (S. 1. Abschn. 18. Frage.)

XII. Der wie vielste Mensch im ganzen Lande ist Soldat? Ist es der 30ste wie in den preußischen Staaten, oder der 40ste, wie in Churfachsen, oder der 300ste wie in den geistlichen Staaten Deutschlandes?

XIII. Der wie vielste ist ein Geistlicher? Ist es der 40ste wie im Neapolitanischen und in Spanien, oder der 63ste wie in Minorka? oder der 1308ste wie im Churfürstenthum Braunschweig Lüneburg? oder der 98ste wie in Warschau? oder der 500ste wie in Frankreich nach der Revolution? u. f. w.

XIV. Der wie vielste ist ein Adelicher?

XV. Wie ist das Verhältniß zwischen Männern und Weibern?

Ursachen der Abnahme der Bevölkerung und wie ihr vorgebeugt wird.

I. Welche Arten von Krankheiten sind dem Lande vorzüglich eigen?

II. Welches sind die schädlichsten epidemischen Krankheiten? — In welchen Monaten wüthen sie am stärksten? — Wie kommt man ihnen, so weit als es die menschlichen Kräfte erlauben, zuvor? — Wie heilt man sie?

III.

III. Sind die Pocken den Kindern gefährlich? Werden sie eingeimpft? — Wie verhält sich die Anzahl derer, welcher nach dieser Operation sterben, zu der genesenden? — Wie verhält sich die Anzahl derer, welche an den natürlichen Blattern zu der, welche nach der Einimpfung ꝛc. sterben? Der wie vielste Theil von den Sterbenden stirbt an den Pocken? Der 12te oder...?

IV. Graßirt die Pest zuweilen in diesem Lande? Wie kömmt sie dahin? — Wie arbeitet man ihr entgegen? — Besonders in den Seehäfen, in die sie am leichtesten durch den levantischen Handel gebracht wird? Sind Lazarethe errichtet, wie zu Livorno, Marseille und Toulon, worin die ankommenden Fremden mit ihren Waaren Quarantaine halten müssen? Hat man Exempel von Aussätzigen?

V. Sind Todtschläge häufig? — Wie sucht die Polizey sie zu verhüten? — Welchen Ursachen kann man sie am vorzüglichsten zuschreiben?

VI. Hat man häufige Beyspiele von Kindermörderinnen? Was bringt diese zu einer solchen Grausamkeit? Ist es Schaam? Ist es Furcht vor einer körperlichen Strafe? Furcht, mit dem Kinde an der Brust keinen Unterhalt zu finden? Oder was für andre Ursachen kann man angeben? Und wie bemüht sich die Regierung, diesem Verbrechen zu steuren?

VII. Ist es in diesen Gegenden gebräuchlich, daß das Mädchen gezwungen werde, in der Stadt, wo sie schwanger geworden, ihre Schwangerschaft bey der Polizey anzugeben, und für das Leben des Kindes einzustehn?

F   VIII.

VIII. Ist der Selbstmord häufig? Was giebt Gelegenheit dazu? Sind nicht die meisten Selbstmörder, wie überhaupt die meisten Verbrecher, Unvereheligte? Und wie werden die Leute behandelt, die man an der Ausführung dieser raschen That verhindert?

IX. Sind Vergiftungen häufig, wie sie es im Kirchenstaat und Neapolitanischen sind? — Was hat man für Verordnungen gemacht, um der Anschaffung der dazu nöthigen Mittel, Schwierigkeiten in den Weg zu legen?

X. Hat man viel Beyspiele, daß Leute von tollen Thieren gebissen sind? Wie verfährt man mit diesen unglücklichen Geschöpfen? Hat man die Mittel gegen dieß Uebel öffentlich bekannt gemacht? — Worin bestehen sie?

XI. Wodurch scheint die Wuth bey den Thieren vorzüglich erzeugt zu werden?

XII. Ertrinken viele Leute? Und welches ist das sicherste Mittel, das man erfunden hat, sie ins Leben zurückzurufen?

XIII. Sterben nicht eine Menge armer Kinder aus Mangel an den Nothwendigkeiten des Lebens? Welche Art von Speisen hat man für Bauerkinder am wohlfeilsten, nahrhaftesten und kräftigsten gefunden? Welche Einrichtungen hat man gemacht, um sie zu nützlichen Geschäften anzuführen und zu gebrauchen?

XIV. Wird dem Bauer nicht durch die schweren Auflagen und die großen Schwierigkeiten, seine Familie zu ernähren, der Muth benommen, sich zu verheyrathen?

XV.

XV. Leidet die Bevölkerung z. E. in Frankreich nicht sehr dadurch, daß die Heyrathen im Soldatenstande so selten sind? Und wie viel verheyrathete Männer findet man wohl unter 100 Kriegsleuten? Welcher Stand und welche Klasse von Menschen hat die meisten Ehelosen? Nimmt Ehelosigkeit überhand?

XVI. Kann der Schaden, den die Bevölkerung durch den Cölibat der römischkatholischen Geistlichkeit, durch die außerordentlichen Besitzungen der Kirche, welche selten oder nie unter Weltleute vertheilt werden, wodurch folglich die Population gehemmt wird, berechnet werden? Und wie verfährt die Regierung in Ansehung der Besitzungen der Kirche?

XVII. Werden die Fortschritte der Bevölkerung nicht durch die übertrieben große Ausdehnung der sogenannten Erbgüter der Edelleute gehemmt? Und welche Einrichtungen sind getroffen, um dieß einzuschränken?

XVIII. Sind Männer, die ein Mädchen entehrt haben, verbunden, es zu heyrathen? Oder welche Art von Genugthuung ist sonst gebräuchlich? Sind es gewisse Geldstrafen?

XIX. Wie viel Menschen rechnet man, die jährlich aus dieser Provinz auswandern, um einen andern Wohnplatz zu suchen? Und geht ihr Zug hauptsächlich nach den Colonien?

XX. Werden andre Religionsverwandte gedulet? Ist die gegenwärtige Ausdehnung der Toleranz hinreichend, neue Einwohner herbeyzuziehen?

XXI. Sucht die Regierung Fremde ins Land zu locken, und durch gute Behandlung und Privilegien sie zu reitzen, sich in den Provinzen niederzulassen? — Worin bestehen die Vortheile, die sie ihnen verspricht?

XXII. Sucht die Regierung das Volk aufzumuntern, unfruchtbare und wüste Grundstücke anzubauen? Moräste auszutrocknen? Colonien anzulegen? Auf welche Weise? Mit welchem Erfolg?

XXIII. Ist es üblich, Verbrecher mit der Verweisung zu bestrafen? Auf wie viele Jahre? In welche Gegenden?

XXIV. Werden Eltern, die viele Kinder zeugen, von der Regierung ausgezeichnet und begünstigt? Auf welche Weise?

XXV. Sucht man den ehelosen Stand beschwerlich und weniger wünschenswerth zu machen? Werden Hagestolze von öffentlichen Bedienungen ausgeschlossen, wie in der Schweitz und einigen Reichsstädten? Wird das Hagestolzenrecht noch ausgeübt? Verfallen die Güter der Hagestolze an den Fiscus?

XXVI. Wie sorgt die Regierung für Vermehrung der Mittel zum Lebensunterhalte? Oder wie sucht sie solche mit der Volksmenge in ein Verhältniß zu bringen?

XXVII. Was für Mühe wendet sie an, alle Ursachen zu entfernen, welche die Bevölkerung hindern können? Und wie befördert sie diese? Durch Ausstattung mannbarer Mädchen? Durch Befreyung von Abgaben? Oder sind Gesetze vorhanden, welche den Zuwachs der Bevölkerung, wenn nicht unmittelbar, doch mittelbar vermindern? Haben die Zunftgesetze eine solche Tendenz? Wird das Aufnehmen fremder eingewanderter Familien erschwert? Ist das Ankaufen dem Fremden

den und das Herumziehen von einem Ort zum andern den Einheimischen verboten? Wird den jungen Bürgern die Erlaubniß zum Heyrathen vor einem bestimmten Jahre, z. E. dem 25sten wie im Speyerschen, untersagt?

XXVIII. Sucht sich die Regierung von dem Namen, Alter, Stande, der Art der Krankheit und des Todes jeder verstorbenen Person zu unterrichten, um, so viel es in ihrer Macht steht, den Ursachen des Todes zuvorzukommen, und eine vollkommne Kenntniß von der zunehmenden Volksmenge in den Provinzen und den Ursachen derselben, zu erlangen? Sucht sie sich auch von der Geschicklichkeit der angestellten Wundärzte und Hebammen zu unterrichten? (Siehe Polizey.) Sucht sie die Vervielfältigung, Verminderung, oder Unveränderlichkeit gewisser, besonders herrschender Krankheiten ꝛc. ꝛc. richtig kennen zu lernen?

Vermischte Fragen.

I. Welches ist das größte Beyspiel von langem Leben unter den Eingebornen dieses Landes?

II. Was trägt, nach der Meynung der Aerzte, am meisten zu dem langen oder kurzen Leben der Eingebornen bey?

III. Was hält man für die größte Anzahl von Kindern, die von Einer und derselben Mutter auf Einmal geboren werden?

IV. Was glaubt man, das zu der Fruchtbarkeit oder Unfruchtbarkeit der Weiber in diesen Gegenden beytrage?

Dritter Abschnitt.
Zustand der Bauern.

Grenzen der Freyheit des Bauern.

I. Wie weit erstreckt sich die Freyheit des Bauern?

II. Welche Arten von Privilegien, Exemtionen und Vorrechten sind den Bauern zugestanden?

III. In wie fern glaubt man, daß der Bauer von der Regierung gedrückt werde? Wirft man noch, wie in Petersburg 1765, die Frage auf, ob es dem Staate nützlich ist, wenn die Bauern Eigenthum besitzen?

IV. In was für einer Art von Unterwürfigkeit wird der Bauer in dieser Gegend durch die Gesetze gehalten?

V. Ist er schuldig an Arbeiten, die für das gemeine Beste unternommen werden, unentgeldlich mit zu arbeiten, welches häufig von dem rußischen Bauer verlangt wird? Muß er Landstraßen machen und ausbessern, das ehemals die Bauern in Frankreich thun mußten? Und wie viel Tage im Jahre?

VI. Ist dem Bauer der Zutritt zum Fürsten nicht verwehrt, wenn er Ursache hat, über Bedrückung zu klagen?

VII. Macht die Abstammung vom Bauernstande unfähig, zu Civil= Militair= und geistlichen Bedienungen zu gelangen, auf welche jeder Mann von Verdiensten sollte Anspruch machen dürfen?

VIII. Hat der Bauer die Freyheit, seine Besitzungen zu verkaufen? Und an wen und wie er will?

Oder

Ober welche Art von Einschränkungen sind gemacht, um ihn zu verhindern, es zu thun?

IX. Wird den Bauern die Gewißensfreyheit zugestanden? Oder in wie fern werden andre Religionsverwandte von der Nationalkirche geduldet?

X. Ist es dem Bauer erlaubt, Schießgewehr zu haben?

XI. Ist es gebräuchlich, den Bauer mit Gewalt zum Land= oder Seedienst zu zwingen? z. E. im Preussischen und in den meisten Ländern Europens? Oder hängt es von ihm selber ab, wenigstens in Friedenszeiten, ob er sich anwerben lassen will, als in Großbritanien, Churbraunschweig, Churfachsen? u. s.

XII. Ist der Bauer verbunden, als Soldat oder Matrose zu dienen, bis er untüchtig zum Dienste wird? Oder eine gewisse Anzahl von Jahren? z. E. 8 Jahre wie in Dänuemark nach der neuesten Verordnung?

XIII. Wenn ein armer Vater mehrere Söhne hat, die zum Militair= oder Seedienste tüchtig sind; werden sie ihm dann Alle genommen? Oder nur Einer?

XIV. Wenn bejahrte Eltern einen Einzigen Sohn haben, der eine Stütze ihres Alters ist; erlauben die Gesetze, daß man ihn zum Soldaten aushebe? Oder ist er alsdann davon befreyt, wie in Dänuemark?

XV. Ist dem Bauer erlaubt, die Provinz zu verlassen und zu wohnen wo er will? Oder ist er als glebae adscriptus auf immer, wie in Meklenburg, hin und wieder in der Mark, Lausnitz, Oberschlesien, an seinen Geburtsort gebunden, und darf er den ohne Bewilligung des Gutsherrn nicht verlassen?

F 4 XVI.

XVI. Unter welcher Bedingung wird eine solche Erlaubniß zugestanden?

XVII. Was für eine Strafe ist auf die Auswanderung der Bauern, (ohne besondere Erlaubniß) gesetzt?

XVIII. Welches sind die wahren Ursachen von der Auswanderung aus dieser Gegend? Ist es Mangel an Nahrung, wie in Frankreich? Oder ist es Druck und Intoleranz, wie in der Pfalz und Bayern? Oder überhandnehmende Volksmenge, wie in Wirtenberg der Fall seyn soll?

XIX. In welche Gegenden begeben sich die Auswandernden vorzüglich? Gehen noch immer viele nach Rußland, Gallicien, Slavonien, Siena, Morena in Spanien, oder geben sie Amerika den Vorzug?

XX. Wie viel Menschen mag man wohl rechnen, die jährlich auswandern? Sollte es z. E. wahr seyn, daß aus Frankreich jährlich 13000 auswandern? (Siehe Bevölkerung.)

XXI. Wird es einem Bauer leicht, die Erlaubniß zu erhalten, sich in einem andern Theile derselben Herrschaft festsetzen zu dürfen? Und von wem wird die Auswanderung bewilligt?

XXII. Begeben sich manche Bauern jährlich in die Residenz, um da in Dienste zu treten, oder auf andre Art ihr Glück zu machen? (Siehe Manufakturen.)

XXIII. Trägt die Regierung Sorge, die Auswanderungen zu verhindern? Und durch welche Mittel wird das bewirkt? — (Siehe Bevölkerung.)

Unter-

Unterdrückung von Seiten der Obrigkeit.

I. Welches sind die gemeinsten und schreyendsten Beyspiele von einem ungerechten, willkührlichen oder zu strengen Verfahren der Obrigkeiten gegen die hülflosen Bauern?

II. Kann der Bauer gesetzmäßig eine Klage gegen den Eigenthümer der Grundstücke führen, die er inne hat?

III. Entscheidet die Obrigkeit, in deren Gebiete dieß vorfällt, zwischen dem Gutsherrn und Mayermanne gern zum Vortheile des reichern Theils?

IV. Ist die Obrigkeit in diesen Gegenden so nachgebend, die Wünsche der Landedelleute zu erfüllen, die, wenn sie selbst nicht das Recht haben, den Bauern Strafen aufzulegen, und sie einem von diesen übel wollen, Jene zu bewegen suchen, sie für ein kleines Verbrechen hart zu züchtigen?

V. Geschieht es nicht in diesen Gegenden, so gut als in manchen andern, daß die Einrichtungen, welche gegen das Interesse der Landedelleute zum Vortheile der Bauern gemacht werden, diesen nicht bekannt, also zwar von der Regierung gegeben, aber durch die Provinzialobrigkeiten unterdrückt werden? Oder wird genau dafür gesorgt, daß die Gesetze allen Klassen von Unterthanen bekannt gemacht werden?

Unterdrückung von Seiten der Landedelleute und deren Diener.

I. Auf welche Weise ist der Bauer von dem Landedelmann abhängig? Muß er ihm dienen oder nur Abgaben entrichten?

II.

II. Hat man nicht manche Beyspiele, daß Landedelleute durch einen unverantwortlichen Raub sich an dem Eigenthume und den Besitzungen der Bauern, unter irgend einem scheinbaren Vorwande, vergriffen haben?

III. Ist der Bauer verpflichtet, unentgeldlich für den Landedelmann zu arbeiten? Oder worin besteht sein Dienst? Sind die Herrndienste oder Frohnen, sie mögen nun mit der Hand oder dem Gespann geschehen, unbestimmt oder bestimmt? Und sind sie im letztern Fall durch schriftlichen Vertrag ausgemacht, und vor Gericht bestätiget?

IV. Giebt der Bauer dem Landedelmanne Abgaben für seinen Schutz, oder als ein Zeichen seiner Unterwürfigkeit? Wie ist dieß eingerichtet?

V. Verschafft diesem nicht die Gerichtsbarkeit, welche er über Jenen ausübt, manche Gelegenheit zur Rache und Bedrückung?

VI. Welches sind die verschiedenen Arten von Bedrückungen, welche die Bauern von ihren Landedelleuten, oder deren Verwaltern und andern Bedienten, zu leiden haben?

Besitzungen der Bauern.

I. Worin bestehen gewöhnlich die Besitzungen des Bauern in diesen Gegenden?

II. Gehören die Häuser, darin die Bauern wohnen, gewöhnlich ihnen, oder dem Edelmanne?

III. Gehört das Feld größtentheils dem Gutsherrn, oder dem Bauer? Oder besitzen manche Bauern Land?

IV.

IV. Wem gehört das Zugvieh, womit das Feld bestellt wird? Und wird das Land gewöhnlich gepflügt mit Ochsen, Pferden oder Mauleseln?

V. Zieht der Bauer Kühe, Schaafe, Ziegen, Schweine und welche Art von Federvieh? Gehören diese gewöhnlich ihm eigen, oder dem Gutsherrn?

VI. Wie viel Land und wie viel Vieh besitzt gewöhnlich ein Bauer von mittelmäßigem Vermögen? Und wie viel mag sein Eigenthum wohl an Gelde werth seyn?

VII. Ist das Eigenthum des Landmanns gesichert? Oder findet der Edelmann, oder die Obrigkeit leicht einen Vorwand, ihn daraus zu verdrängen? Ist ein Staatsbeamter, dergleichen im Preußischen der Landrath, im Oesterreichischen der Kreishauptmann ist, verordnet, den Bauer gegen unbillige Zumuthungen in Schutz zu nehmen?

VIII. Wie wird das Erbgut des Bauern nach seinem Tode unter seine Kinder getheilt? Nach was für Regeln muß der, welcher den Hof übernimmt, sich mit seinen Geschwistern abfinden?

Seine Wohnung.

I. Wie hoch belaufen sich die Baukosten eines mittelmäßigen Bauerhauses? Was für Materialien gebraucht man dazu? Wie viel von jeder Art? Zu welchem Preise?

II. Wie viel Arbeitsleute werden dazu angestellt? Und auf wie lange Zeit?

III. Wie viel mag der gewöhnliche Hausrath zu einer solchen Wohnung kosten?

IV.

IV. Werden die Häuser bequem eingerichtet? Und wird bey dem Baue auf die größre oder mindre Feuersgefahr Rücksicht genommen?

V. Wie weit liegen gewöhnlich die Wohnungen eine von der andern entfernt?

VI. Liegen die Ländereyen, welche zu den Dörfern gehören, größtentheils nahe? Oder wie weit von ihnen entfernt?

VII. Hat die Anzahl der Wohnhäuser, in diesen letzten 5, 10 oder 20 Jahren, sich vermehrt, oder vermindert? Und warum?

VIII. Welche Häuserzahl in den Dörfern ist die geringste, die gemeinste, die größte?

IX. Was ist die größte Entfernung der Dörfer von einander? Wie weit liegen sie gewöhnlich getrennt?

X. Wie viel Dörfer pflegen zu einem Kirchspiele zu gehören?

Seine Nahrung.

I. Worin besteht die tägliche Nahrung des Bauern im Sommer? Worin im Winter?

II. Wie viel beträgt wohl die tägliche Ausgabe eines mäßig bemittelten Bauern mit seiner Familie, wenn die Familie aus dem Hausvater, seiner Frau, zwey Kindern, einem Knechte und einer Magd besteht?

III. Ist der Bauer gut genug genährt, um harte Arbeiten mit Munterkeit verrichten zu können?

IV. Welche Art von Kost scheint die nahrhafteste, gesundeste und wohlfeilste zu seyn?

V. Welche Nahrungsmittel scheinen in dieser Gegend gewisse besondre Krankheiten zu erzeugen?

VI.

VI. Was ist das gewöhnliche Getränk des Bauern?

VII. Ist der Bauer mäßig oder geneigt zum Trunke? — Giebt er dem Brantewein, dem Wein, den Malz- oder andern Getränken den Vorzug? Trinkt er am liebsten mit dem Hessen einen Schnaps, oder gar mit dem Russen ganze Kannen voll Brantewein, oder mit dem Bauern am Rhein ein Maaß Wein, oder mit dem Sachsen einen Krug Bier?

Rauch- und Schnupftobak.

I. Schnupft oder raucht der Bauer Tobak? Und wie viele trift man wohl unter den Bauern, die sich diesen Gewohnheiten ergeben haben?

II. Wie viel Geld verschwendet wohl jeder Bauer jährlich damit? Und wie groß ist folglich der Aufwand dafür in der ganzen Dorfschaft?

III. Wird es bemerkt, daß da, wo die Tobakspachtung mit den Jahren gestiegen ist, z. E. im Venetianischen und Oesterreichischen, auch der Bauer sich mehr an die eine oder die andere Art des Tobaks gewöhnt hat?

Kleidung.

I. Worin besteht die Kleidung eines Bauern, und seines Weibes? Aus was für Stoff besteht sie, und was ist die allgemeinste Farbe derselben?

II. Wie viel kostet ein vollständiger Mannsanzug, eine vollständige Weiberkleidung?

III. Wie viel Jahre lang pflegten beyde gewöhnlich zu halten?

IV. Aus welchen Stücken besteht gewöhnlich der Vorrath von Wäsche von Beyden?

V.

V. Aus welchen Stoffen sind die Männer- und Weiberhemder gewebt?

VI. Was ist der gemeine Preis beyder Gattungen von Hemden?

VII. Wird das Leinen in dieser Gegend gut gewebt? In welcher Art? Zu welchem Preise? Oder woher bekömmt man es? Und zu welchem Preise?

VIII. Was für Arten von Strümpfen tragen die Männer? Was für welche die Weiber? Werden sie von den Bauern selbst verfertiget? Und wie viel sind sie werth?

IX. Womit bekleiden die Bauern ihre Füße? Woher kommt der Stoff dazu? Wie viel kostet ein Paar Bauernschuhe? Und wie lange kann er sie tragen? Trägt er auch hölzerne Schuhe und aus Armuth?

X. Was für eine Art von Hüten trägt der Bauer? Aus was für Stoffe gearbeitet? Wo werden sie verfertigt? In welchem Preise? Und wie lange dauert ein solcher Hut?

XI. Was für einen Luxus in Kleidung nimmt man bey beyden Geschlechtern wahr? Sind silberne Schnallen, silberne Knöpfe, Ohrringe, goldne Ketten ꝛc. ꝛc. bey dem Bauer üblich?

XII. Erweckt die Begierde dergleichen zu besitzen, bey dem Volke die Arbeitsamkeit?

XIII. Wie viel verwendet wohl ein Bauer von mittelmäßigem Vermögen jährlich zu seiner Kleidung? zu der Kleidung seiner Frau und seiner Kinder?

XIV. Wenn man die Berechnung des Kostenaufwandes für die Kleidung der Bauern vergleicht; wie hoch belauft sich dann wohl der Werth derjenigen Waa-

ren,

ren, welche ausländische Manufakturen zur Bekleidung des Landmannes einführen?

Erziehung und Unterricht.

I. Wird dafür gesorgt, daß der Bauer in den Grundsätzen der Religion unterwiesen wird?

II. Zeigt der Bauer durch seine ganze Aufführung, daß die Religion auf ihn wirkt?

III. Werden die mehresten Bauern im Lesen, Schreiben und in den ersten Anfangsgründen der Rechenkunst unterrichtet? Sind die Landschulen mit guten Lehrern versehen, und haben diese ein erträgliches Einkommen?

IV. Welche Maaßregeln ergreift die Regierung, in Ansehung des Unterrichts der Bauern im Ackerbau, in der Fütterung des Viehs? u. s. f.

V. Wie werden die neuen Entdeckungen in der Landwirthschaft dem Bauer bekannt gemacht? Und wie muntert man ihn auf, dergleichen einzuführen?

VI. Hat man eine öffentliche Pferde- und Vieharzneyschule? Und lernt der Bauer den zufälligen Krankheiten des Viehs zuvorzukommen und sie zu heilen?

VII. An welchem Orte ist die Schule? Und was ist von ihr zu bemerken?

VIII. Welche Art von Ackerbau scheinen die Bauern in dieser Gegend am besten zu verstehn?

IX. Werden die Gesetze zu Begünstigung des Bauernstandes, wie es billig ist, öffentlich bekannt gemacht? Oder steht es in der Macht irgend eines Menschen, sie zu unterdrücken, zu hindern, daß sie nicht bekannt werden? (Siehe Unterdrückung von Seiten des Magistrats, fünfte Frage.)

Arbeit-

Arbeit= und Betriebsamkeit.

I. Ist der Bauer in dieser Gegend fleißig in Bestellung seines Ackers? Wie viel Stunden widmet er täglich seiner Arbeit?

II. Ist der Bauer mäßig und sparsam? Und womit beschäftigt er sich, wenn keine Arbeit im Felde erfordert wird?

III. Verkauft der Bauer wohl Vieh? Oder macht er Butter und Käse zum Verkaufen?

IV. Wie wenden die Weiber und Kinder ihre Zeit an? Spinnen sie Wolle? Flachs? Stricken sie Strümpfe? u. s. w.

V. Ist der Bauer weder arbeitsam noch betriebsam; was ist die Ursache davon?

VI. Da wir voraussetzen können, daß die Natur dem Bauer körperliche Kräfte genug verliehen hat; so bleibt noch zu untersuchen übrig, ob man ihn auch für die Anstrengung dieser Kräfte hinlänglich belohnt? Und warum nicht?

VII. Wie, auf welche Art begünstigt die Regierung den Verkauf seiner Produkte, durch Ausführung der Waaren? Oder durch welche andre Mittel?

VIII. Wird nicht vielleicht des Bauern Betriebsamkeit durch die Furcht gehemmt, sein Eigenthum zu verlieren?

IX. Wird der Bauern Betriebsamkeit nicht durch die zu schweren Auflagen und Abgaben gehindert?

X. Wird des Bauern Faulheit nicht dadurch genährt, daß er so leicht Mittel findet, ohne Arbeit fortzukommen?

XI. Wie viel Feyertage sind dort im Jahre?

XII.

XII. Arbeitet der Bauer an einigen von diesen Feyertagen?

XIII. Welchen Lohn giebt man den Bauern für die verschiednen Arbeiten im Haushalte?

XIV. Ist dieser Lohn für die Arbeit in den letztern 5, 10 oder 20 Jahren gestiegen? Und in welchem Verhältnisse?

XV. In welchen Stücken verdient der Bauer in dieser Provinz, daß man ihn in andern Gegenden nachahme?

XVI. Welche Art von Betriebsamkeit ist dieser Gegend vorzüglich eigen?

XVII. Welche Mittel wendet die Regierung jetzt an, den Bauer zur Arbeitsamkeit und Betriebsamkeit zu bringen? Und was kann ferner dazu beytragen?

Fortpflanzung und Dauer des Lebens.

I. Nimt die Anzahl der Bauern in den Dörfern zu, oder ab? (Siehe Wohnung, Bevölkerung.)

II. In welchem Alter verheyrathet sich der Bauer gewöhnlich?

III. Sind Heyrathen von siebzigjährigen oder noch ältern Personen gewöhnlich?

IV. In welchem Alter ist der größte Theil der Mädchen in dieser Gegend mannbar?

V. Bis zu welchem Alter bekommen die Frauen in dieser Gegend gewöhnlich noch Kinder?

VI. Was hält man für die größte Anzahl von Kindern Einer Mutter?

VII. Wie viel Kinder rechnet man, daß überhaupt in jeder Familie gezeugt werden? (Siehe Bevölkerung.)

VIII. Geschieht es zuweilen, daß Kinder von Eltern geboren werden, die nicht verheirathet sind? Und zu welcher Art von Ersatze verbinden die Gesetze in dieser Gegend den Vater, um Mutter und Kind zu versorgen? Etwa Jene zu heirathen? Oder ihr etwas Gewisses auszusetzen? Oder wozu sonst?

IX. Was für unangenehme Folgen hat die Geburt eines unehelichen Kindes für die Mutter?

X. Ließe sich nicht in der Strafe und Schande, die der Mutter zu Theil wird, die Ursache finden, warum so viele Kinder aus der Welt geschaft werden?

XI. Findet man häufige Beyspiele von Ehescheidungen und Trennungen unter den Bauern?

XII. Sind venerische Krankheiten unter den armen Landleuten bekannt?

XIII. Wie stark pflegt das gewöhnliche Erbtheil einer Tochter zu seyn?

XIV. Welches scheint am allgemeinsten und mächtigsten die Fortpflanzung in dieser Gegend zu hindern? Auf welche Art befördert die Regierung die Vermehrung der nützlichen Volksklasse, der Ackerleute?

XV. Erreicht das Landvolk in dieser Gegend ein hohes Alter?

XVI. Sind Beyspiele von hundertjährigen und noch ältern Leuten häufig?

XVII. Welcher Theil der Provinz liefert die ältesten Männer und Weiber? Und was kann man als die nächste Ursache des längern Lebens der Einwohner dieser Gegend ansehn?

Ver-

Verordnungen, den Bauernstand betreffend.

I. In wie fern trägt man Sorge für die armen Landleute?

II. Auf welche Art sorgt man für den Bauer, wenn sein Haus oder seine Scheune, durch Feuer, Wasser oder Wind zerstört wird?

III. Auf welche Art hülft man ihm, wenn seine Früchte misrathen, oder durch Melthau, Winde, Strenge der Witterung, oder andre Ursachen Schaden leiden?

IV. Wie wird der Bauer zu Zeit der Theurung vor dem Verhungern gesichert?

V. Welchen Ersatz giebt man dem Bauer für solche Schaden und Verheerungen, die er, der Lage des Landes nach, oder durch die Theilnahme an den Uebeln des Krieges leidet?

VI. Wie wird er mit Geld unterstützt, um Vieh zu kaufen, wenn das seinige durch Seuchen weggeraft wird?

VII. Welche Verkehrungen trift man, um die Fortschritte ansteckender Seuchen zu hindern? Auf welche Art sorgt man dafür, ihren Lauf zu hemmen?

VIII. Welche Vorkehrungen hat man getroffen, um die Dörfer mit tüchtigen Wundärzten, unterrichteten Hebammen und mit Arzney zu versehn?

IX. Wer ist bestimmt, des Baurs Sache zu vertheydigen, wenn ihm auf irgend eine Art Unrecht geschieht?

X. Was für Verordnungen sind da zum Vortheile des armen Bauern, wenn es ihm irgend ein Zufall unmöglich macht, Landesauflagen oder Abgaben zu bezahlen?

XI.

XI. Welchen Plan hat man angenommen, um die armen unvermögenden Leute in den Dörfern zu versorgen? Wozu werden sie gebraucht? Woher wird der Fond zu ihrem Unterhalt genommen? (Siehe milde Stiftungen.)

XII. Auf welche Art werden die Waisen, wenn sie verlassen sind, erzogen? unterrichtet? Und wie versorgt, wenn sie in einem Alter sind, wo sie ihr Brodt selbst verdienen können? (Siehe wie vorhin.)

XIII. Werden die Leute vom Betteln abgehalten? Und wie? (Siehe wie vorhin.)

XIV. Wie stark ist die Anzahl der wirklich Armen dieser Gegend? Und was scheint am meisten dazu beyzutragen, die Eingebornen arm zu machen? (Siehe wie vorhin.)

Unterhalt der Geistlichkeit.

I. Wie viel müssen die Bauern zum Unterhalte der Geistlichkeit des Kirchspiels geben? Sind die Bauern verpflichtet, Zehnten zu entrichten? Und von welchen Produkten?

II. Wie viel bekommen die Geistlichen bey Hochzeiten, Kindtaufen, Begräbnissen u. s. w.?

III. Ist dieß von der Regierung festgesetzt, oder willkührlich?

IV. Sind die Bettelorden den Bauern zur Last?

Zustand der Bauern in verschiednen Ländern, in Rücksicht auf ihre Freyheiten u. s. w.

I. In welchem Zustande sind die Bauern in den Domänen? Und welche Vorrechte haben sie?

II.

II. Welche Beschaffenheit hat es mit ihnen in den Ländereyen, die der Kirche gehören?

III. Welcher Unterschied ist zwischen den Abgaben der Bauern, die in den Domänen leben, und derer, die unter geistlicher Bothmäßigkeit, oder unter kleinen Herrschaften stehen?

IV. Wie viel Procent muß ein Bauer von mittelmäßigem Vermögen dem Landesherrn jährlich zu den Staatsausgaben herschießen? (Siehe Auflagen.)

Dorfobrigkeiten.

I. Aus was für Mitgliedern besteht die Obrigkeit in den Dörfern?

II. Wer setzt die Dorfobrigkeiten ein? Der Herr des Dorfs? Oder werden sie gewählt?

III. Wie lange bekleiden die dazu auserlesenen Leute ihre verschiednen obrigkeitlichen Stellen?

IV. Bekleiden sie ihre Aemter unentgeltlich, oder was für Vortheile ziehen sie davon?

Vierter Abschnitt.
Ackerbau.

Nachricht von den Fortschritten des Ackerbau's in dieser Gegend.

I. In welcher Zeit fiengen die Eingebornen dieser Gegend an, die Landwirthschaft zu schätzen? Und welches sind die merkwürdigsten Zeitpunkte in den Jahrbüchern des Ackerbau's?

II.

II. Welches war der erste Schriftsteller, der über diesen wichtigen und nützlichen Gegenstand geschrieben hat? Und in welchem Jahre?

III. Welches sind die vorzüglichsten Schriftsteller, die ihm folgten? Und welchen Theil des Ackerbau's behandelt ein jeder insbesondre?

Fragen, die politische Untersuchung, den Werth ꝛc. des Ackerbau's betreffend.

I. Welches sind die Produkte des Ackerbau's in dieser Gegend?

II. Welches ist der niedrigste, und welches der höchste Preis dieser Produkte?

III. Wie hoch beläuft sich der jährliche Ertrag einer jeden Art von Getraide?

IV. Wie hoch ist der Werth des Getraides von solchen Produkten?

V. Wie viel von diesen Produkten wird jährlich in dieser Gegend verzehrt?

VI. Wie viel wird von solchen Produkten jährlich ausgeführt?

VII. In welche Gegenden werden diese Produkte ausgeführt? Wie viel solcher Produkte? Und zu welchen Preisen?

VIII. In welcher Provinz werden diese Produkte vorzüglich gezogen?

IX. Wie viel Morgen Landes (Ich meyne den Umfang des Landes) werden zu dem Anbau solcher Produkte genützt?

X. Wie verhält sich, in Ansehung des Werths, ein solcher Acker zu einem englischen Morgen (acre) der zum Anbau dieser Produkte gebraucht wird?

XI.

XI. Wie viel Zins thut ein Morgen Landes, der zum Anbau solcher Produkte tüchtig ist?

XII. Wie viel Scheffel aus einem Scheffel Saamen von solchen Produkten bringt das Land wieder?

Berechnung des jährlichen Getraidertrags.

I. Welche Mittel wendet die Regierung an, um zu erfahren, wie viel in dieser Gegend jährlich gewonnen wird? Geschieht es durch die Berechnung dessen, was der Zehnte beträgt? Oder durch Ausmessung des bebauten Landes? Oder durch die Vergleichung der Menge des Getreides, das in fruchtbaren und unfruchtbaren Jahren in den Magazinen vorrathet wird?

Berechnung, wie viel von den verschiednen Produkten verbraucht wird.

I. Wie viel Scheffel Weitzen zu Brodt oder andern Meelspeisen werden jährlich zum Unterhalte Einer Person gerechnet?

II. Im Fall die Gegend die nöthige Menge von Weitzen nicht hervorbringen kann; aus welchen Gegenden wird dann der Mangel ersetzt? Wie viel Scheffel kommen aus andern Gegenden herein? Und zu welchem Preise?

III. Wie viel Pferde rechnet man in dem Lande? Wie viel Hafer reicht nach einem Durchschnitte zum Futter für ein Pferd erfordert? Und wie viel Scheffel Haber verzehren die Pferde jährlich?

IV. Im Fall das Land nicht die nöthige Menge Haber für die Pferde und andere Bedürfnisse hat; aus welchem Lande wird das Fehlende ersetzt? Wie viel Scheffel kommen daher? Und zu welchem Preise?

Anmerkung.

Dieselben Fragen finden auch Statt bey der Gerste und anderm Getreide, das häufig verbraucht wird.

Theilung des Landes.

I. Sind die reichen Güter des Adels in so sehr ansehnliche Besitzungen getheilt, als in Spanien, Ungarn ꝛc. oder in so kleine, als in England?

Art, wie die Ländereyen der Edelleute bebauet werden.

I. Sind die adlichen Güter gewöhnlich gegen einen gewissen Zins ausgethan? Oder mag der Edelmann lieber seine Güter durch Pächter anbauen lassen, die den Nutzen mit ihm theilen? Oder werden der Edelleute Güter auf ihre eigne Rechnung verwaltet?

II. Ueberlassen die Landedelleute ihre Besitzungen wenigen etwas vermögenden Pächtern? Oder vielen unvermögenden? Und wie hoch pachten die Pächter dieser Gegend gewöhnlich?

III. Welche Gattung von Pächtern hält der Edelmann für sich am nützlichsten? Reiche und wohlhabende? Oder weniger begüterte aber arbeitsame? Und warum so?

IV. Auf wie viel Jahre werden die Güter den wohlhabenden Pächtern überlassen? Und wie lange den weniger wohlhabenden?

V. Zu welchen Terminen, oder auf was für Art bezahlen die vornehmen Pächter ihre Pacht an den Landedelmann? Und wie die kleinen? Monatlich? Oder zu welchen andern Fristen?

VI.

VI. Bezahlen sie immer ihre Pacht in baarem Gelde? Oder wenigstens gewöhnlich? Oder zum Theil in Produkten? Und ist dieses Quantum bestimmt und unveränderlich, oder richtet es sich nach dem Ertrage?

VII. Welchen Einfluß hat die Dauer eines Pachtkontrakts auf die Vergrößerung oder Minderung der Pachtsumme? Oder mit andern Worten: In wie fern bestimmt die Dauer eines Pachtbriefs die starke oder geringe Pacht?

VIII. Zernichtet der Verkauf des Guts den Pachtbrief?

IX. Welches Verhältniß ist hier zwischen der Pacht, die an den Landedelmann bezahlt wird, und dem Gewinne, den die Pächter dabey haben? Oder mit andern Worten: Wenn die Güter, die der Pächter inne hat, 8 Procent jährlich einbringen, wie viel Pacht kann und wird er dann willig bezahlen?

X. Welche Nebenbedingungen pflegt man zu einem Kontrakte hinzuzufügen, damit der Pächter das Gut nütze, und den Gewinn mit dem Eigenthümer theile?

XI. Welchen Unannehmlichkeiten ist diese Methode unterworfen?

XII. Mit welcher Art von Pächtern pflegen die Edelleute solche Kontrakte zu schließen? Mit sehr ansehnlichen? Oder mit solchen von ganz unbeträchtlicher Art?

XIII. Werden des Edelmanns Grundstücke durch seine eigne Leute und sein Vieh bebauet? Müssen ihm die Bauern frohnen, oder werden sie für jede Arbeit besonders bezahlt?

XIV.

XIV. Werden des Bauers Dienste Tageweise oder nach Morgen Landes bezahlt?

XV. Welche von diesen beyden Methoden ist die vorzüglichste, um das Feld gut bebaut zu haben?

XVI. Wie viel wird für den Tag, oder für einen Morgen Landes bezahlt? Für das Pflügen mit zwey Ochsen, oder zwey Pferden? In der Tiefe von sechs Zollen, mehr oder weniger?

XVII. Wie viel für jeden Tag, oder für einen Morgen Landes wird gewöhnlich bezahlt, für das Umackern, Säen, Eggen ɔc.?

XVIII. Wie viel des Tages oder für einen Morgen Landes giebt man gewöhnlich für das Kornschneiden? Oder Heumähen ɔc.?

XIX. Wie viel für das Dreschen? Scheffel- oder Tagweise?

XX. Wie viel des Tages, oder für einen Morgen für das Umgraben, Traubenlesen und andre wirthschaftliche Arbeiten?

XXI. Wie stark ist der Lohn beym Ackerbaue in diesen letzten fünf, zehn oder zwanzig Jahren gestiegen?

XXII. Wie viel an Geldeswerthe beträgt die Nahrung und der Lohn eines männlichen Domestiken?

XXIII. Wie viel kostet der Unterhalt von einem Paar Ochsen jährlich?

XXIV. Wie viel können sie in einem Tage arbeiten?

XXV. Wie viel kostet der jährliche Unterhalt von einem Paar Pferden oder Mauleseln?

XXVI. Wie viel können sie in einem Tage ausrichten?

XVII.

XXVII. Ist es nicht in diesem Lande besser, daß das Feld durch Ochsen bearbeitet werde, als durch Pferde, oder Maulesel?

System des Ackerbaus.

I. Trägt das Feld alle Jahre, ohne Unterbrechung? Oder wie viel Jahre wird das Land fortdaurend gebaut, ohne zu ruhen?

II. Welche Abwechselung dabey ist für diese Gegend am nützlichsten?

III. Welche Art von Getraide bringt dem Landmanne den größten Nutzen? Wie viel Procent nach einem Durchschnitte?

IV. Welche Pflanze ist die nützlichste? Wie viel Procent trägt sie ein, nach einem Durchschnitte?

Das Düngen.

I. Welche Art von Dünger braucht der Landmann in dieser Gegend gewöhnlich, bey den verschiedenen Produkten in den verschiedenen Arten von Erdreiche?

II. Wie oft muß das Düngen wiederholt werden?

III. Wie viel Dünger gehört zu einem Morgen Landes?

IV. Welches sind die nützlichsten Beobachtungen, die man über diesen wichtigen Gegenstand gemacht hat?

Das Pflügen.

I. Wie sind die Pflüge zu den verschiednen Arten von Erdreich eingerichtet? Und wie werden sie gewöhnlich gebraucht?

II. Welche Art von Pflug scheint am besten der Absicht zu entsprechen? und wie?

III.

III. Wie oft pflügt man für den Weißen, die Gerste, den Roggen, den Hafer? Und in welchem Monate?

IV. Wie tief und wie breit macht man die Furchen beym Pflügen?

V. Was ist zu bemerken, bey der Art, wie man pflügt?

VI. Was für nützliche Entdeckungen hat der Landmann gemacht, in Ansehung des wichtigen Geschäfts, das Erdreich zuzubereiten?

Das Säen.

I. Auf welche Art säet der Landmann?

II. Sind die Pflüge gebräuchlich, an welchen zu gleicher Zeit eine Säemaschine angebracht ist?

III. Wie sind sie verfertigt, nach Maaßgabe der verschiednen Produkte?

IV. Wie braucht man sie? Und was kann man von ihrem Nutzen halten?

V. Wie viel Zolle tief säet man gewöhnlich die verschiednen Getreidearten?

VI. Durch welches Mittel erfährt der Landmann, welche Tiefe für die Saat taugt?

VII. Durch welches Mittel ist der Landmann im Stande, von der Güte der Saat zu urtheilen, um dadurch zu bestimmen, wie viel an einer gegebenen Quantität fehlt, um gerade genug zu säen?

VIII. Wie wird der Saamen des verschiednen Getreides zubereitet, ehe er gesäet wird?

IX. Wie viel Saamen nimmt man gewöhnlich auf einen Morgen von minder fruchtbarem Boden? Und wie viel auf einen Morgen von gutem Grunde?

X.

X. In welchem Monate wird der Weitzen, die Gerste, der Roggen, der Hafer und andres Getreibe in den südlichen Provinzen gesäet?

XI. Wann in den nördlichen?

XII. Was für nützliche Entdeckungen vom Säen hat man gemacht, in Hinsicht auf die verschiednen Arten von Saamen? Auf die Natur des Bodens? Auf die Art des Ausstellens, und auf die Jahrszeit?

Das Eggen.

I. In welchem Monate wird der Weitzen, die Gerste, der Roggen, der Hafer und andres Getreibe in den südlichen Provinzen geegt?

II. Wann in den nördlichen Provinzen?

III. Welche Art von Instrumenten sind gebräuchlich, um das Getreibe und Heu abzuschneiden? Und wie sind sie gemacht?

IV. Wie viel Getreibe und Heu mag ein erfahrner Schnitter wohl in einem Tage mit diesem Instrumente schneiden können?

V. Was ist in Ansehung der Art einzuerndten zu bemerken?

VI. Wie lange wird das Korn noch im Felde gelassen, nachdem es abgeschnitten ist? Und wie wird es niedergelegt, in großen oder kleinen Haufen?

VII. Was für Entdeckungen hat man gemacht, in Ansehung der vortheilhaftesten Art, das Getreide einzusammeln?

Das Einsammeln des Getreides in die Scheunen.

I. Wie wird das Getreide vom Felde in die Scheunen gebracht?

H II.

II. Wie sind die Fuhrwerke beschaffen, die das Getreide und Heu und alle Arten von leichten Sachen hineinbringen? — Wie groß pflegt ein solcher Wagen zu seyn? Wie hoch die Räder?

III. Wie viel kann man auf einem solchen Wagen laden? Wie schwer mögen sie seyn? Wie viel Vieh zieht wohl daran? Und was mag ein solcher Wagen kosten?

Scheunen.

I. Wie sind die Scheunen, wo das Getreide, das Heu, das Stroh aufbewahrt wird, gebaut?

II. Wie sind die Luftlöcher angebracht? Und was für Bemerkungen hat man gemacht, über die beste Art, wie sich das Getreide, Heu und Stroh aufbewahren läßt?

III. Sind die Scheunen nahe bey den Bauerhäusern oder weit davon? Und sicher vor Feuersbrünsten?

Das Dreschen.

I. Welches ist die einfachste, die nützlichste und die am wenigsten ermüdende Art, zu dreschen, welche die erfahrensten Landwirthe dieser Gegend angenommen haben?

II. Welche Arten von Dreschmaschinen sind in dieser Gegend eingeführt? Wie sind sie eingerichtet?

III. Wie viel kann man mit diesen Maschinen in einem Tage dreschen? Welchen vorzüglichen Nutzen hat diese Maschine? Und wie groß sind die Unkosten bey dieser nützlichen Erfindung?

IV.

IV. Ist die Dreschmaschine, die Herr Winlaw, Mechanikus in London, erfunden hat, irgendwo in dieser Gegend bekannt?

Kornmagazine und Korngruben.

I. Wird das Korn in Kornmagazinen über der Erde, oder in unterirdischen Gewölben aufbewahrt? Oder wie?

II. Wie sind die Kornmagazine der wohlhabenden Edelleute gebaut? Wie viel Stockwerke hoch? Wie weit sind die Stockwerke von einander? Sind Luftlöcher darin? Geben nicht die am mehrsten nach Norden hin stehenden Oefnungen am mehrsten frische Luft, und sind folglich die besten?

III. Wovon sind sie gewöhnlich gebaut?

IV. Was für Vorkehrungen hat man getroffen, um das Verderben des Korns zu hindern, ehe es in die Magazine kömmt?

V. Was für Vorkehrungen hat man getroffen, wenn es in den Magazinen ist?

VI. Wie oft in einem Monate wird es umgekehrt und gesiebet?

VII. Wie wird frisches Getreide, das vom Gewitter gelitten hat, wieder verbessert? Ist es ein wirksames Mittel gegen das Verderben, wenn man solches Korn zwey Monate lang oder noch länger täglich drey- oder viermal umwendet?

VIII. Was für Anstalten trift man, um das Getreide zu lüften?

IX. Wie werden Ratten, Mäuse und Insekten vom Getreide abgehalten?

X. Welches ist das beste Mittel, das Getreide zu trocknen?

XI. Wie lange kann man das Getreide aufbewahren, ehe es verdirbt?

XII. Wie sind die unterirdischen Gewölbe, worin das Getreide aufbewahrt wird, gebaut?

XIII. Was ist von diesen Korngruben zu bemerken, ehe das Korn hinein kömmt? Womit bedeckt man den Boden zu einem Bette für das Getreide?

XIV. Wie wird das Korn getrocknet, ehe es in diese Gruben kömmt?

XV. Wie wird das Getreide bedeckt? Wie die Luft hereingelassen? Und wie das Gewölbe verschlossen?

XVI. Wie lange wird das Getreide durch diese Verwahrungsart erhalten?

Landtaxe.

I. Bezahlen alle Besitzer der Landgüter eine gleich starke Tax? Oder welche sind hiervon ausgenommen? Was für ein Vorwand kann zu einer solchen Ausnahme berechtigen? Und auf welche Bedingungen, und auf wie lange Zeit findet diese Nachsicht Statt?

II. Wie ist die Landtaxe aufgelegt? Und was für einen Unterschied hat man in Rücksicht auf die verschiedne Güte des Erdbodens genommen?

III. In welchen Jahren sind die Länder klassificirt, in wie viel Klassen sind sie getheilt worden?

IV. Wie viel Morgen Landes sind unter jeder Klasse?

V. Wie viel bezahlt ein Morgen Landes jährlich nach den oben benannten Klassen?

VI.

VI. Ist eine Taxe auf die Einnahme der Rente gelegt, oder auf die Produkte des Landes? Und steht die Auflage im Verhältnisse mit dem Werthe der Dinge, so daß, wenn diese im Preise steigen, oder fallen, auch jene sich verändert? Oder ist das Verhältniß nach einem gewissen festen Werthe bestimmt?

VII. Wie viel wird für eine englische Quadratmeile bezahlt, nach dieser Rechnung?

VIII. Ist die Landtare allemal dieselbe, von den Ländereyen, die ansehnlich verbessert sind, und von denen, die in ihrem vorigen Zustande geblieben sind?

IX. Ist es dem Gutsbesitzer erlaubt, das Land zu nutzen, wie es ihm gefällt? Und im Fall er ein neues Gewächs einführen will; ist er dann verpflichtet, mehr an Abgaben zu entrichten?

X. Wie nennt man das Maaß, das zum Messen des Feldes dient? Wie viel Quadratfuß hält es? Und in welchem Verhältnisse steht es mit einem englischen Morgen Landes?

Art, die Kenntnisse des Ackerbaues in dieser Gegend auszubreiten.

I. Welcher Mittel bedient sich die Regierung, um das Volk von der Wichtigkeit, die Kunst des Ackerbaues zu verstehn, zu überzeugen?

II. Wird die Theorie und Praxis des Ackerbaues auf den Universitäten, und ähnlichen Schulen öffentlich gelehrt? An welchen Orten im Lande?

III. Welchem Plane folgt man beym Lehren des theoretischen Theils derselben? Und welchem beym praktischen?

IV. Was versteht man unter dem theoretischen Theile? Und was unter dem praktischen? Ist dem Lehrer auch ein ökonomischer Garten eingeräumt, worauf die nöthigen Pflanzen gezogen, und Versuche angestellt werden?

V. Was für Männer werden zu Lehrern gewählt? Wie viel trägt eine solche Professorstelle ein? Seit wie lange hat man dergleichen Lehrer bestellt?

VI. Wie lange Zeit erfordern diese Studien? Hat der öffentliche Unterricht auf die Verbesserung der Landwirthschaft Einfluß?

VII. Von welchem Stande sind die Zuhörer? Ist nicht die Absicht dieser weisen Einrichtung besonders, den Adel mit diesem wichtigen Zweige der Wissenschaften bekannt zu machen, damit er tüchtig werde, seine Landgüter zu verbessern, und sowohl sich selbst als seine Bauern, zu glücklichern Menschen zu bilden?

VIII. Wie und worin ist der Ackerbau wirklich verbessert?

IX. Sind Ackerbaus oder ökonomische Gesellschaften errichtet? Und an welchem Orte?

X. Welchen Nutzen haben sie der Gegend gebracht? Welchen Zweig des Ackerbaus haben sie am meisten verbessert? Durch welche Mittel ermuntern oder belohnen sie den Fleiß?

XI. Welche Arten von Belohnungen scheinen am meisten auf das Volk zu wirken? Feuern ehrenvolle Belohnungen z. B. Medaillen mehr an, als nützlichere Dinge, so wie Geld, oder Werkzeuge zum Ackerbau? 2c.

Verbesserungen der Landwirthschaft.

I. Worin bestehen die merkwürdigsten Verbesserungen aller verschiedenen Zweige der Landwirthschaft?

II. Welche dieser Verbesserungen und Entdeckungen sind im Auslande gar nicht, oder wenig bekannt? Und in wie fern sind sie darin anwendbar?

III. Was für fremde Pflanzen, Getreidearten, Gewächse, Beerenkräuter ꝛc. ꝛc. hat man eingeführt? Und mit welchem Erfolge?

IV. Welcher Art von Boden bedürfen sie? Wie wird er zubereitet? Wie wird das fremde Produkt gepflegt?

V. Was ist in Hinsicht auf die Zeit der Reife zu beobachten? Auf die Behandlung, die Eigenschaften, den Nutzen ꝛc. dieser Produkte?

VI. Wird es nicht für eine große Verbesserung angesehn, ein Land zu umzäunen? Und auf welche Weise geschieht dieß gewöhnlich?

VII. In welcher Provinz ist am meisten nasses Land? Und welches hält man für das beste Mittel, das Wasser abzuleiten?

VIII. Was für nützliche Maschinen hat man erfunden, um Moräste oder Bruchen auszutrocknen?

IX. Was für Unkosten sind mit der besten Art, den morastigen Boden auszutrocknen, verknüpft?

X. Für welche Produkte ist es nützlich, Wasser auf das Land zu führen?

XI. Ist die Art, das Land zu wässern, so, daß es beständig unter Wasser stehen muß? Oder blos zuweilen einmal?

XII. Wie wässert man die Felder? Und woher leitet man das Waſſer?

XIII. Was für Produkte zieht der Landmann in ſandigem und ganz trocknem, dürrem Erdreiche, wo das Wäſſern nicht thunlich iſt?

XIV. Welches hält man für die beſte Weiſe, dieſe Art von Boden zu bauen?

XV. In welchen Provinzen trift man vorzüglich das trockne Erdreich an?

XVI. Pflanzt man in dieſen Gegenden auch Kohl, Kartoffeln, Paſtinat, gelbe Rüben, Erdäpfel, rothe Rüben, Erbſen und Bohnen?

Felder und Wieſen zur Viehzucht.

I. Wie iſt das Verhältniß zwiſchen den Ländereyen, die zur Viehzucht, und denen, die zum Ackerbaue beſtimmt ſind? Iſt es wie 1 zu 3?

II. Welches Mittels bedient man ſich, um Felder, die zum Ackerbau gedient haben, mit Futterkräutern zu verſehen?

III. Welche Art Saamen ſcheint die beſte zu dieſer Abſicht zu ſeyn? Und wie viel braucht man wohl auf einen Morgen Landes?

IV. Wird auch hier ſulla Arabica, ſpaniſcher Klee, Lucern ꝛc. geſäet? Wie viel braucht man auf einen Morgen Landes?

V. Welches Mittels bedient man ſich, in Anſehung der künſtlichen Wieſen?

VI. Kennt und pflanzt man hier Steckrüben? Und wie werden ſie gepflanzt?

VII.

VII. Werden Kartoffeln gepflanzt? Und was für Vieh wird damit gefüttert?

VIII. Wie viel bekömmt es davon, und welche Wirkung thut dieß Futter?

IX. Wozu braucht man sonst noch die Kartoffeln?

Farbegewächse u. s.

I. Welche Art von Pflanzen, Wurzeln ꝛc. ꝛc. zum Färben bringt diese Gegend hervor? Krapp? Waid? Saflor? u. s. Welche zum Oelschlagen? Oelbaum? Rübsaamen? Mohn? u. s. Welche zum Gerben? Was für Gewächse werden sonst noch in Fabriken und in der Handlung gebraucht?

II. Wie werden sie gepflanzt?

III. Wie werden sie zu ihrem Endzweck zubereitet?

IV. Wo werden sie verbraucht? Und zu welcher Art von Manufakturen wendet man sie an?

V. Auf welche Art ermuntert die Regierung den Anbau dieser nützlichen Produkte?

Flachs und Hanf.

I. Ist der Flachsbau in dieser Gegend sehr ausgebreitet? In welcher Provinz wird er am mehrsten betrieben?

II. Wie viel Flachs bauet der wohlhabendste Landmann in dieser Gegend? Welchen Boden hält man für den besten, dieß nützliche Produkt zu ziehen?

III. In welchem Monate wird der Lein gesäet? Und was für eine Witterung, feuchte oder trockne, ist dieser Arbeit am günstigsten?

IV. Wie viel Scheffel Saamen wirft man in einen Acker? Wird er aus Curland und Liefland geholt, woher ihn die Franzosen verschreiben?

V. Was ist bey Reinigung und Zubereitung des Flachses besonders zu beobachten?

VI. Wie wird er vorzüglich gebraucht? In welchem Preise steht er?

VII. Wie viel Menschen finden wohl jährlich durch Anbau, Zubereitung und Verarbeitung des Flachses ihren Unterhalt?

Anmerkung.

Dieselben Fragen sind auch bey dem Hanfbau.

Weinbau.

I. Wird Wein gezogen? In welchen Provinzen am häufigsten? Wird nicht da, wo der Weinbau blühet, der Ackerbau vernachläßigt?

II. Wie heißen die Arten von Wein, die am mehrsten geschätzt werden? Wie viel wird, nach einem Durchschnitte, von jeder Gattung gezogen?

III. Wird er größtentheils im Lande getrunken oder auswärts verkauft? Und wie theuer wird jede Gattung von jungen Weinen verkauft?

IV. Auf welche Weise werden die Weinstöcke fortgepflanzt? Und was ist zu beobachten, um dieß mit gutem Erfolge zu bewirken?

V. Wie muß der Boden zum Weinbau, mit Rücksicht auf die verschiednen Arten des Erdreichs, zubereitet werden?

VI. In welcher Entfernung müssen die Weinstöcke jeder Gattung von einander gesetzt werden?

VII.

VII. Was ist in der folgenden Zeit in Rücksicht auf die Wartung der jungen Weinstöcke zu beobachten?

VIII. Was muß man in Ansehung der Behandlung der größern Stöcke in Acht nehmen?

IX. In welchem Monate ist die Weinlese? Wie oft rechnet man eine gute Lese? alle 10 Jahre einmal oder öfterer? Welche Jahre haben sich durch guten Weinwachs neulich ausgezeichnet?

X. Wie wird der Wein gekeltert? Was ist zu bemerken, in Ansehung der Art, dies zu verrichten? Wie ist die Kelter gebauet?

XI. Wie wird der Wein, nachdem er gekeltert worden, behandelt? Wie lange läßt man ihn gähren?

XII. Wie sind die Keller, Weinlager und Behälter gebauet?

XIII. Wie lange muß der Wein auf den Hefen liegen? Wie lange in den Kellern? Und was für Zubereitungen werden erfordert, bis er trinkbar wird?

Honig und Wachs.

I. Ist der Landmann in der Bienenzucht erfahren? In welcher Provinz findet man die größte Anzahl von Bienenstöcken? Oder, aus welcher Gegend her, werden Honig und Wachs eingeführt?

II. Wie viel verbraucht das Land jährlich von diesen Artikeln? Und in welchem Preise stehen beyde?

III. Im Fall, daß Honig gewonnen wird; wie hoch kann sich dann die Menge des Honigs und Wachses belaufen, welche man jährlich einsammelt?

IV. Wie viel wird von diesem jährlich, nach einem Durchschnitte, ausgeführt? In welche Gegenden? Wie viel in jede? V.

V. Welche nützliche Entdeckungen hat man in Ansehung der Bienenzucht gemacht? In Rücksicht auf die Scheidung des Honigs vom Wachse?

VI. Wie werden die Bienen mit hinlänglichem Futter versehen?

VII. Wie bewahrt man sie vor ihren Feinden, den Raubbienen, den Hornissen und Wespen, Mäusen, Spinnen, Raupen, Wachswürmern, Vögeln? 2c.

VIII. Wie sammelt man die Frucht ihrer Arbeit ein, ohne sie zu zerstören?

IX. Hat man neue und merkwürdige Entdeckungen gemacht, in Ansehung des Nutzens des Honigs und Wachses in Arzneyen, in Manufakturen? 2c.

X. Wie wird das Wachs in dieser Gegend gebleicht?

XI. Welche Schriftsteller haben dem verständigen Landmanne den besten und deutlichsten Unterricht in der Bienenzucht und in der Art, das Wachs zu bleichen, gegeben?

XII. Wie wird die Lust zum Bienenbau in dieser Gegend ermuntert?

XIII. Giebt es auch wilden Bienenbau in den Forsten, und was für Verfügungen sind ihn betreffend gegeben?

Grade der Fruchtbarkeit.

I. Zu wie viel Procent kann man, nach einem Durchschnitte, die Grundstücke nützen?

II. In welchem Theile der Provinz tragen sie am mehrsten ein? Und wie hoch werden sie da genützt? (S. politische Bemerkungen, den Ackerbau betreff.)

III.

III. Wie hoch kann man in sieben Jahren den größten, den mittlern und den geringsten Ertrag annehmen?

IV. Um wie viel ist der Werth der Grundstücke, in diesen letzten zehn, zwanzig, funfzig Jahren gestiegen? Und was ist die Ursache davon?

V. Wenn man die Güte des Korns nach dem Gewichte beurtheilt; so frägt sichs: wie viel wiegt der Scheffel von jeder besondern Art des Getreides? Und wie viel Pfunde am Gewicht hält ein Scheffel?

VI. Halten die sorgsamern Landleute Wetterregister? Und wie viel regnigte Tage zählt man, nach einem Durchschnitte, jährlich?

Art, die Ausgabe und Einnahme nach den Aeckern zu berechnen.

I. Was für Ausgaben muß man in dieser Gegend in Anschlag bringen? zum Beyspiel: Steuern, Grundzinse, (in so fern diese nicht in jenem mit begriffen sind,) Dünger, Arbeitslohn, Einsaat, Pflügen, Mähen, Dreschen ꝛc. Wie hoch kann sich die Einnahme belaufen?

Assekuranz der Produkte des Ackerbaus, bey entstehendem Wetterschaden.

I. Ist in dieser Gegend eine solche Einrichtung bekannt? nach was für einem Plane ist sie gegründet? Wie wird der Schaden geschätzt?

Hindernisse, bey den Fortschritten der Landwirthschaft.

I. Welche Haupthindernisse, bey den Fortschritten des Ackerbaus und der Landwirthschaft überhaupt, trift

trift man hier an? (S. Zustand des Landmanns, Bevölkerung ꝛc.).

II. Giebt es nicht große Misbräuche in der Religion, die der Landwirthschaft Hindernisse in den Weg legen? die Menge von Festtagen? die häufigen Processionen? die Betstunden? die Wallfahrten? die Brüderschaften ꝛc.

III. Wird nicht dem Ackerbaue eine große Menge starker Menschen durch die Mönchsorden entzogen?

IV. In wie fern ist das Militairsystem in diesen Gegenden dem Ackerbaue schädlich?

V. Wie viel Männer kann man rechnen, die durch die gegenwärtige Militairverfassung jährlich dem Ackerbaue entzogen werden?

VI. Ist dem gemeinen Soldaten erlaubt, zu der Zeit, wenn seine Arbeit bey den ländlichen Geschäften am nothwendigsten ist, in sein Dorf zurück zu kehren?

VII. Ist der Bauer in diesen Gegenden zu einem herumschweifenden Leben geneigt? Läßt er sich gern anwerben?

VIII. Werden die Invaliden in ihre Dörfer geschickt, oder müssen sie in Unthätigkeit in den Hospitälern leben?

Fünfter

Fünfter Abschnitt.
Viehstand im Allgemeinen.

Erläuternde Fragen, zu der ökonomischen und politischen Uebersicht des Viehstandes.

I. Welche Gattungen von Vieh findet man?

II. Wie viel Stück von jeder Gattung, nach einem Durchschnitte?

III. Welches ist der geringste, welches der höchste Preis von einem Stücke jeder Gattung?

IV. Wie hoch beläuft sich die jährliche Ausgabe, ein Stück von jeder Gattung zu halten?

V. Wie hoch kann man den jährlichen Vortheil von einem Stücke jeder Gattung anschlagen? Aufs geringste, aufs höchste gerechnet?

VI. Welche Provinz liefert das beste Vieh von jeder Gattung?

VII. Welche sind die gemeinsten Krankheiten jeder dieser Arten von Vieh?

VIII. Welches sind die bemerkenswürdigsten guten Eigenschaften jeder Gattung von Vieh?

IX. Wie viel muß man an jährlicher Abgabe von einem Stücke jeder Gattung dieses Viehes entrichten?

X. Welche sind die vornehmsten Märkte für jede dieser Gattungen von Vieh?

XI. Welche Gattung von Vieh ist auszuführen, oder einzubringen erlaubt, oder verboten?

XII. Aus welcher fremden Gegend her, oder in welche fremde Gegend hinein, wird jede dieser Gattungen von Vieh ein- oder weggeführt?

XIII. Wie viel an der Zahl wird von jeder Gattung aus dieser, oder in diese fremde Gegend jährlich her- oder hingetrieben?

XIV. Wie viel wird von jedem ein- oder ausgeführten Stücke an Zoll bezahlt?

XV. Wie viel bringt im Ganzen der Zoll von dem hereingebrachten, und wie viel von dem hinausgeführten Vieh ein?

XVI. Was für Hauptmängel an dem Viehe können gesetzmäßig den geschehenen Verkauf des Viehes wieder rückgängig machen? In Ansehung welcher Gattung von Vieh sind dergleichen Gesetze gegeben?

Allgemeine Fragen, den Viehstand betreffend.

I. Welche Gattung von Vieh in dieser Gegend ist dem ausländischen vorzuziehn? Und welche von geringerer Güte, als andre?

II. Legen die Einwohner dieser Gegend sich auf Zucht und Mästung des Viehs, und auf Verfertigung von Butter und Käse?

III. In wie fern ist die Gegend der Viehzucht und Futterung günstig? Oder welche natürliche und politische Hindernisse stehen dieser Art von Betriebsamkeit entgegen?

IV. Wird von denjenigen, die Vieh halten, eine gewisse Abgabe, Viehsteuer, entrichtet? Wird sie blos von den Städtern, die mit dem Vieh ein Gewerbe treiben, bezahlt, oder auch von denen, die auf dem Lan-

be

be wohnen? Wird der Geschlächtrie ein Viehzehnte entrichtet?

V. Ist es üblich, Vieh zu schlachten, um es einzusalzen? Wird viel Vieh zu diesem Zweck geschlachtet? Und zu welchem Gebrauche?

VI. Im Fall die Flotte Mangel an gesalzenem Fleische hat; woher wird es herbengeschafft? In welchem Preise wird es geliefert? und in welcher Menge?

VII. Wird nicht auch Fleisch eingesalzen, um es auswärts zu verkaufen? Wie viel Stücke Vieh werden geschlachtet? Wie sind die Preise der verschiedenen Gattungen von Fleisch? Nach welchen Gegenden wird es geführt? Wie viel wiegt es?

VIII. In wie fern ist die Conscription der ganzen Provinz aus den Schlachtbands-Registern bekannt? Wie hoch kann sich wohl die ganze Summe belaufen? Wie viel Fleisch wird jährlich in der Hauptstadt verzehrt?

Wozu nützt man die Häute? Werden sie in dem Lande gegerbt, oder roh ausgeführet? Wohin? Und wie viel von jeder Gattung nach jedem andern Platz? Und zu welchem Preise?

XI. Welche Anstalten sind im Lande getroffen, um Viehzucht und Mästung zu befördern?

XII. Welche Sorgfalt wendet die Akaierung an, um Ackerbau und Viehzucht zu vereinigen?

XIII. Wie viel Menschen kann man rechnen, die von Viehzucht und Mästung jeder Gattung von Vieh leben?

XIV. Wenn aus diesem Lande zur See Vieh ausgeführt wird; in welchem Hafen wird es dann mehr vortheils eingeschifft?

Sechster Abschnitt.
Hornvieh.

Historische Nachricht von dem Hornviehstande.

I. Ist die beste Gattung von Hornvieh immer in dieser Gegend einheimisch gewesen? Oder zu welcher Zeit hat man die Art, durch Einführung fremder Stiere und Kühe, zu verbessern gesucht? Und aus welcher Gegend hat man sie hergebracht? Aus Jütland? Holstein? Westphalen? Franken? Polen? Holland? Schweiz? Ungarn? u. f.

II. Ist der größte Theil der Landleute geschickt in Hornviehzucht und Fütterung, in Verfertigung von Butter und Käse und im Schlachten, Räuchern und Salzen? Und welche Provinz ist am berühmtesten deswegen?

Ställe.

I. In welchem Monate wird das Hornvieh aufgestallt, um geschlachtet zu werden? Und werden die Milchkühe Tags und Nachts in der freyen Luft gelassen?

II. Wie sind die Ställe für Ochsen und Kühe am zweckmäßigsten gebauet? Wo sind die Luftlöcher angebracht?

III. Wie sind die Canäle eingerichtet, durch welche der Urin und der Mist aus den Kuhställen weggeschafft werden?

IV. Wie wird für die Reinigung des Viehes gesorgt?

V. Ist

V. Ist die Stallfutterung gewöhnlich? Hat man Versuche damit gemacht? Wie sind diese ausgefallen?

Futter.

I. Wie wird das Schlachtvieh in den verschiednen Jahrszeiten gefüttert? Besonders im Winter?

II. Wie viel Futter wird, wenn das Vieh im Stalle ist, ihm täglich gereicht?

III. Welche Arten von Kräutern sind die besten zur Mästung?

IV. Welche Gattung von Winterfutter sättigt das Hornvieh am geschwindesten? Und was ist bey der Fütterung zu beobachten?

V. Wie viel Zeit wird erfordert, um einen Ochsen fett zu machen? Und um wie viel nimmt er in dieser Zeit am Gewichte zu?

VI. Wie viel rechnet man, nach einem Durchschnitte, daß ein fetter Ochse wiegen muß? Wie viel kostet ein magrer? Wie viel ein gemästeter?

VII. Wie werden die Milchkühe gefüttert, wenn sie viel und gute Milch geben sollen?

VIII. Wie viel Futter wird täglich einer Kuh im Stalle gereicht?

IX. Welche Art von Weide ist am vortheilhaftesten für Milchkühe?

X. Welches ist die geringste, welches die größte Menge von Milch, die eine Kuh täglich geben kann?

Krankheiten.

I. Welchen Arten von Krankheiten sind die Milchkühe und Ochsen in dieser Gegend am mehrsten ausgesetzt?

II. Durch was für Ursachen scheint wohl jede dieser Krankheiten erzeugt zu werden?

III. Welche sind ihre sichersten Kennzeichen?

IV. Wie bauet man diesen Krankheiten vor? Wie heilt man sie? Kennet man ein anderes Mittel als Sperrung gegen die Rindviehseuche, und wie sind die Vorkehrungen beschaffen, die man dagegen gemacht hat?

V. Was muß der Landmann beobachten, um seine Milchkühe und seine Ochsen gesund zu erhalten?

Fortpflanzung.

I. In welchem Alter fangen die Kühe an zu kalben? [gebähren.]

II. Wie lange sind sie zur Zucht brauchbar?

III. Auf wie viel Kühe rechnet man einen Stier?

IV. In welchem Monate werden die Kühe von dem Stier besprungen?

V. Welches Alter hält man für das beste bey einem Stier?

VI. Bis zu welchem Alter läßt man den Stier springen?

VII. Wie werden Stiere und Kühe zur Fortpflanzung zubereitet?

VIII. Was beobachten die Pächter in Rücksicht auf die trächtigen Kühe?

IX. Welche Sorgfalt beobachtet man gegen die Zeit, da sie kalben?

X. Was ist zu bemerken, wenn die Kälber geboren sind?

Butter und Käse.

I. Wie verfährt man bey dem Buttermachen?

II. Wie

II. Wie wird der Käse verfertigt?

III. Zu welchen Preisen werden Milch, Butter und Käse verkauft?

Art, wie beydes genützt wird.

I. Wie werden Butter und Käse verkauft? Wie viel wird davon in der Gegend verbraucht? Wie viel in auswärtige Länder geführt?

II. Wie viel Zoll wird von ausgeführten Käsen und Butter bezahlt?

III. Aus welchem Hafen werden hauptsächlich Käse und Butter fortgeschickt?

Siebenter Abschnitt.
Schafe.

Historische Untersuchungen, die Schafzucht betreffend.

I. Was sagen die landwirthschaftlichen Tagebücher von dem Alter der Einführung feinwollichter Schafe in diese Gegenden? Ist die Schafzucht hier zu Hause? Oder in welchem Jahre ist sie eingeführt worden? Woher? Und bey welcher Gelegenheit?

II. Wie lauten die weitern Nachrichten von der stuffenweisen Verfeinerung der Wolle? Ist dieß ein einländisches oder ausländisches Gewerbe? Was für andre Nachrichten hat man noch, welche die Schafzucht angehen?

Eintheilung der Schafe, in Hinsicht auf ihre Gestalt, die Feinheit ihrer Wolle und ihren Preis.

I. Wie vielerley Arten von Schafen giebt es in dieser Gegend? Und welcher Unterschied ist unter diesen verschiednen Gattungen, in Ansehung der Länge, Höhe, Farbe, Hörner und Wolle?

II. Wie viel Stück von jeder Gattung kann man rechnen?

III. Welches ist der niedrigste, und welches der höchste Preis von jeder Gattung?

IV. In wie viel Klassen wird die Wolle getheilt, in Betracht ihrer Farbe?

V. In wie viel Klassen, in Ansehung ihrer Feinheit? Und ihrer Länge?

VI. Welches ist der Preis der verschiednen Klassen der Wolle zur Stelle?

Wartung der Schafe.

I. Worin besteht die Wartung der Schafe in jeder Jahrszeit?

II. In wie fern muß die Schafzucht nach dem Boden und den verschiednen Lagen der Gegenden eingerichtet werden?

III. Was für Ordnung beobachtet man bey den Schafen? Machen sie eine beständige Heerde aus? Ist Gewinnst dabey, jährlich die Lämmer zu verkaufen, oder werden ganze Heerden auf einmal verhandelt?

IV. Kaufen die Pächter in eingeschränktern Provinzen Bocklämmer, oder Schaflämmer, oder alte Schafe zum Besten der Fütterung? Und welche Vortheile

theile sind von diesen verschiednen Weisen zu erwarten?

V. Welches Verhältniß findet Statt, unter der Anzahl der Schafe und der Ackerzahl, bey einer Pachtung?

VI. Was muß der Pächter in Ansehung seiner Erndte in Acht nehmen, wenn er so viel Schafe, als möglich ist, halten will?

VII. In welchem Alter werden die Bocklämmer verschnitten?

VIII. Sind einige Leute berühmt, wegen ihrer Geschicklichkeit in der Schafzucht? Welche? und wo?

IX. Welcher Schriftsteller hat Anweisung zur Schafzucht gegeben? Wer hat über die Wolle, mit dem größten Beyfalle, geschrieben?

X. Welcher Theil der Schafzucht wird am besten betrieben, und verdient daher die meiste Aufmerksamkeit der Reisenden?

Ställe.

I. Wenn die Schafe während der kalten Jahreszeit in freyer Luft bleiben; wie werden sie dann gegen das Frostwetter geschützt?

II. Wie bauet der einsichtsvolle Landmann seine Schafställe?

III. Auf welche Art wird in den Schafställen die große Hitze gemäßigt, die man für die Ursache mancher Krankheiten unter den Schafen ansieht?

IV. Was ist zu beobachten, um die Schafe in den Ställen rein zu erhalten?

V. Was ist zu beobachten, um die von gewissen Krankheiten angesteckten Schafe von den übrigen zu trennen?

VI.

VI. Giebt es Wölfe in der Gegend? Und wie schützt man die Schafe gegen dieselben im freyen Felde? Wie in den Ställen?

VII. Auf welche Weise rottet man diese Feinde aus, oder vermindert ihre Anzahl? Und wie hindert man die Verwüstungen, und überhaupt den Schaden, den diese und andre gefährliche Thiere den Schafen und dem übrigen Viehe zufügen?

VIII. Welchen Einfluß haben die verschiednen Arten von Schafställen auf die Feinheit ihrer Wolle?

Futter.

I. Welchen Vorrath von Futter macht man in jedem Monate des Jahrs für die magere Heerde? Und wie viel für die Schafe, welche fett gemacht werden sollen?

II. Welcher Vorrath wird im Frühlinge gesammelt?

III. Was ist zu beobachten, in Ansehung der guten und schlechten Wirkungen der verschiedenen Arten von Futter für die Schafe, mit Rücksicht auf die Krankheiten dieser Thiere, die Feinheit ihrer Wolle, die Güte des Fleisches und der Milch?

IV. Von welcher Art ist der Boden in Ansehung der Gräserey? Giebt es hier fette Weiden, oder unfruchtbare Hügel; oder wüste Thäler; oder nasser Boden?

V. Ist nicht frisch gepflügtes Land und trocknes Erdreich den Schafen am vortheilhaftesten?

VI. Welche besondre Vorsicht muß man anwenden, in Rücksicht auf die Schafe, wenn die Weiden gar zu feucht sind?

VII.

VII. Sind die morastigen Gegenden den Schafen nützlich, oder schädlich?

VIII. Welche Kräuter und Pflanzen lieben die Schafe am mehrsten?

IX. Was ist bey der Fütterung der Schafe mit Rüben zu beobachten? Wie werden sie gereicht? In welcher Menge?

X. Wie viel Salz wird einer Heerde von 100 Schafen jährlich gereicht? Und in welcher Jahrszeit giebt man es ihnen?

XI. Welche Art von Salz hat man für sie am nützlichsten gefunden?

Pferche.

I. Auf welche Weise pflegen die erfahrensten Landleute die Schafe zum Nutzen ihrer gepflügten Ländereyen zu halten?

II. Pflegt man den Schafpferch lieber auf trocknes oder auf feuchtes Land zu legen? Und in welcher Jahrszeit?

III. Läßt man die Schafe mehr auf freyem Felde, oder mehr in den Ställen liegen?

IV. Was muß man bey der einen und der andern Art, die Schafe zu behandeln, beobachten?

V. Wie sieht es mit der Lämmerzucht aus?

VI. Wie wird für den Schafpferch bezahlt? Nach Anzahl der Aecker, oder für jede Nacht? Und wie viel?

VII. Von welchem Holze werden die Hürden gemacht? Auf welche Weise? Wie viel kosten sie?

VIII. Was kann der Pferch in jeder Jahrszeit einbringen?

Das

Das Schafscheeren.

I. Wie oft im Jahre werden die Schafe geschoren? Und in welchen Monaten?

II. Welche Zubereitungen werden zur Schafschur gemacht? Werden sie vorher gewaschen?

III. Ist es üblich, die Schafe, ehe sie geschoren werden, in Schweiß zu setzen, damit die Wolle desto weicher werde?

IV. Was ist bey dem Schafscheren zu beobachten?

V. Was ist zu thun, nachdem sie geschoren sind?

VI. In wie viel Gattungen kann man die Wolle jedes Schafs abtheilen?

VII. Wie viel Wolle kann ein Widder jährlich, aufs höchste gerechnet, wie viel zum wenigsten geben?

VIII. Wie viel ein Schaf?

IX. Welche Handhabungen müssen mit der Wolle vorgenommen werden, nachdem sie ist abgeschoren worden? Und was ist in Ansehung dieser Bearbeitungen zu bemerken?

X. Wird das Schafscheeren als ein besondres Geschäfte getrieben, oder besorgt das jeder Meyermann für sich selbst?

XI. Welcher Unterschied im Preise ist zwischen der gewaschnen und ungewaschnen Wolle?

XII. Welcher Unterschied zwischen der Wolle von fetten und magern Schafen?

XIII. Werden die Lämmer geschoren? Und welch ein Unterschied im Preise ist zwischen ihrer Wolle und der von den Schafen und Widdern?

Wolle.

Wolle.

I. Welchen Einfluß hat der Boden auf die Arten der Wolle?

II. Welchen Einfluß die verschiedne Behandlung der Schafe, je nachdem die Ställe, Pferche und die Art sie zu hüten in einer Provinz nicht so, wie in der andern ist?

III. Giebt es hier immer langwolligte und kurzwolligte Schafe, untermischt?

IV. Ist die abgeschnittne Wolle immer tüchtig, gekämmt und zu Tuch verarbeitet zu werden?

V. Welche Länge pflegt die gekämmte, zum Tuchmachen brauchbare Wolle zu haben?

VI. In welcher Provinz wird die größte Anzahl von Schafen gezogen? Und welche Gegend des Landes liefert die feinste Wolle?

VII. Wie wird die einländische Wolle verkauft und ausgeführt? Wird sie von den Eigenthümern der Weberstühle, oder von den Handelsleuten eingekauft?

VIII. Welche Menge von Wolle wird jährlich im Lande verarbeitet?

IX. In welchen Provinzen und Städten sind die vornehmsten Wollenmanufakturen angelegt?

X. Welche Art von wollnem Tuche wird in dieser Gegend verfertigt? Grobes, oder feines? Welche andre Gattung von wollnem Zeuge? Wie viel beträgt der höchste, wie viel der niedrigste Preis für die Elle?

XI. Wie viel Stücke von jeder Gattung werden verfertigt?

XII. Wie viel Stücke rechnet man, daß jährlich aus den Wollenmanufakturen im Lande verbraucht werden?

XIII.

XIII. Versteht man das Färben vollkommen gut? In welchen Farben ist man vorzüglich geschickt? In welchen hingegen wird man von den Ausländern übertroffen?

XIV. Ist das Ausführen der Wolle erlaubt? Unter welchen Bedingungen und unter welchen Strafen ist es verboten?

XV. Im Fall, daß es erlaubt ist; was für Gattungen von Wolle werden dann ausgeführt? In welche Länder? Welche Menge, von jeder Art, jährlich? Und zu welchem Preise?

XVI. Ist das Ausführen lebendiger Schafe erlaubt? Und unter welchen Bedingungen, unter welchen Strafen ist es verboten?

XVII. Im Fall, daß es erlaubt ist; welche Gattung von Schafen wird dann hauptsächlich ausgeführt? In welche Länder? Welche Anzahl, von jeder Art, jährlich? Und zu welchem Preise?

XVIII. In welcher einländischen Stadt wird der beträchtlichste Wollenhandel getrieben?

XIX. Aus welchem Seehafen wird die größte Menge von Wolle ausgeführt? Und wie viel, nach einem Durchschnitte?

XX. Im Fall, daß die Ausfuhr der Wolle und das Ausführen der lebendigen Schafe nicht erlaubt ist; aus welchem Theile des Landes wird dann der größte Schleichhandel getrieben? Und wohin? (Siehe den 12ten Abschnitt, Schleichhandel 2c.)

XXI. Wie viel wird von der Wolle, wenn sie außer Lande geführt wird, bezahlt?

XXII.

XXII. Welche Art von Stempel pflegt man auf die Gebundwolle zu setzen?

XXIII. Welche Menge von feiner Wolle liefern alle einländischen Heerden jährlich? Und wie viel beträgt der Werth davon?

XXIV. Welche Menge von grober Wolle? Und wie viel an Werth?

Vortheil derer, die Schafe halten.

I. Wie viel betragen die jährlichen Ausgaben und Einnahmen, welche man auf eine Heerde von hundert Schafen in gemeinen Jahren rechnen kann? Wie viel betragen Auslage und Vortheil von jedem Stücke?

II. In welchem Alter werden die Schafe zum Mästen, zum Schlachten verkauft? Und zu welchem Preise?

III. Was ist zu beobachten, in Rücksicht auf die Verfertigung der Schafkäse? Und wie viel kann man jährlich aus der Milch und dem Käse eines Schafs lösen?

IV. Welcher besondrer Nutzen wird aus den einzelnen Dingen gezogen, die ein Schaf liefern kann?

Krankheiten der Schafe.

I. Welchen Arten von epidemischen Krankheiten sind die Schafe in diesen Gegenden am mehrsten ausgesetzt?

II. Durch welche Ursachen scheinen diese verschiednen Krankheiten erzeugt zu werden?

III. In welchem Monate pflegen sie sich einzustellen? Und in welchem Monate richten sie die größte Verwüstung an?

IV. Welches sind die sichersten Kennzeichen der gefährlichsten dieser Krankheiten?

V. Wie bauet man ihnen vor? Wie heilt man sie?

VI. Welche Mittel besitzen die Schäfer in dieser Gegend gegen die Fäulung, die Wassersucht, den Schwindel, den Grind, die Lungensucht, die Gelbsucht, den Nasenwurm, den Leberwurm, die Fußfäule, die Wasserrose, die Blutrose, die Räute?

VII. Welche Mittel wählen die Schäfer, ihre Heerden vor diesen Krankheiten zu bewahren?

Fortpflanzung der Schafe.

I. Was ist bey der Schafzucht in dieser Gegend zu bemerken? In welchem Monate werden die Schafe besprungen?

II. Wie werden Schafe und Widder zur Zucht vorbereitet? Und durch welche Arzneymittel werden ihre Eingeweide gereinigt?

III. Welche Vorsicht muß man anwenden, in Rücksicht auf die Schafe, gegen die Zeit, da sie gebähren, und nachher?

IV. Wie viel Schafe werden von Einem Widder besprungen?

V. Wie werden die trächtigen Schafe verpflegt?

VI. Wie viel Junge werfen sie gewöhnlich?

VII. In welchem Alter fangen die Schafe an, zur Zucht tüchtig zu werden? Und bis zu welchem Alter ist es vortheilhaft, sie bespringen zu lassen?

VIII. An welchen Merkzeichen erkennen die Schäfer die Schafe, welche am besten zur Zucht taugen?

IX. Was thun die Schäfer, um die Schafzucht zu verbessern?

X.

X. Arten ausländische, feinwolligte Schafe in dieser Gegend aus? Und in welcher Generation?

XI. Was scheint die Ursache davon zu seyn?

XII. Was für Mittel hat man versucht, dem Ausarten der ausländischen, feinwolligten Schafe zuvorzukommen? Und mit welchem Erfolge?

XIII. Aus welchen Gegenden hat man Widder und Schafe kommen lassen? Aus Spanien? Aus Angora?

XIV. Wird von der Regierung die Einführung ausländischer, feinwolligter Schafe befördert? Und wie?

XV. Werden, wie es in Sachsen geschehen ist, Emissarien nach Spanien oder andern Ländern geschickt, die sich daselbst von der Schafzucht unterrichten lassen und nachher ihre Bemerkungen durch den Druck bekannt machen?

XVI. Wird jährlich eine gewisse Anzahl eingeführt? Wie viel, nach einem Durchschnitte?

XVII. Welche Meynung haben geschickte Schäfer von den Ursachen der verschiednen Gattungen und Feinheiten der Wolle?

Schäfer.

I. Wie viel Schafe kann ein Schäfer hüten und besorgen? Welche Hülfe hat er? Und in welcher Jahrszeit?

II. Hat der Schäfer einen Antheil an der Heerde, um ihn zu größerer Sorgfalt zu ermuntern?

III. Wie viel Lohn erhält er gewöhnlich?

IV. Wird ihnen etwas besonders für die Aufsicht über die Zucht und für Unterhaltung der Hunde gut gethan?

Vortheil für das Land.

I. Wie viel Menschen leben jährlich von der Schaf=
zucht und dem Schafhandel? Vom Wolle spinnen und
Verarbeiten? Von Verkaufen der wollnen Zeuge ꝛc.?

II. Wie viel rechnet man, daß jährlich dem Staate
für ein Schaf bezahlt wird? Und wie viel gewinnt
derselbe durch die Wolle?

III. Wie viel beträgt jährlich der Zoll von der Wol=
le und der Wollenmanufakturen?

Gesetze, welche Schafe und Wolle betreffen.

I. Welche Art von üblichen Gesetzen hat man über
die Schafzucht, die Wolle, den Verkauf derselben ꝛc.?

Achter Abschnitt.
Pferde, Schweine und Federvieh.

Pferde.

I. Sucht man gute und viele Pferde zu ziehen,
und ist das Land wegen seiner Pferdezucht
berühmt?

II. Sind Stutereyen, Landgestüte und wilde Ge=
stüte angelegt, und wie sind diese beschaffen? Wie wer=
den diese Anlagen zum Nutzen der Privatunterthanen
verwandt? und wie zum Besten der herrschaftlichen
Marställe? Wie viele Pferde werden auf denselben ge=
halten? Sind auch Gestüte von Landeigenthümern an=
gelegt?

III.

III. Wie verfährt man, um die Race zu verbessern? Werden Pferderennen, nach Art der englischen gehalten? Werden Bescheler aus andern Ländern importirt? aus Holstein? aus Polen? Ungarn? Arabien? Barbarey? u. s.

IV. Gebraucht man auch die Pferde zum Pflügen, und wie wird die Stärke eines Pferdes gegen die eines Ochsen geschätzt?

V. Sind die Pferde vorzüglich schnell? oder stark? schön und hoch von Wuchs? Welche Farbe ist die gewöhnlichste?

VI. Werden sie als Zug= oder als Reitpferde besonders gelobt?

VII. Ist die Ausführung der Pferde erlaubt, oder nur auf Stuten und Wallachen wie i Englaud eingeschränkt?

VIII. Werden die Pferde für die Cavallerie im Auslande gekauft? Für die schwere oder leicht berittene, für Dragoner oder Husaren? Wo werden sie gekauft? Wie viel Geld entgeht dadurch dem Lande?

IX. In welchem Alter werden Hengste und Stuten zu einander gelassen?

X. Wann wird das Wallachen vorgenommen?

XI. Was für Futter wird den Pferden in den Ställen gegeben?

XII. Wie sind die Ställe beschaffen?

XIII. Ist die englische Gewohnheit, den Pferden den Schwanz abzuschneiden, üblich?

XIV. Ist ein starker Roßhandel? Auf welchen Jahrmärkten und in welchen Orten?

XV.

XV. Sind besondere Verordnungen vorhanden, die diesen Handel reguliren, und den Käufer gegen Schaden sichern?

XVI. Sind geschickte Pferdeärzte da, und überhaupt Vieharzte? Wird die Vieharzneykunst getrieben? Sind Lehrer darin bestellt? Bücher darüber geschrieben? An welchen Orten?

XVII. Werden auch Esel und Maulesel zum Ziehen und Reiten gebraucht? und zur Arbeit tüchtig befunden? Woher läßt man sie kommen? aus Mayland? Werden sie im Lande selbst gezogen?

Schweine und andere Thiere.

I. Ist starke Schweinezucht im Lande?

II. Werden beyde Geschlechter verschnitten?

III. Wie ist die Mastung in den Wäldern und auf den Ställen beschaffen?

IV. Werden Schweine exportirt und wohin?

V. Giebt es auch wilde Schweine? Richten sie vielen Schaden in Feldern und Wiesen an? Wie sucht man ihn zu verhüten? Wird im Herbste Schweinsjagd gehalten? Was für Personen sind dabey zugegen? Wie viel Stück werden erlegt?

VI. Wird überhaupt Wild gehegt? von was für Art? Rothwild, Schwarzwild, Federwild? Hat der Landmann Ursache sich über das viele gehegte Wild zu beschweren? Werden Wildzäune angelegt, und die Felder bewacht? Unter welchen Einschränkungen ist dieses erlaubt?

VII. Ist die Jagd ein Regale, welches in Deutschland der Fall ist? Wird sie von dem Landesherrn an
andre

andre verliehen? Wie wird sie eingetheilt? Was für Bediente sind dabey angestellt? Wird die Parforce-jagd geliebt? Ist die Jagd dem Regenten einträglich oder kostspielig, und für den Unterthan drückend? Was für Dienste muß dieser dabey thun? Sind Thiergärten vorhanden? Wie werden die Wilddiebe bestraft? Wird die Jagd unter Aufsicht der herrschaftlichen Kammer administrirt? oder, wie im Preußischen, verpachtet? Im letzten Falle, die gesammte Jagd, oder nur die niedere, so daß die hohe und mittlere bessere Jagd unter Administration verbleibt?

VIII. Werden Raubthiere geduldet? und was für welche? oder ausgerottet, z. E. die Wölfe in England? Welchen Nutzen zieht man von den Raubthieren?

IX. Ist die Federviehzucht stark? Werden so viele Gänse gezogen, daß man mit den Federn einen Handel treiben kann?

X. Sind Fasanerien vorhanden?

XI. Was für Fische werden in den Flüssen und Seen gefangen?

XII. Werden die Unterthanen zur Seefischerey ermuntert, wie in Holland, England, Dänemark?

XIII. Versteht man sich auf die Teichfischerey?

XIV. Ist in den Fischereyordnungen auf die Erhaltung der Fische und Gesundheit der Einwohner gehörige Rücksicht genommen?

Neunter Abschnitt.
Holz.

Bauholz.

I. In welchen Provinzen sind die beträchtlichsten Wälder? (Siehe Erdbeschreibung.)

II. Welche Art von Bauholz wächst hier zu Lande am häufigsten?

III. Bringt das Land eine hinlängliche Menge Holz zum Bauen hervor? Für Zimmerleute? Schreiner? Drechsler? ꝛc. Oder aus welchen Gegenden wird es eingeführt, um diesen Mangel zu ersetzen?

IV. Welche Vorkehrungen hat die Regierung getroffen, um die Forsten in gutem Stande zu erhalten?

V. Welches sind die verschiednen Arten, die Bauholzbäume zu pflanzen?

VI. Welches ist die beste Art? Und was lehrt die Erfahrung darüber?

VII. Wird die Anpflanzung junges Bauholzes ermuntert? Und wie wird das Volk von der Regierung gezwungen, auf den Wachsthum Acht zu haben?

VIII. Was ist der gewöhnliche Preis der verschiedenen Gattungen des Bauholzes?

IX. Was für Gesetze sind vorhanden, um das Verwüsten der Wälder durch das Bauen zu verhindern?

X. Was muß das Volk bey dem Fällen der Bäume beobachten?

XI. Welche Jahrszeit wird für die schicklichste dazu gehalten?

XII.

XII. Ist die Weise, die Wurzeln auszurotten, so bald der Baum gefällt ist, hier im Lande eingeführt? Und wie sind die Werkzeuge beschaffen, deren man sich dazu bedient?

XIII. Wie viel Zeit und wie viel Hände werden erfordert, um diese Arbeit auf die gewöhnliche Weise zu verrichten?

XIV. Welches wird als die beste Art, das Bauholz zu schneiden, anerkannt?

XV. Welche Art, das Bauholz aufzubewahren, wird für die vorzüglichste gehalten?

XVI. Wie wird das Zimmerholz auf die bequemste Weise fortgeführt? Wie sind die Wagen gebauet? Was für ein Maaß haben die Räder? Wie lang ist der Wagen selbst? Wie schwer ist die Last, welche man darauf fortbringen kann?

XVII. Bey welchem Holze ist der größte Vortheil? Und wie?

Brennholz.

I. Welche Gattung von Brennholz ist in dieser Gegend zu den verschiednen Zwecken üblich?

II. In welchem Preise stehn diese verschiedne Gattungen?

III. Was für Erfindungen von Oefen und Kaminen hat man gemacht, um Ersparung an Holz zu bewirken?

IV. Sind Kohlenwerke im Lande? Und in welcher Provinz?

V. Wie groß, von welcher Art ist der Vortheil, den sie einbringen?

VI. Wie viel Maaße Kohlen werden jährlich verbraucht? Wie hoch beläuft sich ihr Preis?

VII. Wie viel Maaße werden jährlich ausgeführt? Und wie viel in jede Gegend?

Teer.

I. Wird Teer in den Wäldern dieser Gegend gemacht? Und welche Art ihn zu verfertigen ist die beste?

II. Was ist der gewöhnliche Preis des Teers?

III. Wie viel Teer rechnet man, daß im ganzen Lande gemacht werde?

IV. Wie viel wird verbraucht? Wie viel ausgeführt? Wie viel aus jeder Provinz?

V. Wozu nützen die Einwohner den Teer? Als Arzney ꝛc.

VI. Dieselben Fragen finden Statt bey dem Pech, Terpentin, der Pottasche ꝛc.

Harz.

I. Wie alt muß der Baum seyn, aus welchem Harz gezapft wird?

II. In welcher Höhe von der Erde bohrt man ihn an? Welchen Unterschied wirkt die Verschiedenheit der Höhe?

III. Welche Menge von Harz und wie viel an Werth kann ein Baum jährlich liefern?

IV. Wie lange kann man fortfahren, Harz aus einem Baume zu ziehn?

V. Wenn ein solcher Baum gefällt wird, welch ein Unterschied entsteht dann im Preise? Und wie viel ist ein Baum werth, der nicht angebohrt worden, gegen einen andern, aus dem man Harz gezogen hat?

VI.

VI. Auf welche Weise werden diese Pflanzungen erneuert?

VII. Erlaubt die Regierung, ohne Unterschied, dicke und dünne Bäume zu diesem Endzwecke anzubohren?

Fruchtbäume.

I. Welche Arten von Fruchtbäumen bringt diese Gegend hervor?

II. Welche von allen sind die einträglichsten und vortheilhaftesten? Und in wie fern?

III. Ermuntert die Regierung zu Anpflanzung der Fruchtbäume? Und auf welche Weise wird das Volk dazu gebracht?

IV. Wie bereiten die geschicktesten Gärtner den Boden zu Pflanzung der verschiednen Arten von Fruchtbäumen zu?

V. Wie muß jeder Baum zubereitet werden, bevor er gepflanzt wird?

VI. Was ist bey Setzung jedes Baums selbst, von jeder Gattung, zu beobachten?

VII. Wie tief muß jede Art gesetzt werden, mit Rücksicht auf die Art des Bodens?

VIII. Welche andre Umstände, außer den eben erwähnten, sind noch sorgfältig bey Pflanzung der Obstbäume aller Art zu beobachten?

IX. Welche Jahrszeit ist die schicklichste zu Pflanzung der verschiednen Gattungen von Obstbäumen?

X. Welche Gattungen von Früchten werden getrocknet, um sie aufzubewahren? Und was ist dabey zu beobachten?

Xk

XI. Werden getrocknete Früchte außer Land geführt? In welche Gegenden hauptsächlich? Wie viel in jedes Land, von jeder Gattung?

XII. Welches ist der gemeine Preis dieser getrockneten Früchte?

XIII. Was ist bey der besten Art, diese Früchte einzupacken, zu beobachten? Und welche Art, sie zu Markte zu bringen, oder zu verkaufen, wird für die vortheilhafteste gehalten?

Zehnter Abschnitt.
Bergwerke.

Historische Untersuchungen über die Bergwerke.

I. Was erwähnen die Jahrbücher dieses Landes von den verschiednen Arten der Bergwerke, zu den Zeiten der ältern Bewohner dieser Gegenden? In welchen Jahren sind die verschiednen Bergwerke entdeckt worden? Durch welche Mittel? Was ist hauptsächlich zu bemerken, in Ansehung ihrer vorigen Ausbeute, und der ehemaligen Art, sie zu betreiben?

II. Welches sind die merkwürdigsten Zeitpunkte in der Geschichte der Bergwerke? Und wie sind Mineralogie und Metallurgie nach und nach vervollkommt worden?

Gegenwärtiger Zustand der Bergwerke.

I. Welche Arten von Bergwerken werden in gegenwärtiger Zeit betrieben?

II. Welche von den benannten Bergwerken gehören der Krone? Und welche gehören andern Eigenthümern?

III. Werden die der Krone eigenthümlichen Bergwerke auf herrschaftliche Unkosten, oder von gewissen Unternehmern betrieben?

IV. Im Falle, daß die Bergwerke von der Krone verwaltet werden; wie viel betragen dann die jährlichen Ausgaben in jedem Bergwerke? Und wie hoch kann sich der Vortheil, nach einem Durchschnitte, belaufen?

V. Im Falle, daß die Bergwerke gewissen Unternehmern überlassen sind; unter welchen Bedingungen ist dann diesen die Erlaubniß, zu Betreibung der Bergwerke, ertheilt worden? Auf wie viel Jahre? Und was bezahlen sie jährlich?

VI. Wie viel rechnet man, daß diese Unternehmer jährlich gewinnen?

VII. Sind die Bergwerksunternehmer Eingeborne? Oder aus welchem Lande sind sie gebürtig? Und wie heißen sie?

VIII. Welche Bergwerke kommen in größere Aufnahme?

IX. Welche kommen in Abnahme?

X. Wie viel Metall und Mineral hat man von jeder Art in diesen 10, 20, 50 Jahren ausgegraben?

XI. Wie viel davon in jedem einzelnen Jahre?

XII. Wie viel von diesem einländischen Metall und Mineral ist jährlich im Lande verbraucht worden?

XIII. In welche Gegenden ist der Ueberrest ausgeführt worden? Wie viel von jeder Gattung? Und zu welchem Preise?

XIV.

XIV. Welches Metall und Mineral muß man aus fremden Gegenden einführen? Woher? Wie viel von jedem, nach einem Durchschnitte? Und zu welchem Preise?

XV. Durch welche Mittel befördert die Regierung den Betrieb einländischer Metalle und Minerale? (Uebrigens sehe man den Artikel Münze nach, da, wo vom einländischen und ausländischen Handel die Rede ist.)

Vornehmste Operationen in den Bergwerken.

I. Welche Verfahrungsart, die Bergwerke zu entdecken, ist in diesen Gegenden von den Bergwerkskundigen als die brauchbarste anerkannt?

II. Auf welche Weise erforschen die Bergleute, auf welchen Plätzen vortheilhafte, oder schädliche Mineralien liegen?

III. Wie fördern die Bergleute die Erze zu Tage?

IV. Wie werden die Erze gewaschen und zubereitet, wenn sie roh aus den Bergwerken kommen und nun geschmolzen werden sollen?

V. Wie werden die Metalle durch das Schmelzen aus den Erzen gezogen? Wie sind die Schmelzöfen gebaut? Welchen Umfang haben sie? Und wie wird das Feuer, den verschiednen Arten von Erzen anpassend, vermindert und verstärkt?

VI. Wie werden die verschiednen Erzarten gereinigt und in ein Metall verwandelt, das sich verarbeiten läßt?

Fort-

Fortschritte der Bergwerkskunde.

I. Welche merkwürdige Entdeckungen hat die Nation in den verschiednen Zweigen der Naturlehre, der Mineralogie, Metallurgie, Chemie und in den Künsten und Wissenschaften, die auf den Bergbau eine Beziehung haben, gemacht?

II. Welches sind die gewöhnlichsten Maschinen, Feuer= und Wasserkunstwerke, Werkzeuge, Erfindungen, welche man in andern Ländern entweder noch gar nicht, oder doch nur unvollkommen kennt?

III. Worin besteht ihr Nutzen? Und woher hat man die Metalle dazu bekommen?

IV. Sind Schulen zu Bildung junger Bergleute errichtet? Wo sind diese? Sind sie nach dem Muster der Bergakademie in Freyberg, oder der Bergschule in Schemnitz angelegt?

V. Nach welchem Plane wird darin der theoretische und praktische Unterricht ertheilt?

VI. Werden die Zöglinge auf Kosten des Hofes unterwiesen? Werden sie auf Reisen geschickt, um auch fremde Bergwerke zu sehn? Oder werden sie in diesen Schulen auf eigne Kosten unterwiesen?

Bergleute.

I. Wie hoch beläuft sich die Anzahl der Menschen, die von der Arbeit in und bey den Bergwerken leben? (Siehe Bevölkerung.)

II. Sind die Bergleute, im Allgemeinen, erfahren in ihrer Kunst? Und in welcher Art von Handhabung sind sie am geschicktesten?

III. Wie stark ist der tägliche Lohn eines Bergmanns?

IV.

IV. Welche Vorrechte genießt ein Bergmann in dieser Gegend? Sind sie von der Rekrutenstellung befreyet?

Gesetze und Verordnungen zum Vortheile der Bergwerke?

I. Welche bemerkenswerthe Gesetze und Verordnungen hat man zum Vortheile der Bergwerke verfaßt?

II. Wie werden die Besitzer großer Kapitalien ermuntert, an den Bergwerken Theil zu nehmen, oder ihr Geld an Unternehmungen von der Art zu wagen?

Eilfter Abschnitt.
Manufakturen.

Allgemeine Nachforschungen über den jetzigen Zustand der Manufakturen.

I. Welche Arten von Manufakturen hat man in dieser Gegend?

II. Welche Menge von Waaren von verschiedner Art liefern diese Manufakturen jährlich? Und wie viel an Werth?

III. Wie viel Manufakturen von jeder Gattung hat man? Und wie heißen die Namen der Oerter, wo sie errichtet sind?

IV. Welche von diesen Manufakturen sind noch in ihrer Kindheit? Und warum das?

V. Welche haben den größten Grad von Vollkommenheit erreicht? Und durch welche Mittel?

VI.

VI. Sind einige Manufakturen in Abnahme gekommen? Welche? Und was ist die Ursache davon?

VII. Gehören einige derselben dem Landesherrn? Oder dem Adel? Welche? Und in welchem Zustande sind diese? Oder sind Kaufleute und Manufakturisten die Eigenthümer davon?

VIII. Was für Manufakturen werden durch Ausländer in Thätigkeit gesetzt? Und aus welchem Lande sind sie?

IX. Welche einländische Manufakturen sind allen auswärtigen von eben der Art vorzuziehen? Und wie haben sie diesen Grad von Vollkommenheit erreicht?

X. In welcher Art von Manufakturen steht dieses Land fremden Ländern nach? Und wie müßte man es anfangen, um dahin zu gelangen, daß man eben so gute Arbeit liefern könnte, wie die Ausländer?

XI. Welche Arten von Manufakturen sind diesem Lande die wichtigsten? Und warum?

XII. Bey welcher Gattung von Manufakturen ist die größte Anzahl von Weibern und Kindern angestellt?

XIII. Welche Art von Manufakturwaaren werden in dieser Gegend am mehrsten gebraucht? Und welche Sorgfalt wendet die Regierung an, diese in gehöriger Anzahl verfertigen zu lassen?

XIV. Welche Manufakturen sind von der Art, daß darin die rohen einländischen Materialien verarbeitet werden? Und bemüht man sich, mehr Manufakturen von dieser Art, als solche anzulegen, in welchen Materialien verarbeitet werden, die man außer Landes suchen muß?

XV.

XV. Welche Manufakturen verarbeiten ausländische Materialien? Und verfertigen sie diese hauptsächlich nur für eigne Verbrauchung, oder um sie wieder auf fremden Märkten zu verkaufen?

XVI. Welche Arten von Manufakturwaaren, die man aus fremden Ländern holen muß, kosten der Nation die größten Geldsummen? Und wie viel muß das Land den Ausländern für solche Waaren bezahlen, die nicht im Lande verarbeitet werden können?

XVII. Zu welchen Manufakturarbeiten scheint die Neigung, der Genius und der Charakter der Nation die Einwohner am geschicktesten und aufgelegtesten zu machen? Und warum? Und sucht die Regierung das Volk zu denen vorzüglich zu ermuntern, zu welchen die Eingebornen am fähigsten sind?

XVIII. Welche Manufakturen haben außer Lande den größten Absatz? Und wie hoch kann sich der Absatz von jedem dieser einzelnen Artikel belaufen?

XIX. Welche Arten von Manufakturen arbeiten hauptsächlich für einländischen Verbrauch? Und was scheint die Ausfuhr ihrer Waaren in fremde Länder zu hindern?

XX. Welche Arten von Manufakturen haben grössern Absatz in die Hauptstädte, als anders wohin? Und warum?

XXI. Welche arbeiten mehr für die Landstädte? Und was ist die Ursache davon?

XXII. Welche Art von Manufakturen werden in großen Gebäuden getrieben, wo die Arbeiter bey einander versammelt sitzen und wohnen? Und welche Arbeiten werden in den Privathäusern der Manufakturisten

sten vorgenommen? Werden die Gewehre für die Armee in solchen großen Anlagen fabricirt, dergleichen zu Spandau, Tula u. f. sind?

XXIII. Welche ist vorzuziehen? In welchen Fällen? Mit welchen Gattungen von Manufakturen? Und warum?

XXIV. Welche Arten von Manufakturen hat man für die Bauern, um ihnen Gelegenheit zu geben, ihre müßigen Stunden nützlich anzuwenden, besonders in den Wintermonaten? Was für Sorgfalt wendet die Regierung an, zu dieser Art von Manufakturen zu ermuntern, sie im ganzen Lande auszubreiten, und durch weise Verordnungen zu unterstützen? Sind die Bauern Leineweber wie in Osnabrück, oder klöppeln Spitzen wie in Churfachsen?

XXV. Welche Art von Manufakturen werden vorzüglich von den Armen in den Werkhäusern getrieben? Wie stellt man dabey die Weiber an? Wie die Kinder? Wie gebrechliche Menschen, zu den kleinern Geschäften? Und was ist besonders merkwürdig, in Ansehung dieser Stiftungen? (Siehe milde Stiftungen.)

XXVI. Wie greift man es an, armen Hausleuten Arbeit zu geben? Und armen Witwen, die sich schämen zu betteln, und doch nicht gerne öffentlich in den Werkhäusern arbeiten wollen? Welches ist die vortheilhafteste und die bequemste Weise, eine dürftige Familie am kräftigsten zu unterstützen, und ihr das ganze Jahr hindurch Arbeit zu verschaffen? Wie viel kann dabey eine Person aufs höchste täglich gewinnen? (Siehe milde Stiftungen)

Aus-

Ausdehnung des Manufakturwesens.

I. Wie viel an Menge und wie viel an Werth von verfertigten Manufakturwaaren aller Art verbraucht man jährlich im Lande?

II. Wie viel wird ausgeführt?

III. Wie viel Hände werden bey jeder dieser Arten von Manufakturen in Thätigkeit gesetzt?

IV. Welche Gattungen von Manufakturen haben vormals im Lande existirt? Und welche sind nicht mehr da? Und wodurch sind sie zu Grunde gegangen?

V. Wie wäre es anzufangen, sie wieder zu errichten?

VI. Wie weit haben sich in diesen 5, 10, oder 20 Jahren die Manufakturen erstreckt?

VII. Welches sind die nützlichsten Gesetze und Einrichtungen in Rücksicht auf Errichtung der Manufakturen auf die Art sie zu vervollkommnen, und vor dem Verfalle zu bewahren? Und welche von ihnen sind für auswärtige Länder anwendbar?

Arbeit.

I. Ist es jedem Taglöhner erlaubt, einen Lohn zu fordern, welchen er will? Oder ist der Taglohn der Arbeiter und Handlanger von der Obrigkeit bestimmt? Auf wie viel? Und auf welche Weise?

II. Um wie viel Procent hat der Taglohn in den letztern 5, 10 oder 20 Jahren zugenommen? Und welche Wirkuug hat dieß verursacht?

III. Ist es erlaubt, mehr Lohn zu geben, als fest gesetzt ist? Oder bey was für Strafe ist es verboten?

IV. In wie fern hindern die Korporationsgesetze die freye Thätigkeit und Arbeit? Und auf welche Weise?

V.

V. Kann ein armer Handwerker sich niederlassen und arbeiten, wo er will?

VI. Wie viel Stunden des Tages wenden die Handwerksleute in dieser Gegend täglich zu der Arbeit an? Und ist dieß nach den Jahrszeiten verschieden?

VII. Hat der Luxus bey dem arbeitsamen Theile der Nation sehr zugenommen? Oder leben sie noch auf eben so einfache Weise, als vor 20 Jahren? Und im Fall, daß dieß nicht ist; hat denn dieß nicht eine Erhöhung im Arbeitslohne bewirkt?

VIII. Wie viel Land kann man auf einen Arbeitsmann in dieser Gegend rechnen? oder mit andern Worten: Von wie viel Acker Landes verzehrt er den Ertrag?

IX. Wie viel beträgt nach einem Durchschnitte der geringste, mittlere und höchste Taglohn in dieser Gegend für einen Mann?

X. Wie viel für ein Weib?

XI. Wie viel für ein Kind?

XII. Auf welche Weise werden das ganze Jahr hindurch Weiber und Kinder in dieser Gegend zur Arbeit angestellt?

Stockung in den Fortschritten der Manufakturen.

I. Sind die nothwendigen Bedürfnisse des Lebens sehr wohlfeil? Oder was ist die Ursache, daß sie theuer sind?

II. Werden die Nothwendigkeiten des Lebens durch Auflagen und Steuern vertheuert? Wie hoch belaufen sich

sich die Abgaben von den verschiednen Artikeln dieser Art, als von Brodt, Fleisch, Wein? ꝛc.

III. Was vertheuret den Arbeitslohn? Und durch welche Mittel könnte man bewirken, daß er wohlfeiler würde?

IV. Stehen die Zinsen vom Gelde hoch? Und woher kömmt das?

V. Sind die rohen Materialien zu den Manufakturen theuer? Und woher kömmt das?

VI. Sind die Manufakturen an solchen Oertern angelegt, wo die nöthigsten Materialien dazu bey der Hand sind? Und sind die Ausgaben für den Transport derselben unbeträchtlich?

VII. Sind die Manufakturisten in diesem Lande geschickt genug in ihrem Fache?

VIII. Sind die Märkte und Messen zu Absatz der Waaren auf Zeiten festgesetzt, die den Manufakturisten bequem sind? Und in welcher Jahrszeit wird die vornehmste Messe gehalten?

IX. Ist der Stand eines Manufakturisten sehr geachtet?

X. Beobachtet der Manufakturist die Festtage? Wie viel Festtage sind von der Regierung verordnet? Sind noch andre durch Gewohnheit geheiligt?

XI. Wie viel verliert die Nation jährlich dadurch, daß an solchen Tagen nicht gearbeitet wird?

XII. Ist die Anzahl der Geistlichen verhältnißmäßig zu groß gegen die arbeitende Klasse? Und ist diese durch jene gedrückt?

XIII. Ist die Menge der Menschen, welche die Waffen tragen müssen, Ursache an Verminderung der Arbeiter in den Manufakuren?

XIV.

XIV. Beraubt nicht die Gewohnheit der Reichen, mehr Leute in Livree zu halten, als ihnen wirklich nützlich sind, die Manufakturen mancher tüchtiger Arbeiter?

XV. Gehören nicht die mancherley Mittel ohne Arbeit sein Brodt zu erwerben, mit zu den Misbräuchen? Welche sind darunter besonders zu merken? Und werden nicht eine Menge unnützer Aemter und überflüßige Stellen zum großen Schaden der Manufakturen geduldet?

XVI. Verwilligt nicht die Regierung viele nachtheilige Privilegien und ausschließende Monopolien, wodurch der Absatz der Manufakturen verringert wird?

XVII. Ist nicht die Anzahl der Lehrjahre zu lang und abschreckend für junge Leute, die Handwerke lernen wollen? Wie viel solcher Jahre sind gewöhnlich festgesetzt?

XVIII. Was hat bis hieher die fernern Fortschritte des Manufakturwesens in dieser Gegend verhindert?

Aufmunterung der Manufakturen.

I. Auf welche Weise unterstützt die Regierung dieses Lands die Manufakturen, während ihrer Kindheit?

II. Welche Vortheile sucht sie denen zu verschaffen, die schon den höchsten Grad von Vollkommenheit erreicht haben?

III. Wie sucht sie zu verhindern, daß diejenigen, welche in Verfall zu gerathen scheinen, nicht ganz und gar untergehen?

IV. Wie werden die Manufakturisten zu Entdekkung neuer Handlungszweige unterstützt?

V. Giebt es Gesetze, die dem Spiele, dem Müßiggange und andern Ausschweifungen Grenzen setzen?

VI. Hat man Maschinen, Weberstühle und dergleichen erfunden, durch deren Hülfe man Handarbeit und Lohn erspart? Welche Manufakturen haben sich vorzüglich mit solchen Maschinen versehn?

VII. Giebt es hier öffentliche Anstalten oder patriotische Gesellschaften, zu Ermunterung nützlicher Künste, der Manufakturen, der Industrie und der Handlung, dergleichen zu London und Hamburg sind? Welche von dieser Art sind errichtet? Welche Arten von Manufakturen sind vorzüglich dadurch ermuntert worden? Und wie? Und welche gute Wirkungen sind darauf erfolgt?

VIII. Schickt die Regierung Leute in auswärtige Länder, um geschickte Manufakturisten von daher zu bekommen und sie zu bewegen, sich im Lande, gegen Jahrgeld und gute Behandlung, niederzulassen? Und in wie fern hat diese Unternehmung den Zweck befördert, neue Fabriken anzulegen und die alten zu vervollkommnen?

IX. Handelt nicht zuweilen die Regierung treulos gegen Leute, denen sie ihre Geheimnisse in diesem Fache ablockt und sie hernach verläßt?

X. Sind ausländische Manufakturwaaren verboten, wie im Preußischen, oder ist ihre Einfuhr, gegen Bezahlung gewisser Zölle, erlaubt? Und wie viel beträgt dieser Zoll nach einem Durchschnitte?

XI. Werden ausschließliche Privilegien an solche Manufakturisten ertheilt, welche neue Fabriken angelegt, oder die alten verbessert haben? Und auf wie viele Jahre? Oeffent=

Oeffentliche und Privatvortheile, welche die Manufakturen gewähren.

I. Welchen vortheilhaften Unterschied bemerkt man, im Moralischen, in der Bevölkerung und in dem Wohlstande zwischen solchen Oertern, wo das Manufakturwesen getrieben wird, und andern, wo dieser Nahrungszweig nicht herrscht?

II. Wie viel tragen die Manufakturen jährlich dem Staate ein? Und wie viel jede besondre Art von Manufakturen?

III. Welche Vortheile zieht ein Edelmann, in dessen Gebiete Manufakturen getrieben werden?

IV. Wie viel verzehren die Manufakturisten von ihrem Lohne auf der Stelle?

V. Welche Vortheile zieht ein Pächter durch die Nachbarschaft der Manufakturisten? Und umgekehrt?

Ausländische Manufakturen.

I. Welche Arten von Manufakturwaaren werden vorzüglich in das Land eingeführt? Woher? In welcher Menge? Wie viel an Werth?

II. Wie viel Familien von Eingebornen hätten von Verfertigung der Manufakturwaaren, welche man jetzt aus fremden Gegenden jährlich herbeyführt, unterhalten werden können, wenn man einen verhältnißmäßigen Theil von dem Preise der Waaren für die Arbeit abrechnet, und ungefehr 50 Pf. Sterl. (300 Rthl. C. M.) jährlich für den Haushalt einer Manufakturistenfamilie annimmt?

Bildung der Manufakturisten.

I. Wie werden die Kinder der Manufakturisten erzogen? Wie unterrichtet, im Zeichnen? In der Mechanik? In der Chemie? Und was ist bey diesem Erziehungsplane hauptsächlich bemerkenswerth und in andern Ländern anwendbar?

II. Wie lange dauert die Lehrzeit? Und wie wird der Lehrling geprüft, bevor es ihm erlaubt ist, um Lohn zu arbeiten?

III. Ist es nicht üblich, daß manche Manufakturisten und Künstler nach Verlauf ihrer Lehrjahre reisen, um sich zu bilden, und die Art und Weise, wie in fremden Ländern gearbeitet wird, kennen zu lernen? Welche Länder pflegen sie dann hauptsächlich zu b suchen? Wie lange pflegen sie abwesend zu seyn?

IV. Welche Förmlichkeiten sind üblich für einen Lehrling und für einen Gesellen, der Meister werden will? Und muß er denn durchaus in die Zunft genommen werden?

V. Was für Arten von Verordnungen und Zunftgesetze sind hier im Lande in Betracht der Handwerker und Künstler eingeführt?

Charakter der Manufakturisten.

I. Haben die Manufakturisten in dieser Gegend Erfindungsgeist? Oder sind sie vorzüglich geschickt in genauer und vollkommner Nachahmung ausländischer Erfindungen?

II. Ist die Zeichenkunst und die Kenntniß der mechanischen und in das Manufakturwesen schlagenden Künste, sehr gemein unter den Handwerksleuten?

III.

III. Hängen die Manufakturisten sehr strenge an einer und derselben Form von Arbeiten, oder bestreben sie sich, den verschiednen Geschmack ihrer Kunden zu befriedigen?

IV. Welches ist im Allgemeinen der Charakter der Manufakturisten und Künstler?

Zwölfter Abschnitt.
Fragen, welche auf alle Manufakturen anwendbar sind.

Errichtung der Manufakturen.

I. In welchem Jahre sind die Manufakturen errichtet worden? Und auf wessen Kosten?

II. Wem gehören sie?

Arbeit.

I. Welches sind die verschiednen Artikel von Manufakturwaaren? Wie viel von jeder Art wird jährlich verfertigt? Und wie viel beträgt das am Werthe?

II. Woher kommen die rohen Materialien zu den Manufakturen? Ist die Einfuhr derselben mit schweren Zöllen belegt? Und wie?

III. Im Fall, daß die rohen Materialien außer Landes herkommen, welche Sorgfalt wendet dann die Regierung an, um zu verhindern, daß die Einfuhr derselben nicht mit Abgaben beschwert werde?

IV.

IV. Wie werden diese verschiednen Materialien zubereitet? Verarbeitet? Und vollends fertig gemacht?

V. Wie viel Feyertage im Jahre werden gehalten? Und wie viel Stunden des Tages arbeitet das Volk?

VI. Ist die Arbeit vernünftig vertheilt, und ist die Beschwerlichkeit dabey den Kräften, der Geschicklichkeit und dem Geschlechte der Arbeiter angemessen?

VII. Ist die Zeit so wohl eingetheilt, daß die Anwendung derselben für jeden Augenblick nützlich ist?

VIII. Ist eine Manufaktur in dem Besitze eines wichtigen Geheimnisses? Und welche gute Wirkung davon hat man wahrgenommen?

Arbeiter.

I. Wie viel Werkmeister, wie viel Gesellen und wie viel Lehrlinge sind in diesen Fabriken angestellt?

II. Wie viel gewinnt jeder derselben täglich? Oder an jedem Stücke? Werden die Arbeiter wöchentlich oder stückweise bezahlt?

III. Wie viel Weiber? Wie viel Knaben? Wie viel kleine Kinder arbeiten darin? Und wie viel erhalten sie täglich? oder stückweise?

IV. Wie viel von dem Arbeitslohne wird an dem Orte wieder verzehrt?

V. Werden ausländische Arbeiter in den Manufakturen gebraucht? Wie viel? Und aus welchen Gegenden kommen sie?

VI. Welche Krankheiten herrschen unter den Arbeitern in den verschiednen Gattungen von Fabriken? Wie baut man ihnen vor? Wie heilt man sie?

Werkzeuge.

I. Wie viel Weberstühle, Hammer u. dgl. (nachdem nun die Art der Arbeit ist) sind beständig im Gange?

II. Was für geschickte Erfindungen und nützliche Maschinen sind in den Fabriken angebracht, um Zeit und Arbeit zu sparen? Und wozu dienen sie? Wie viel kosten sie? Welche sind die vorzüglichsten, und wie heißen die Meister davon?

III. Wie viel beträgt die jährliche Ausgabe, um das alles im Stande zu erhalten? Wie viel betragen die übrigen täglich fortgehenden Unkosten? Und wie viel beträgt der Gewinn?

IV. Wird ein Geheimniß aus allem diesen gemacht, oder ist es öffentlich bekannt? Hat man genaue Abrisse, Modelle, Beschreibungen von dem Gebrauche ꝛc. dieser Dinge?

Verkauf der Waaren.

I. Ist der Gewinn dieser Manufakturen im Lande groß, oder geringe? Oder hängt das von der Ausfuhr hauptsächlich ab? Und welches ist der vornehmste Markt für die Manufakturwaaren? Wo sind die Niederlagen der Fabrik? Welche hat den meisten Absatz?

II. Welche Menge von Waaren, und wie viel am Werthe wird in den Manufakturen für den einländischen Verbrauch gearbeitet?

III. Wie viel an Menge und am Werthe für die Kolonien?

IV. Wie viel an Menge und am Werthe für fremde Länder?

V.

V. Welches ist der vornehmste Seehafen, aus welchem diese Waaren fortgeschickt werden?

VI. Werden diese Manufakturwaaren mit baarem Gelde bezahlt? Oder werden sie auf kurzen oder langen Kredit genommen?

Ausgaben und Gewinn.

I. Wie viel kostet die erste Anlage? Wie viel betragen die jährlichen Ausgaben jeder Fabrike? für die Beamten, wenn sie unter Direktion steht, und für die Arbeiter?

II. Wie hoch beläuft sich der jährliche Ueberschuß? Wie viel Procent bringen die Manufakturen ein?

III. Um wie viel hat die Anlage in den letztern 5 oder 10 Jahren sich verbessert oder verschlimmert? Und warum?

IV. Wie hat sich das Manufakturwesen erhalten, oder wie ist es gesunken?

Vermischte Fragen.

I. Wie viel Fabriken von jeder Art sind hier im Lande? An welchen Oertern? Und in welchem Zustande sind sie?

II. Welche von ihnen sind durch Ausländer angelegt? Von welcher Nation waren diese? Und wie heissen sie?

III. Ist die Einfuhr fremder Waaren, von eben der Art, als die, welche im Lande verfertigt worden, verboten oder erlaubt? Und wie viel wird, im letztern Falle, Zoll davon bezahlt?

IV.

IV. Wie hindert die Regierung allen Unterschleif, in Ein= und Ausführung schlechter und auf Betrug gemachter verbotner Waaren?

V. Wie viel Menschen rechnet man auf die Quadratmeile, die von dem Gewerbe an den Oertern leben, wo die Manufakturen errichtet sind?

Dreyzehnter Abschnitt.
Einländischer und ausländischer Handel.

Einländischer Handel.

I. Ist der einländische Handel beträchtlich? Und worin besteht er hauptsächlich?

II. Ist der Zusammenhang unter den Provinzen durch gute Landstraßen bequem gemacht? Sind die Flüsse und Kanäle schiffbar? Oder was fehlt noch in diesem Fache?

III. Ist der Handel um baares Geld besonders vortheilhaft, oder der Tauschhandel?

IV. Sind die Messen und Märkte vortheilhaft für den einländischen Handel angelegt? Und was ist in Ansehung derselben zu bemerken?

V. Was bezahlt man gewöhnlich für den Transport von 100 Pfund Waare auf eine gewisse Entfernung zu Lande? oder zu Wasser? Und wie schnell geht das?

VI. Ist sowohl der einländische als der Küstenhandel gänzlich frey? Und können die Waaren aus einer Provinz in die andre geführt werden, ohne daß dazu

besondre

besondre Erlaubniß oder Untersuchung von Seiten der Zollbedienten erfordert wird?

VII. Gehören die Weggelder, die auf den Heerstraßen zur Erhaltung derselben erlegt werden, dem Landesherrn oder Privatpersonen? Und wie hoch mögen sie sich jährlich belaufen?

VIII. Auf welche Summen kann man den Betrag des einländischen Handels jährlich rechnen?

IX. Wie viel mag er wohl dem Staate eintragen? (Im übrigen lese man nach den Artikel: Einländische Schiffahrt.)

Kornhandel.

I. Ist der Kornhandel durchaus frey, wie in Holland, Hamburg, Holstein? Oder unter welchen Einschränkungen?

II. Ist die Ausfuhr des Korns immer erlaubt? Oder unter welchen Einschränkungen?

III. Wie ermuntert die Regierung den Kornhandel? Verwilligt sie Prämien für die Ausfuhr? Und wie viel Procent?

IV. Muß man erst um Erlaubniß nachsuchen, wenn man Korn aus einer Provinz in die andre führen will? Oder sonst wohin?

V. Ist es erlaubt das Korn auf dem Halm zu kaufen? Vor der Erndte? Bevor es reif ist?

VI. Was ist nach einem Durchschnitte der Preis aller Gattungen von Korn? Und wie wird dieser Preis im ganzen Lande bestimmt?

VII. Wie hat sich der Preis in 10, 20 und 30 Jahren verändert? Unt was ist die Ursache davon?

VIII.

VIII. Wie viel Korn aller Art wird nach einem Durchschnitte jährlich ausgeführt?

IX. Wie viel ist in den letzten 10, 20 und 30 Jahren ausgeführt worden? Und was ist die Ursache der größern oder geringern Ausfuhr?

X. Wird nicht zur weitern Ausfuhr ausländisches Korn in das Land gebracht? Wie viel jährlich, nach einem Durchschnitte? Zu welchem Preise? Woher? Und in welche Gegenden geht die Ausfuhr?

XI. Ist es erlaubt, Korn herein zu führen, um es wieder auszuführen? Und wie viel Zoll wird davon bezahlt?

XII. Was ist die gewöhnliche Ursache des Kornmangels in diesem Lande?

XIII. Wie verhindert die Regierung den Kornmangel, in so fern dieß in ihrer Macht steht? Werden Magazine von Korn und Mehl angelegt, woraus nur arme und gemeine Leute kaufen dürfen, wie in Hamburg?

XIV. Welche Maaßregeln nimmt die Regierung, um das Volk in den Zeiten der Theurung mit Korn zu versehn? Werden Prämien auf die Einfuhr gesetzt, oder läßt die Regierung das Korn auf eigene Kosten kommen?

XV. Ist die Einfuhr des Korns zu allen Zeiten erlaubt? Unter welchen Einschränkungen?

XVI. Welchen Verordnungen hat man in Rücksicht auf den Kornhandel, die bey andern Nationen nachgeahmt zu werden verdienten? (Wegen des übrigen siehe Landwirthschaft.)

M Durch=

Durchgehender Handel.

I. Welche Waaren werden vorzüglich in das Land gebracht, um wieder ausgeführt zu werden? In welcher Menge? Wie viel an Werth?

II. Woher werden sie eingeführt? Und nach welchen Städten hauptsächlich weiter spedirt?

Commißionshandel.

I. Wie viel kann man annehmen, daß von den Gütern, welche von außenher in das Land kommen, für fremde Rechnung verkauft werden?

II. Wie viel rechnet man, daß der jährliche Vortheil bey diesem Handel für das Land beträgt?

Sklavenhandel.

I. Bedarf das Land der Negern, zur Arbeit in den Kolonien? Wie viel werden jährlich erfordert?

II. Auf welche Weise beköomt man sie?

III. Aus welchen Gegenden werden sie hergeführt?

IV. Gegen welche Waaren tauscht man Sklaven ein? Welches Verhältniß wird beobachtet, zwischen Sklaven und Waaren? Oder werden sie für baares Geld gekauft?

Ausfuhr.

I. Welche Gattungen von Korn, Früchten rc. werden jährlich in fremde Länder ausgeführt? In welcher Menge? Und wie viel am Werthe?

II. Welche Gattungen von Manufakturmaterialien? In welcher Menge? Und wie viel am Werthe?

III. Welche Gattungen von verarbeiteten Manufakturwaaren? In welcher Menge? Und wie viel am Werthe?

IV.

IV. Wie hat sich die Ausfuhr von diesen drey Artikeln in den letzten 5, 10 und 20 Jahren verhalten?

Einfuhr.

I. Welche Gattungen von Korn, Früchten ꝛc. werden jährlich aus fremden Ländern hereingeführt? In welcher Menge? Und wie viel am Werthe?

II. Welche Gattungen von Materialien zu Fabriken? In welcher Menge? Und wie viel am Werthe?

III. Welche Gattungen von verarbeiteten Manufakturwaaren? In welcher Menge? Und wie viel am Werthe?

IV. Wie viel hat die Einfuhr dieser drey Arten von Gütern in den letzten 5, 10 und 20 Jahren betragen?

Handlungsbilanz.

I. Wie viel gewinnt oder verliert die Nation bey Vergleichung der Einfuhr und Ausfuhr mit jedem Lande insbesondre?

II. Wie ist das Verhältniß der Ein= und Ausfuhr gegen alle auswärtige Länder zusammen genommen?

III. Wie hat sich die allgemeine Bilanz in diesen letzten 5, 10 und 20 Jahren gehalten?

IV. Welchen Weg hat man eingeschlagen, um das Verhältniß gegen den ausländischen Handel zu berechnen? Geschieht es, indem man aus den Zollhausbüchern genau die Ausfuhr, Einfuhr und den Werth der verkauften Waaren zu erforschen sucht?

V. Kann man dort gewiß seyn, wie viel hereingeführt worden ist? Und welche Grundsätze hat man angenommen,

genommen, um den Werth der ausgeführten Güter zu berechnen?

VI. Was für Schlüsse kann man aus dem Wechselcurs auf den Gewinn oder Verlust der Nation bey dem Handel mit andern Völkern ziehn?

Staatsbilanz.

I. Wird das Saldo gänzlich in baarem Gelde bezahlt? oder nur zum Theil? ganz in Materialien zu Fabriken, oder nur zum Theil? ganz mit Manufakturwaaren, oder nur zum Theil? ganz mit Produkten, oder nur zum Theil? Oder auf welche andre Weise?

Handlungsgesellschaften.

II. Welche Arten von Handlugsgesellschaften giebt es hier im Lande?

II. Unter welcher Regierung sind die verschiednen Gesellschaften errichtet worden? Und was war der Zweck ihrer Gründung?

III. Welche Privilegien hat jede dieser Gesellschaften? Und auf wie viele Jahre sind diese ihnen ertheilt worden?

IV. Welche Gesellschaft handelt mit einem zusammengeschoßnen Fond, es mag derselbe nur zu einer Handlungsexpedition, wie mit der ostindischen Kompagnie in Gothenburg der Fall ist, oder zu fortgesetzten Unternehmungen hergeschossen werden, und daher auch unter einem beständigen Direktorium und Aufsicht stehen?

V. Wie hoch beläuft sich der Fond derer Gesellschaften, die mit einem zusammengeschoßnen Kapital handeln?

VI.

VI. In wie viel Aktien ist dieß Kapital eingetheilt? Und wie stark ist jede Aktie?

VII. Wie viel Aktien muß ein Mitglied haben, um zum Direktor gewählt werden zu können? Und welche andre Eigenschaften werden dazu erfordert? Muß er ein Einheimischer seyn, oder kann auch ein Ausländer dazu gelangen?

VIII. Was berechtigt ein Mitglied zu einer Stimme?

IX. Ist der Landesherr bey diesen Gesellschaften mit interessirt, z. E. der König von Preußen bey der Seehandlungskompagnie? Und mit welcher Summe?

X. Welchen Theil nimmt der Adel an den Handlungsgesellschaften?

XI. Unter welchen Bedingungen kann man der Gesellschaft beytreten? Und was muß man entrichten und leisten?

XII. Worin bestehn die vornehmsten Artikel, welche jede dieser Gesellschaften auswärts absetzt? In welcher Menge? Und wie hoch beläuft sich ihr Werth?

XIII. Worin besteht ihre Einfuhr? Wie viel an Menge? Wie viel am Werthe?

XIV. Wie viel Schiffe fahren jährlich auf Rechnung jeder dieser Gesellschaften?

XV. Wie viel Schiffer, und überhaupt, wie viel einzelne Menschen, werden von dem Handel jeder dieser Gesellschaften unterhalten?

XVI. Nimmt der Handel dieser verschiednen Gesellschaften zu, oder fällt er?

XVII. Wie verhält sich die Aus= und Einfuhr gegen das, was sie vor 5, 10 oder 20 Jahren war?

M 3   XVIII.

XVIII. Sind die Stocks der Gesellschaften dem Steigen und Fallen ausgesetzt? Wie stehen sie jetzt? Zu wie viel Procent über und unter Pari pflegen sie gewöhnlich zu steigen und zu fallen?

XIX. Wie viel Procent des jährlichen Vortheils ist der Dividend unter den Mitgliedern jeder dieser Gesellschaften? Ist der Dividend durch die Gesetze bestimmt, wie in England bey der ostindischen Kompagnie, oder richtet er sich nach den jährlichen Einnahmen?

XX. Wie viel gewinnt jede dieser Gesellschaften jährlich, nach einem Durchschnitte?

XXI. Ist die Aus- und Einfuhr jeder Gesellschaft auf einen gewissen Seehafen eingeschränkt? Und welcher Hafen ist für jede Gesellschaft bestimmt? Oder darf jede von ihnen sich zur Aus- und Einfuhr ihrer Waaren nach Gutdüncken einen Hafen in dem Reiche wählen?

XXII. Dürfen die Güter ohne Unterschied auf jedes Schiff geladen, oder muß durchaus ein Schiff gewählt werden, das der Gesellschaft gehört?

XXIII. Welches sind die auswärtigen Besitzungen, welche jeder dieser Handlungsgesellschaften besonders gehören?

XXIV. Zieht man Einkünfte von ihnen? Wie die englische nach Ostindien handelnde Kompagnie 6 Millionen Pf. Sterl. Territorialeinkünfte in Asien hat.

XXV. Wie werden sie dirigirt? Hat das Mutterland einem Antheil an der Regierung der Kolonien, oder sind die Gouverneurs der Kolonien nur von den Kompagnien abhängig?

XXVI.

XXVI. Wie viel kosten sie zu unterhalten? Wie werden sie gesichert?

XXVII. Wie wird jede einzelne Gesellschaft regiert? Von wie viel Direktoren? Wie lange verwalten diese ihr Amt? Wie stark werden sie besoldet?

XXVIII. Ist das ausschließliche Privilegium, welches man diesen Gesellschaften ertheilt hat, dem Lande, im Ganzen genommen, nachtheilig?

XXIX. Werden Fremde, die im Lande sich niederlassen, zu Mitgliedern einer solchen Gesellschaft aufgenommen? Unter welchen Bedingungen?

XXX. Welche Begünstigungen genießen die Kompagnien von der Regierung in Ansehung der Aus= und Eingangszölle und in andern Rücksichten? Wie sucht die Regierung von den Kompagnien unmittelbaren oder mittelbaren Vortheil zu ziehen? Sind sie zu Zahlung gewisser jährlicher Summen, oder großen Vorschüssen gegen geringe Zinsen, oder Ausführung gewisser in dem Lande verarbeiteten Artikel u. s. f. verpflichtet?

Monopolien.

I. Hat die Landesherrschaft sich gewisse Monopolien vorbehalten? Und welche? Wie viel jährlichen Vortheil bringen diese ein?

II. Werden auch Privatleuten Monopolien ertheilt? Welche? Auf wie viel Jahre? Was für Leuten? Unter welchen Bedingungen? Gegen wie viel jährliche Abgabe?

Münze.

I. Woher kommen die verschiednen Metalle, deren

man sich zum Goldmünzen bedient? Aus Portugall das Gold? aus Spanien das Silber?

II. In welcher Gestalt? In Klumpen? In Stangen? In Staub? oder schon gemünzt?

III. Wie ist das Verhältniß zwischen Gold und Silber?

IV. Welche wirkliche Gold= Silber= und Kupfermünzen hat man?

V. Von welcher Feinheit sind die Goldmünzen? Und die Silbermünzen? Und wie hoch sind sie ausgeprägt?

VI. Wie viel Münze von jeder Art wird jährlich geprägt? In welchen Städten wird geprägt?

VII. Wie viel Vortheil hat die Regierung von der Münze? Oder thut sie auf allen Vortheil Verzicht?

VIII. Treibt die Nation einen starken Handel mit Stangen? Oder dürfen die Barren nur ein= nicht aber ausgeführt werden?

IX. Sind fremde Münzen im Lande im Umlauf?

X. Ist das Umschmelzen der Landmünzen erlaubt? Oder wie wird es bestraft?

XI. Sieht man häufig falsche Münzen, wie in England? Wie werden die falschen Münzer bestraft, wenn sie überführt sind?

XII. Ist es üblich, Münzen für andre Nationen zu prägen? Für welche? Welche Gattungen? In welcher Menge?

XIII. Welche Arten von Werkzeugen werden in der Münze zu den verschiednen Operationen gebraucht?

XIV. Was für eine Summe Geldes ist jährlich geprägt worden, nach einem Durchschnitt von 10, 20, 50, und 100 Jahren?

XV.

XV. Welche Verordnungen in Ansehung der Münzen und deren Prägung sind von der Art, daß sie andern Nationen wichtig scheinen können?

Geld.

I. Wie hoch kann sich die Summe des umlaufenden Geldes im ganzen Reiche belaufen?

II. Wie stark mögte wohl die Summe des wirklichen Geldes hier im Lande seyn?

III. Auf welche Weise ist der Umlauf des Geldes vermehrt worden?

IV. Wodurch hat er sich vermindert? Etwa dadurch, daß die Landesherrn Schätze gesammelt haben? Oder durch die große Anzahl von Kapitalisten, welche es nicht nützen?

Eingebildetes und Papiergeld.

I. Welche Arten von eingebildetem Gelde hat man erfunden? Und wie hoch beläuft sich die ganze Summe, welche dieß vorstellt?

II. Wie führt man Rechnung, in idealischer oder wirklich geprägter Münze?

III. Welche Arten von Papiergelde sind hier im Lande üblich? Und wie ist jede dieser Arten beschaffen? Können sie nur gegen Agio in baares Geld verwandelt werden, wie in Dännemark und dem Kirchenstaate, oder werden sie dem baaren Gelde gleich geschätzt, ja wohl vorgezogen, wie in England?

IV. Wie hoch beläuft sich die Summe von jeder dieser Arten?

V. Circulirt das Papiergeld auch in fremden Ländern al pari, oder mit Verlust?

Ausfuhr des Geldes.

I. Ist die Ausfuhr des gemünzten Goldes und Silbers erlaubt, wie in Holland? Oder verboten, wie in England, Rußland? u. s. f. Bey was für Strafen ist sie verboten?

II. Was veranlaßt die Ausfuhr des Geldes? Eine ungünstige Handlungsbilanz? Der geringe Werth des Metals?

III. Bestimmt die Regierung den Werth der Gold= und Silberklumpen?

IV. In welche Länder werden diese Metalle in ganzen Massen vorzüglich ausgeführt?

Wechsel.

I. Welches sind die vornehmsten Plätze, wo der Wechselhandel zwischen diesem Lande und den fremden Ländern getrieben wird? (Man sehe die vorstehende Tabelle nach.)

II. Wie ist das Pari gegen jeden dieser Plätze?

III. Wie hat sich der Wechselhandel mit jeder Nation nach einem Durchschnitte in diesen letzten 5 Jahren verhalten?

IV. Welche Mittel schlägt die Nation ein, um den Wechselhandel zu ihrem Vortheil zu lenken? Oder zu verhindern, daß er ihr nicht zu nachtheilig werde?

Bank.

I. Ist eine Bank in diesem Lande? Welchen Namen führt sie? Unter welcher Regierung ist sie gestiftet worden? Und bey welcher Gelegenheit?

II.

Wechsel-Tabelle.   zur S. 178

	Pari	Jan.	Febr.	März	Apr.	May	Jul.	Jul.	Aug.	Sept.	Okt.	Nov.	Dec.	Durchschnitt vom ganzen Jahre.
Amsterdam														
Rotterdam														
Hamburg														
Altona														
Paris														
Bourdeaux														
Cadix														
Madrit														
Bilbao														
Leghorn														
Genua														
Venedig														
Lissabon														
Oporto														
Dublin														

II. Von welcher Art und Beschaffenheit ist die Einrichtung dieser Bank? Wird Münze oder ungemünztes Metall darin niedergelegt, ohne Vortheil davon zu ziehn, z. E. in Amsterdam, Hamburg und Venedig? Oder wird das baare Geld gegen gute Sicherheit ausgeliehn? In Handlungsoperationen gesteckt, rohes Metall dafür zu kaufen? Oder Species? Oder Wechsel damit zu diskontiren, wie zu London?

III. Wie stark ist das Kapital der Bank? In wie viel Aktien ist es getheilt? Sind die Aktien gleich groß? Wie viel kostet jede derselben?

IV. Worin bestehen die hauptsächlichsten Unternehmungen der Bank, außer den oben erwähnten?

V. Handelt die Bank auch mit Waaren?

VI. Nimmt die Bank Gelder auf ihren Kredit, und giebt sie dafür Banknoten oder Zettel, die auf jedesmaliges Verlangen an den Inhaber der Banknote bezahlt werden?

VII. Wie viel Zinsen giebt die Bank? Oder läßt sie sich von dem, welcher Geld bey ihr niederlegt, noch etwas für die Sorgfalt und Sicherheit bezahlen?

VIII. Treibt die Bank auch Geldumsatz und Versatz?

IX. Ist die Bank im Stande und bereit, jederzeit, wenn es sollte verlangt werden, alle ihre Scheine auf Einmal gegen baares Geld einzulösen?

X. Welche Art von Sicherheit hat die Bank?

XI. Was ist zu bemerken, in Rücksicht auf das Steigen und Fallen der Stocks? Um wie viel Prozent sind sie jemals gestiegen oder gefallen?

XII.

XII. Wie hoch beläuft sich der jährliche Vortheil der Bank?

XIII. In wie fern hat die Bank Einfluß auf die Erhaltung des öffentlichen und des Privatkredits der Nation, und auf den Zinsfuß bey den öffentlichen Fonds? Und überhaupt auf die Gleichheit des Zinsfußes im Lande?

XIV. Wenn die Bank sichs zum Zwecke macht, die Circulation des Geldes in den Grenzen von kleinen Zahlungen zu erhalten, und eine Stockung in diesem Umlaufe zu verhindern; so entsteht die Frage: wie man es berechnet hat, daß die Bank der Circulation des Geldes im Lande eine verhältnißmäßige Schnelligkeit geben könne?

XV. Welche besondre Vortheile gewährt die Bank, außer den hier erwähnten Punkten? Und in wie fern schaft sie dem Handel im Lande Nutzen?

XVI. Wie wird die Bank dirigirt? Und was ist bey dieser ihrer Einrichtung merkwürdig? Wie oft wird die Bank geschlossen, um eine allgemeine Bilanz zu ziehen?

XVII. Ist es dem Ausländern erlaubt, Stocks für eine unbestimmte Summe an sich zu kaufen?

XVIII. Welche Nationen kaufen vorzüglich Stocks in der Bank? Und wie viel Geld rechnet man, daß jede dieser Nationen in der Bank stehen habe?

XIX. Wagt die Bank nichts bey Uebernehmung dieser Summe von Ausländern?

XX. Wie viel beträgt das Agio von Bancogeldern?

XXI. In welcher Art von Verbindung steht die Bank mit der Nation, zu welcher der Reisende gehört?

Leibrenten. (Annuitäten.)

I. Welche Arten von öffentlichen Renten sind hier im Lande üblich? Werden sie auf Lebenszeit bezahlt? Oder eine gewisse Reihe von Jahren hindurch? Oder auf immer?

II. Nach welchen Regeln sind diese Leibrenten und Tontinen eingerichtet?

III. Ist es Privatpersonen erlaubt, diese Leibrenten käuflich an sich zu bringen?

Lebensassekuranzen. Todtenkassen.

I. Welche Arten von Assekuranzkassen giebt es hier zu Lande?

II. Ist es üblich, das Leben der Menschen zum Besten ihrer Familien zu assekuriren? Und was ist in Ansehung der Art dieser Assekuranzen zu bemerken?

III. Ist die Anzahl der Mitglieder einer solchen Assekuranzkasse begrenzt, oder unbestimmt?

IV. Welches Alter und welche Bedingungen werden zur Aufnahme in diese Gesellschaft erfordert?

V. Welches Verhältniß ist beobachtet, zwischen der jährlich zu erlegenden Summe und der Anzahl von Jahren und dem Kapitale, welches nach dem Tode der Person ausgezahlt wird?

Hindernisse bey dem Handel.

I. Welche Hindernisse stehen dem Handel hauptsächlich entgegen? Und warum werden sie nicht gehoben?

II. Welches sind die bequemsten Mittel, sie aus dem Wege zu räumen?

III. Könnten im Lande Verbesserungen in Ansehung des Handels Statt finden? Und in welchen Stücken hauptsächlich?

Verordnungen, zu Beförderung des Handels.

I. Hat die Regierung alle Abgaben und Taxen auf die Nothwendigkeiten und Bedürfnisse des Lebens aufgehoben, damit das Volk so wohlfeil als andre Nationen arbeiten könne?

II. Verwilligt die Regierung denjenigen öffentliche Ermunterung, welche die Landwirthschaft mit wichtigen Verbesserungen bereichert haben, und denen, welche den Anbau ausländischer Gewächse, die man im Lande ziehen kann, befördern, um dadurch einen neuen Handlungszweig mit fremden Nationen blühen zu machen? Worin bestehen diese Aufmunterungen? Und welche Wirkung bringen sie hervor?

III. Giebt es öffentliche Anstalten, zu Ermunterung derer, welche bedeutende Entdeckungen in mechanischen Künsten und im Manufakturwesen machen, sowohl zu bequemrer Einrichtung alter, als zu Erfindung neuer Werkzeuge, und überhaupt zu Beförderung der Industrie, der Schiffahrt und des Handels mit fremden Nationen? Worin bestehn diese Anstalten? Und welchen Erfolg haben sie gehabt?

IV. Sind Arbeits= mechanische= und Manufakturschulen für Kinder auf dem Lande errichtet, wodurch die Jugend vor Müßiggang, Faulheit, Ausschweifung und Niederträchtigkeit bewahrt wird, indem man die Kinder, schon von der Wiege an, an nützliche Thätigkeit gewöhnt, und den Vortheil hat, wohlfeile Arbeit liefern

liefern zu können. Wo sind dergleichen Industrieschulen errichtet? Was ist dabey hauptsächlich merkwürdig? Was ist auch bey andern Nationen hiervon anwendbar?

V. Welche Maasregeln hat man genommen, dem Lande eine Menge nützlicher Künstler, Handwerker und Schiffleute zu verschaffen? Welche Mittel waren die wirksamsten, diese Arten von Menschen herbeyzulocken? Und welche Vortheile räumt man ihnen in diesem Lande ein?

VI. Wird die Fischerey so weit als möglich ausgebreitet, und zum Nutzen der Schiffer, und als ein Handlungszweig befördert und begünstigt?

VII. Welche Einschränkungen hat man in Rücksicht auf die Einfuhr aller solcher Güter festgesetzt, welche aus fremden Ländern kommen, mit denen man in einer nicht vortheilhaften Handlungsbilanz zu stehn glaubt?

VIII. Welche Einschränkungen, in Betracht der Einfuhr solcher ausländischen Waaren, die im Lande verbraucht werden, aber auch daselbst producirt werden könnten?

IX. Ist die Regierung geneigter, die Einfuhr fremden Manufakturstoffs, als verarbeiteter Manufakturwaaren zu ermuntern?

X. Sucht sie die Ausfuhr des unverarbeiteten Stoffs so viel möglich zu verhindern? Welche Verordnungen sind in dieser Rücksicht gegeben?

XI. Welche Mittel wendet die Regierung an, den Zustand des Handels im Lande vollkommen kennen zu lernen? Welche Mittel wählt sie, ihn in Aufnahme zu bringen?

bringen? Zu wissen, welche Art von Handel mehr oder weniger vortheilhaft ist? Wie und auf welche Weise die Kaufleute durch andre gehindert werden, ihren Handel zu treiben, oder weiter auszubreiten? Zu wissen, was nützlich und nöthig zu verfügen ist, in Ansehung der Ausfuhr oder Einfuhr, und auf wie lange Zeit sich dergleichen Verbote erstrecken müssen? Hat die Regierung ein beständiges Kollegium zu diesen Handlungsgeschäften errichtet? Was ist bey Einrichtung desselben merkwürdig? Worin bestehen seine nützlichen Unternehmungen?

XII. Läßt die Regierung durch ihre Gesandten an fremden Höfen nach neuen Entdeckungen und Maschinen forschen, die in den verschiednen Theilen von Europa erfunden werden?

XIII. Wie sind die Kaufleute bey dem ausländischen Handel gesichert? Werden in Kriegszeiten Fahrzeuge zum Kreuzen und zu Begleitung der Kauffartheyschiffe ausgeschickt, um sie und ihre Güter zu sichern, damit die Assekuranzen niedrig stehen, und die Waaren auf den ausländischen Märkten so wohlfeil als möglich verkauft werden mögen, im Kriege, wie im Frieden?

XIV. Wie werden die einländischen Kaufleute gegen die barbarischen Seeräuber geschützt?

XV. Welche Gattungen von Gerichtshöfen sind errichtet, um Verfügungen zu treffen, die den einländischen und ausländischen Handel, die Manufakturen, die Schiffahrt, die Münze, das Zollwesen angehen, und alle Streitigkeiten unter Kaufleuten, sowohl in Land- als Seehandlungssachen, auf das geschwindeste auseinander zu setzen?

XVI.

XVI. Welche Handlungszweige sind für das Land verloren gegangen? Zu welcher Zeit? Warum? Und welche Sorgfalt wendet die Regierung an, um sie wieder empor zu bringen?

XVII. Welcher Handel setzt die mehrsten Schiffe in Bewegung? Und wie wird er aufgemuntert?

XVIII. Welche Handlungszweige werden von der Regierung am mehrsten begünstigt? Auf welche Weise? Und was ist die Wirkung von dieser Ermunterung?

XIX. Geschehen Vergütungen, Rückzahlungen für eingebrachte, aber wieder ausgeführte ausländische Waaren? Und wird der ganze Zoll oder ein Theil desselben erstattet?

XX. Giebt es gewisse Güter oder Manufakturwaaren von einländischer Art, für deren Ausfuhr man Prämien verwilligt hat? Welches sind diese besondern Artikel? Und worin besteht die Vergütung?

Schleichhandel.

I. Von welchen Waaren hauptsächlich ist die Einfuhr verboten? Und welche Strafen sind darauf gesetzt?

II. Welche Waaren wagt man hauptsächlich einzuführen, ohne den Zoll zu bezahlen? Wie werden diejenigen bestraft, die man darauf ertappt?

III. Von welchen Waaren ist die Ausfuhr verboten? Und unter welchen Strafen?

IV. Welche Waaren wagt man hauptsächlich auszuführen, ohne den Zoll zu bezahlen? Und wie werden diejenigen bestraft, die dessen überwiesen werden?

V. Besteht der Schleichhandel hauptsächlich in der Einfuhr, oder in der Ausfuhr verbotener Güter? Oder in der Einfuhr oder Ausfuhr erlaubter Waaren, auf welche aber ein Zoll gelegt ist, um diesen zurück zu halten?

VI. Mit welchen Ländern wird der Schleichhandel hauptsächlich getrieben? Und worin besteht mit jedem dieser Länder insbesondre der wichtigste Schleichhandel? In welcher Menge? Wie viel am Werth?

VII. Auf welche Weise wird der Schleichhandel hauptsächlich getrieben? Verstehen sich die Schleichhändler mit den Zollbedienten? Oder auf welche andre Art schaffen sie die Waaren fort?

VIII. Wie hoch beläuft sich der jährliche Verlust, den die Einkünfte des Landesherrn durch den Schleichhandel leiden?

IX. Sorgt man dafür, daß der Schleichhandel verhindert werde? Und wie?

X. Werden diejenigen bestraft, welche wissentlich kontrebande Waaren gekauft haben? Und wie?

XI. Wie werden diejenigen belohnt, welche den Schleichhandel entdecken?

XII. Was wird mit den kontrebanden Waaren vorgenommen, welche die Zollbedienten auffangen? Gehören sie der Landesherrschaft? Oder werden sie ein Eigenthum dieser Bedienten? Oder wie werden sie ausgetheilt? Werden sie vernichtet, verbrannt oder verkauft?

XIII. Was wäre wohl die beste Weise sie anzuwenden?

Bankerotte.

I. Wie wird ein boshafter Bankerottirer bestraft, wenn er dessen überführt wird?

II. Darf er nach dieser Strafe wieder Handel treiben, oder nicht?

III. Welche Strafe ist für diejenigen bestimmt, welche zu einem muthwilligen Barkerott auf irgend eine Weise geholfen haben?

IV. Von welchem Tage rechnet man, daß ein Falliment oder Bankerott angeht? Und durch welche Handlung oder Handlungen werden sie zur Wirklichkeit gebracht?

V. Welche billige Einrichtungen sind in Rücksicht auf die Bankerotte und Fallimente besonders zu merken? Sind Fallitordnungen vorhanden? und mit welcher Klugheit sind sie abgefaßt?

VI. Welche Arten von Gläubigern haben den Vorzug bey Bezahlung der Schuldforderungen?

VII. Welche Verfahrungsart verordnen die Gesetze, bey entstandener Unfähigkeit zu zahlen, entweder bey einem Fallimente oder Sterbefalle?

VIII. Welches sind die gewöhnlichsten Ursachen der Bankerotte und Fallimente? Ist es Betrug, oder sind es wirkliche Unglücksfälle? Oder Mangel an den nöthigen Handlungskenntnissen? Oder zu kühne, unvorsichtige Unternehmungen?

IX. Wie hoch belaufen sich ohngefehr die jährlichen Bankerotte?

X. Welche billige Einrichtungen verdienen in diesem Lande vorzüglich bemerkt zu werden, die dahin abzielen, den Kaufmann zu unterstützen, wenn er in wirkliche Unglücksfälle geräth?

N 3   Zinsen

Zinsen und Wucher.

I. Stehen die Zinsen vom Gelde, in Vergleichung mit andern Ländern, hoch oder niedrig?

II. Wie hoch werden die Nationalschulden verzinst?

III. Können diese Zinsen gesetzmäßig erhöht oder vermindert werden?

IV. Welche Ursachen bewirken die Erhöhung oder Verminderung der Zinsen?

V. Ist es erlaubt, doppelte Zinsen zu nehmen? In welchen Fällen?

VI. Wie steuret die Regierung dem Wucher, oder der ungebührlichen Verzinsung?

VII. Welche Strafen stehen auf den Wucher?

Betrug.

I. Welches sind die bemerkwürdigsten Gesetze, die dahin abzielen, den Betrügereyen im Privathandel zu steuren und sie zu bestrafen?

II. Wie wird Verfälschung oder Nachahmung der Verschreibungen, Wechseln und Banknoten bestraft?

III. Wie wird die Schmälerung des ehrlichen Namens eines Kaufmannes geahndet?

IV. Wie wird jede Störung und Kränkung des öffentlichen Handels und Krebits angesehen?

Aufkäufer und Trödler.

I. Was ist verordnet, in Ansehung der Mißbräuche beym Aufkaufen und Trödeln?

Vertheurung und Alleinhandel.

I. Wie ist demselben vorgebeugt? Wie wird dergleichen bestraft?

Ver

Verführung der Künstler und Mittheilung der Maschinen.

I. Wie verhindert die Regierung, daß die Künstler aus dem Lande gelockt werden? Und wie werden die Verführer bestraft?

II. Ist die Verschickung von Maschinen, Weberstühlen und andern Werkzeugen und Geräthschaften, welche zu den Manufakturen gebraucht werden, erlaubt, oder, unter welchen Strafen verboten?

Einschränkung unerfahrner Handwerker.

I. Wie werden diejenigen, welche die bestimmten Lehrjahre nicht ausgehalten haben, verhindert, in den Städten solche Handthierungen zu treiben?

Lage des Handels, in Rücksicht auf den Handel.

I. Ist das Land vortheilhaft für den Handel gelegen? Und welchen Nutzen ziehet es von dieser vortheilhaften Lage?

II. Welche Vortheile werden vernachläßigt? Und was für Mittel giebt es, Gebrauch davon zu machen?

III. Welches sind die vornehmsten Seehafen? Die besten Handelsstädte? Wa im Lande wird am mehrsten Gewerbe getrieben?

IV. Welche Vortheile haben diese Plätze?

V. Welche ungünstige Umstände? Und wie könnten diese gehoben werden?

VI. Welche Handelsstadt treibt am mehrsten Verkehr mit des Reisenden Vaterlande? Was hat dazu Veranlassung gegeben?

VII. Durch welche Mittel könnte diese Verbindung verstärkt werden?

N 4   VIII.

VIII. Wie hat sich dieß Verkehr in den letzten 5, 10 oder 20 Jahren verhalten? Und was ist die Ursache der Vermehrung oder Verminderung desselben?

IX. Wie weit liegen die Städte mitten im Lande von der See entfernt? Und wie weit von schiffbaren Flüssen? oder Kanälen?

Abgaben und Zölle.

I. Welches ist der allgemeine Handlungsgrundsatz im Lande, in Rücksicht der Schicklichkeit oder Unschicklichkeit der Abgaben und Zölle? Rechnet man darauf, daß sie den Handel in Ordnung halten, oder ihn begünstigen sollen? Oder sind sie nur deswegen bestimmt, damit sie die Einkünfte des Landesherrn vermehren sollen, ohne auf den Schaden Rücksicht zu nehmen, der dadurch dem Handel zuwächst, wenn sie auf eine unschickliche Weise aufgelegt werden?

II. Ist ein Zoll auf nöthige Bedürfnisse gelegt, zum Beyspiel, auf Materialien zum Färben, die man zum Gebrauche der Manufakturen einführt?

III. Wie viel Zoll wird von solchen Artikeln bezahlt, die nicht durchaus zu den nothwendigsten Bedürfnissen gehören? und mehr zum Vergnügen als zum Nutzen der Einheimischen in das Land gebracht werden?

IV. Sind Artikel des Luxus, und besonders solche, welche der einländischen Betriebsamkeit schaden können, mit schweren Zöllen belegt?

V. Wird die Abgabe von ausländischen Waaren gleich bey dem ersten Zollhause, also, so bald sie in das Land gebracht werden, bezahlt? Oder ist in jeder
Provinz

Provinz die Einrichtung gemacht, daß von den einge=
führten Gütern daselbst ein Zoll bezahlt werden muß?

VI. Wie hoch beläuft sich die Einnahme, welche die
Regierung von der Einfuhr; und wie hoch die, welche
sie von der Ausfuhr jährlich zieht?

VII. Welche Art von System hat man bey Auflage
der Zölle auf die Waaren angenommen?

VIII. Müssen alle Nationen denselben Zoll entrich=
ten? Oder findet ein Unterschied darunter Statt?

IX. Welche Nationen genießen die größten Vor=
rechte, Freyheiten und Ausnahmen von den Abgaben
und Zöllen, so wohl was die Personen, als Waaren
und Kaufmannsgüter, Schiffe, Fracht, Schifleute,
Schiffahrt, Handel, oder wie es sonst Namen haben
mag, betrift? Worin bestehen diese Vortheile vor=
züglich?

X. Werden Ausländer zum Nachtheil der Einhei=
mischen begünstigt? Und in welcher Rücksicht?

XI. Worin bestehen die bemerkenswürdigsten Vor=
rechte, Privilegien, Freyheiten, Exemtionen und Im=
munitäten, deren sich die Landesleute des Reisenden in
diesen Gegenden, in Ansehung der Schiffahrt und des
Handels, zu erfreuen haben?

XII. Was ist zu bemerken, in Ansehung dessen, was
noch zum Vortheile der Handlung für das Vaterland
des Reisenden in diesen Gegenden zu bewirken seyn
mögte? Und wie wäre dieß zu erlangen?

Handlungs = und Schiffahrtsverträge mit verschiednen Mächten, und besonders mit den Staaten der barbarischen Seeräuber.

I. Welches sind die vorzüglichsten Verträge über den Handel und die Schiffahrt, welche zwischen diesem Lande und auswärtigen Mächten geschlossen sind? Und besonders mit dem Vaterlande des Reisenden?

II. Wann und wie sind sie geschlossen worden? Was ist darin hauptsächlich merkwürdig? Und worin bestehen die Handlungsoperationen?

III. Welche Verträge über Handel und Schiffahrt hat dieß Land mit jedem der seeräuberischen Staaten geschlossen?

IV. Auf welche Weise erhält die Nation von diesen barbarischen Staaten den Frieden? Durch die Uebermacht zur See? Oder durch Kapitulation mit dem Großherrn? Giebt sie jährlich unbestimmte Geschenke? Oder bezahlt sie einen festgesetzten Tribut? Und wie hoch beläuft sich dieser?

V. Wie groß rechnet man den jährlichen Verlust der Nation in solchen Zeiten, wenn sie mit den Seeräubern in Krieg verwickelt ist?

VI. Welche Maasregeln sind zu Einlösung der Gefangnen genommen?

VII. Wie viel Gefangne aus diesem Lande rechnet man überhaupt in allen seeräuberischen Staaten, und wo ist ihre größte Anzahl?

Jährlicher Handelsertrag.

I. Wie viel trägt der einländische Handel jährlich ein?

II.

II. Wie viel der ausländische Handel?
III. Wie viel die Manufakturen?
IV. Wie viel die Schiffahrt zur See?
V. Wie viel die Fracht der Schiffe insbesondre?
VI. Wie viel die Fischerey?

Kaufmannschaft.

I. Wie wird die Jugend hier im Lande zum Handel gebildet? Sind Handlungsschulen errichtet, und mit tüchtigen Lehrern versehen? Worin wird Unterricht gegeben? In welchem Ansehen stehet die Schule oder Akademie bey den Kaufleuten?

II. Wie viel Lehrjahre sind festgesetzt?

III. In welchen Stücken verdient das System der Kindererziehung von andern Handlung treibenden Nationen nachgeahmt zu werden?

IV. Wie wird der patriotische Geist, zum Vortheile des Handels, den Kindern eingeflößt?

V. Wie ist der Stand eines Kaufmanns geachtet?

VI. Hat die Nation Neigung zum Handel? Oder warum nicht?

VII. Treiben die Kaufleute den Handel bis an ihren Tod? Oder setzen sie sich lieber in Ruhe?

VIII. Suchen die reichen Kaufleute gemeiniglich Ehrentitel zu erlangen?

IX. Wie ist der allgemeine Charakter der Kaufleute beschaffen?

X. Welche Arten von Kaufleuten hält man unter den Einländern für die reichsten? Und welche unter den Fremden, die sich im Lande niedergelassen haben?

XI.

XI. Kann die Regierung, auf einen beträchtlichen Beystand von Seiten der Kaufleute zur Zeit der Noth rechnen?

XII. Welche besondre Rechte und Freyheiten sind den Kaufleuten hier im Lande eingeräumt? Oder ihren Familien?

XIII. Wie groß ist die Anzahl der Kaufleute und Krämer? (Siehe Bevölkerung.) Und in welchem Verhältnisse steht sie mit der übrigen Volksmenge?

Vierzehnter Abschnitt.
Kolonien.

Historische Untersuchungen, die Gründung der Kolonien betreffend.

I. Welche Kolonien hat die Nation in fremden Ländern?

II. Welche wurden zuerst errichtet? Welche merkwürdige Umstände sind bey ihrer Gründung zu bemerken?

III. Zu welchem Zwecke ist jede dieser Kolonien hauptsächlich angelegt worden? Für den Handel? Oder in andrer Absicht?

Geographische Beschreibung derselben.

1. Wie ist die Lage, Breite, Ausdehnung und Oberfläche jeder dieser Kolonien?

II. Wie das Klima? die Luft? der Boden in jeder derselben?

III. Was für Seen, schiffbare und seichte Flüsse, Bayen und Vorgebirge enthalten sie?

IV. Wie viel Städte, größere und kleinere Seehafen, Flecken, Forts, Dörfer, Häuser enthält jede Kolonie?

Produkte.

I. Welche Gattungen von Korn, Gewächsen, Pflanzen, Stauden, Bäumen ꝛc. sind in jeder Kolonie einheimisch?

II. Welche Metalle, Mineralien und Fossilien?

III. Welche Land- und Seethiere?

IV. Welche Arten von ausländischen Produkten sind in jede Kolonie eingeführt worden? Und mit welchem Erfolge werden diese jetzt dort gezogen?

V. Welches sind die hauptsächlichen Gegenstände des Ackerbaues? Und was ist in Rücksicht auf die Fruchtbarkeit und Unfruchtbarkeit des Bodens zu bemerken?

Bevölkerung.

I. Um wie viel hat die Bevölkerung in jeder Kolonie in den letzten 5, 10, 20 Jahren zugenommen, oder abgenommen? Und wie ist der gegenwärtige Zustand derselben?

II. Was ist die Ursache des Zuwachses, oder der Abnahme der Bevölkerung in jeder Kolonie? Und welche Sorgfalt wendet das Mutterland an, Fremde dahin zu ziehen?

III.

III. Werden den neuen Anbauern Ländereyen angewiesen? Wie viel Land einer jeden Familie? Und unter welchen Bedingungen?

IV. Welche anlockende Privilegien gestattet man den neuen Anbauern?

V. Können alle Fremde, gegen geringe Abgaben, das Bürgerrecht erlangen? Und was wird erfordert, um dort naturalisirt zu werden?

Handel.

I. Ist den Kolonien erlaubt, dieselben Manufakturen anzulegen, wie das Mutterland, oder nicht? Und welche Arten von Manufakturen haben sie errichtet?

II. Wie hoch an Menge und Werth belaufen sich die Manufakturwaaren, welche in jeder dieser Kolonien verfertigt werden?

III. Dürfen die Kolonien unter einander Handel treiben?

IV. Dürfen sie mit den Kolonien andrer Nationen handeln? Oder ihre Produkte unmittelbar in fremde Länder schicken?

V. Wie viel Fahrzeuge aller Art werden jährlich zur Schiffahrt nach und von den Kolonien gebraucht?

Regierungsform.

I. Was ist in Ansehung der Regierung der Kolonien merkwürdig?

II. In welchen Stücken sind die Gesetze der Kolonien von denen im Mutterlande unterschieden?

Vortheile,

Vortheile, die das Mutterland von den Kolonien zieht.

I. Welche Vortheile zieht das Mutterland von den Kolonien, in Friedenszeiten, durch wechselseitigen Handel?

II. Worin besteht die Ein= und Ausfuhr zwischen dem Mutterlande und den Kolonien hauptsächlich?

III. Wie hoch beläuft sie sich jährlich der Menge und dem Werthe nach?

IV. Zwingt die Regierung die Kolonisten, Produkte für das Mutterland zu erzielen, die man sonst größtentheils in solchen Ländern kaufen müßte, mit denen der Handel nicht vortheilhaft für die Nation ist?

V. Werden die Kolonien von dem Mutterlande taxirt? Wie hoch steigen die jährlichen Abgaben? Oder werden sie in dem jetzigen Zustande erhalten? Und wie hoch kömmt dieses zu stehen?

VI. Von welchem Nutzen waren die Kolonien dem Mutterlande zur Zeit des Krieges?

VII. Sind die Kolonien, ihrer Lage nach, der Gefahr ausgesetzt, von andern Nationen leicht erobert werden zu können? Wie sind sie durch Natur, wie durch Kunst befestigt und im Vertheidigungsstande?

VIII. Welchen jährlichen, genau zu berechnenden Vortheil jeder Art verschaft jede Kolonie dem Mutterlande?

IX. Wie hoch belaufen sich die jährlichen Ausgaben, welche das Mutterland für jede Kolonie verwenden muß? Zum Beyspiel: für die Garnisonen? Gerichtspersonen? Einnehmer? Geldauslagen zu Ermunterung der Kolonisten? Vergütungen? Milde Gaben? ꝛc.

X.

X. Wie ist der gegenwärtige Zustand jeder Kolonie in Rücksicht auf den Ackerbau? Die Industrie? Den Handel? Die Schiffahrt und die Einkünfte, in Vergleichung mit dem, wie es vor 5, 10 und 20 Jahren damit aussah?

Anmerkung.

Manche andre Fragen kommen noch in diesem Werke vor, welche sich auf jedes Land, also auch auf die Kolonien anwenden lassen, folglich hier übergangen sind.

Funfzehnter Abschnitt.
Einländische Schiffahrt.

Untersuchungen, die schiffbaren Ströme und Seen betreffend.

I. Giebt es schiffbare Flüsse und Seen hier im Lande? Welche sind diese? (Man sehe den ersten Abschnitt nach.)

II. Sind die Flüsse von Natur schiffbar? Oder sind sie es durch Kunst geworden?

III. Im letztern Fall; in welchem Jahre; mit was für Aufwande, unter welcher Direktion, und in wie viel Zeit sind denn diese Flüsse schiffbar gemacht worden?

Bau der Kanäle.

1. Giebt es schiffbare Kanäle in diesem Lande? Welche sind diese?

II. Wem gehören diese Kanäle? Oder auf wessen Kosten sind sie gegraben worden?

III. In welchem Jahre ist jeder dieser Kanäle angelegt worden? Und wie heißen die ersten Beförderer dieser Arbeit?

IV. Wie viel kostete die Anlage jeder dieser Kanäle?

V. Wie viel Zeit wurde zu Vollendung der Arbeit erfordert?

VI. Wie viel Meilen ist jeder dieser Kanäle lang? Wie viel Schuhe breit? Und wie tief?

VII. Woher kömmt das Wasser zu Ausfüllung jeder dieser Kanäle?

VIII. Was für Fehler oder Ungemächlichkeiten hat jeder dieser Kanäle insbesondre?

IX. Kann diesen Mängeln leicht abgeholfen werden? Und wie?

X. Könnten wohl noch im Lande Verbesserungen in Ansehung der einländischen Schiffahrt Statt finden? Hat man die Anlage neuer Kanäle vorgeschlagen? Und wo und wie?

Gebrauch derselben.

I. Zu welchem Zwecke ist jeder von den erwähnten Kanälen gegraben worden?

II. Welchen Lauf nimmt jeder derselben durch das Land?

III. Wie viel Fahrzeuge von verschiedner Größe befahren jährlich jeden dieser Kanäle?

IV. Wie viel Tonnen Fracht hält ein solches Fahrzeug gewöhnlich?

V.

V. Werden sie von Ochsen, von Pferden, von Menschen, oder auf welche andre Weise gezogen? — von wie vielen?

VI. Wie weit kommen sie in einer Stunde?

VII. Wie viel kostet der Centner Transport für jede Meile, in den verschiednen Jahrszeiten?

VIII. Ist der Kanal das ganze Jahr hindurch schiffbar? Oder in welchen Monaten?

IX. Wie geht es mit der Schiffahrt, wenn nur wenig Wasser im Kanal ist? Werden die Güter aus den breitern Böten in schmälere geladen? Oder wie hält man es damit?

X. Welche Arten von Waaren werden auf jedem dieser Kanäle hinauf und herunter geführt? In welcher Menge? Und wie viel beträgt der Werth davon?

XI. Was ist besonders merkwürdig in Ansehung der Schiffahrt auf diesen Kanälen? Welche Arten von nützlichen Erfindungen und Maschinen, die einer genauern Untersuchung werth sind, trift man da an?

XII. Welche Arten von weisen Einrichtungen, die einländische Schiffahrt betreffend, findet man hier?

Oeffentliche und Privatvortheile derselben.

I. Welchen vortheilhaften Einfluß hat die einländische Schiffahrt auf den Ackerbau in solchen Provinzen gehabt, durch welche die Kanäle laufen?

II. Welche Arten von Manufakturen sind in der Nähe jedes dieser Kanäle angelegt?

III. Welchen baaren Gewinnst ziehen die Manufakturen und die Handlung von jedem dieser Kanäle?

IV.

IV. Was ist von dem Zustande der Industrie in denen Provinzen zu bemerken, die sich der Nachbarschaft schiffbarer Kanäle zu erfreuen haben?

V. Wie viel bringt jeder dieser Kanäle jährlich dem Staate ein? Und wie viel die ganze einländische Schiffahrt?

VI. Im Fall, daß die Kanäle Privatpersonen gehören; wie viel bringt dann ein solcher Kanal seinem Eigenthümer jährlich ein? Wie stark ist der Zoll, den man auf jedes Fahrzeug gelegt hat? Und wie viel beträgt die jährliche Ausgabe zu Unterhaltung jeder dieser Kanäle?

Sechszehnter Abschnitt.
Schiffahrt auf der See.

Historische Untersuchung, die Seeschiffahrt betreffend.

I. Was gab dem Seehandel bey dieser Nation den Ursprung? Was für Fortschritte hat derselbe nach und nach gemacht? Und welches waren die merkwürdigsten Zeitpunkte und Revolutionen in demselben?

Gegenwärtiger Zustand der Schiffahrt.

1. Wie viel eigne Schiffe werden von der Nation jährlich nach einem Durchschnitte zu dem ausländischen Handel gebraucht? Wie viel zu dem Küstenhandel?

II. Wie verhielt sich diese Anzahl in den letztern 5, 10, oder 20 Jahren?

III. Wie hoch belaufen sich die Lasten der ausländischen Schiffe, welche die Nation gebraucht?

IV. Wie verhält sich diese Rechnung in Rücksicht auf die letztern 5, 10, oder 20 Jahre?

V. Wie viel Kauffartheyschiffe kann man auf jeden der Seehafen rechnen? Zu wie viel Tonnen jedes von ihnen?

VI. Wie viel Schiffe sind in den letzten 5, 10, oder 20 Jahren in jedem der Seehafen aus = und eingelaufen?

VII. Wie viel Schiffe gehören solchen Handlungsstädten, die keine Seehafen haben? Zu wie viel Tonnen ein jedes?

VIII. Wie viel besaßen sie in den letztern 5, 10, oder 20 Jahren?

IX. Wie hoch kann sich, nach einem Mittelpreise, auf jedes Schiff, nach Verhältniß der Last vertheilt, der ganze Werth dieser Labungen erstrecken?

X. Wie viel hat dieß in den letztern 5, 10, oder 20 Jahren betragen?

XI. Wie viel gewinnt die Nation jährlich durch den Transport der Güter in fremde Länder?

XII. Wie hoch hat sich dieser Vortheil in den letztern 5, 10, oder 20 Jahren belaufen?

XIII. Wie groß ist der Vortheil, den der Staat von der Seeschiffahrt zieht?

XIV. Wie hoch hat sich derselbe in den letztern 5, 10, oder 20 Jahren belaufen?

Schiffer.

Schiffer.

I. Wie viel eingeschriebne Schiffer sind in jeder Provinz? Wie viel im ganzen Lande? Und in welchem Alter werden sie einregistrirt?

II. Welche Provinz liefert die größte Anzahl von Schiffern? Warum mehr, als andre?

III. Welche Provinz liefert ihrer am wenigsten? Warum weniger, als andre?

IV. Welche Gegend des Landes liefert die besten Schiffer? Und welche die schlechtesten?

V. Was ist die Ursache dieses Unterschieds bey derselben Nation?

VI. Wie viel Schiffer werden in Friedenszeiten von der Nation zu der Handlungsschiffahrt gebraucht? Wie viel ausländische Schiffer sind unter diesen? Wie viel Einländer?

VII. Wie viel Schiffer braucht man in Kriegszeiten zu der Handlungsschiffahrt? Und wie besetzt man die Kauffartheyschiffe mit Seeleuten, wenn die einländischen Schiffer zum Dienste der Flotte gebraucht werden?

VIII. Wie viel Gehalt bekömmt ein gemeiner Matrose am Bord eines Kauffartheyschiffs in Friedenszeiten? Wie viel in Kriegszeiten?

IX. Wie viel ein Kapitain? Und die Officiers?

X. Lieben die Seeleute dieser Nation das Wohlleben, oder sind sie sehr sparsam? Und welchen Einfluß hat dieß auf den Preis der Fracht? Ist die Fracht auf den holländischen Schiffen geringer, weil Schiffer und Volk an eine einfachere Lebensart gewöhnt sind, als andere?

XI.

XI. Was ist die gewöhnliche Mundportion für die Matrosen auf den Kauffartheyschiffen?

XII. Was ist von dem Unterhalte der Seeleute in diesem Lande zu bemerken?

XIII. Welches ist der allgemeine Charakter der Seeleute in diesem Lande? Sind sie berühmt wegen ihrer Geschicklichkeit und Tapferkeit, und werden ihre Schiffe gewöhnlich denen von andern Nationen vorgezogen? sowohl in Ansehung der ihnen anzuvertrauenden Fracht, als der Assekuranzen? Sind sie so unerschrocken, hurtig und erfahren wie die Britten, so haushältrisch und bedachtsam wie die Holländer, so ordnungsliebend wie die Franzosen, so folgsam wie die Russen?

XIV. Ist den Matrosen erlaubt, in Friedenszeiten ihr Vaterland zu verlassen, und in fremde Dienste zu treten, oder nicht?

XV. In welchem Lande lassen sie sich vorzüglich anwerben?

XVI. Welche Reisen sind den Schiffern, in Rücksicht auf ihre Gesundheit, am nachtheiligsten? Sind die Reisen nach Afrika auf den Sklavenhandel gefährlicher als die nach Ostindien? Und welche Mittel wendet man an, diesen Gefahren vorzubeugen?

Milde Stiftungen für die Schiffer und ihre Familien.

I. Giebt es hier gute Hospitäler für untüchtig gewordne Schiffer? Für ihre Witwen und Kinder? Wo sind sie errichtet?

II. Wie wird für sie in diesen Hospitälern gesorgt?

III.

III. Werden diese Häuser von einem Fond unterhalten? Oder von monatlichen Unterzeichnungen? Oder wie?

IV. Welche Sorgfalt hat man für arme Witwen? Und Waisen? Werden sie ernährt? Sorgt man für die Erziehung der Letztern? Und für ihre Versorgung, wenn sie erwachsen sind?

Seerechte.

I. Auf welche Gerechtsame zur See macht dieß Land Anspruch? Und was ist durch Gewohnheit und Verträge desfalls eingeführt?

II. Ist ihr Seerecht durch die gesetzgebende Gewalt in neuern Zeiten bestimmt? Oder ist es aus den alten Rhodischen, Oleron und Wisbyschen Gesetzen entlehnt? Oder aus den Konstitutionen andrer europäischen Seemächte?

III. Welcher Gerichtshof spricht über die Seegeschäfte? Ist es das Admiralitätskollegium? Oder das gewöhnliche Handlungstribunal?

IV. Welche Arten von Statuten und Verordnungen giebt es, zu Ermunterung, Aufrechthaltung und Erweiterung der Schiffahrt?

V. Welche Arten von Gütern müssen auf einländischen Fahrzeugen ein- und ausgeführt werden? Und was ist verordnet, in Ansehung der Anzahl der Schiffleute und wie viel derselben Eingeborne seyn müssen?

VI. Welche Verordnungen hat man, von denen es scheint, als wenn sie die Fortschritte der Schiffahrt stören? Und warum hat man sie nicht abgeschafft?

VII.

VII. Sind die Seeküstenbewohner von Natur geneigt, den Unglücklichen beyzustehen? Und welche Arten von menschenfreundlichen und billigen Gesetzen hat man gemacht, in Rücksicht auf die Fahrzeuge, welche an den Küsten dieses Landes Schiffbruch leiden?

Fortschritte in der Kunst der Schiffahrt, und andre Gegenstände, welche darauf Bezug haben.

I. Welche nützliche Entdeckungen hat die Nation in dem theoretischen Theile der Kunst der Schiffahrt gemacht? Welche im praktischen? Welche vortheilhafte Maschinen erfunden?

II. Für welche Arten von Entdeckungen und Erfindungen hat die Regierung dieses Landes Preise ausgesetzt? Worin bestehen diese?

III. Welche Entdeckungen und Erfindungen, in Rücksicht auf die Schiffahrt welche man hier im Lande kennt, scheinen in fremden Ländern gänzlich, oder zum Theil unbekannt zu seyn?

IV. Ist des Herrn William Shipley's Erfindung des schwimmenden Lichtes, zur Rettung des Lebens derer, die im Dunkeln über Bord fallen, hier im Lande bekannt?

V. Welcher Mittel bedient man sich gesunckne Schiffe und deren Güter hervor zu holen?

VI. Welche Methode wendet man an, zum Untertauchen, um die Waaren aus tiefem Wasser zu retten?

VII. Von welcher Kost weiß man aus Erfahrung, daß sie am leichtesten fortzubringen und am nahrhaftesten ist, und durch deren Genuß das Schiffsvolk,

wenn

wenn es verschlagen, oder sonst in Verlegenheit ist, sich das Leben fristen kann?

VIII. Sind nicht Salep und arabischer Gummi zu dem eben erwähnten Zwecke besser, als andre Mittel gefunden worden?

IX. Wenn aus Mangel an Geschicklichkeit im Schwimmen jährlich eine Menge Schifleute ertrinken, so ist die Frage: Auf welche Weise die Regierung bewirken könnte, daß alle Kinder, welche bestimmt sind, einst Seeleute zu werden, diese nützliche Kunst lernen müssen? Auf was für eine Weise kann diese Kunst von den Erwachsenen erlernt werden?

X. Welches ist das sicherste Mittel, die Leute wieder ins Leben zurück zu rufen, die eine Zeitlang unter Wasser gelegen haben? (Man vergleiche die Antwort mit der vorhergegangenen Anweisung, die Ertrunknen zu retten.)

XI. Welche Mittel hat man erfunden, das Seewasser trinkbar zu machen?

XII. Welches ist die wohlfeilste und passendste Methode, das Seewasser zu versüßen?

XIII. Zu welchem Gebrauche ist es dann am nützlichsten?

XIV. Giebt es öffentliche Schulen, wo jungen Leuten Unterricht im theoretischen Theile der Schiffahrt gegeben wird? Wo sind diese?

XV. Nach was für einem Plan werden dort die Zöglinge gebildet? Was ist in Ansehung dieser Einrichtung merkwürdig?

XVI. Welcher Schriftsteller hat am verständigsten und ausführlichsten über die Schiffahrt und über solche Gegenstände, die darauf Bezug haben, geschrieben?

XVII. Welche nützliche Entdeckungen sind gemacht worden, in Rücksicht auf die Arzneykunst und die Art, den Krankheiten der Seeleute zuvor zu kommen und sie zu heilen?

XVIII. Welche Mittel hat man am wirksamsten gefunden, die Luft in den Schiffen rein zu erhalten, und den ansteckenden Krankheiten, die durch böse Dünste entstehen, vorzubeugen?

Seeräuber.

I. Welche Anweisung ist den Kapitains der Kauffartheyschiffe gegeben, in Rücksicht auf ihr Betragen gegen die Seeräuber?

II. Ist nicht den Kapitains der Kauffartheyschiffe, von gewisser Ladung und wenn sie eine bestimmte Anzahl Geschütz haben, untersagt, sich irgend einem Seeräuber, ohne Gefecht, zu ergeben?

III. Im Fall, daß die Nation mit den barbarischen Seeräubern in Krieg verwickelt ist, ist es dann nicht üblich, die Schiffleute zu Theilnehmern an der Ladung zu machen, damit sie dadurch angefeuert werden sollen, desto tapfrer zu fechten?

Kaper.

I. Ist es üblich, daß, wenn es mit einer fremden Macht zu einem Bruche kömmt, Privatleute die Erlaubniß bekommen, Kaperschiffe auszurüsten?

II. Welche Verfügungen werden getroffen, um die Kaper zu ermuntern? Und in Ansehung der Priesen?

III.

III. Wie hoch belief sich, nach einem Durchschnitte, die Anzahl der Kaper in vorigen Kriegen?

IV. Ist der Kapitain eines Kaperschiffs verbunden, Bürgschaft zu leisten? Und wie verrichtet er das?

V. Ist es den Unterthanen dieses Landes erlaubt, von auswärtigen Mächten sich zu Ausrüstung eines Kriegsschiffs bevollmächtigen zu lassen, und unter fremder Flagge zu fahren, oder nicht?

Siebenzehnter Abschnitt.
Fragen, welche auf jeden Seehafen anwendbar sind.

Art des Seehafens.

I. Ist es ein Freyhafen? Und welche Vorrechte und Freyheiten genießt er, als ein solcher? Gehört er zu denen, aus welchen man mit dem Auslande handeln darf, dergleichen die Stapelstädte in Schweden sind?

II. Wie viel Schiffe kann er fassen?

III. Ist Wassergrund genug darin, um zu jeder Zeit ein= und auszulaufen, sowohl bey Ebbe, als Fluth?

IV. Wie hoch steht das Wasser im Seehafen zur Fluthzeit? Wie hoch bey der Ebbe?

V. Was für Ankergrund ist darin?

VI. Ist der Eingang frey, ohne Klippen, ohne Sandbänke?

VII.

VII. Sind die Schiffe gesichert gegen alle Arten von Winden? Oder welchem Winde sind sie ausgesetzt?

VIII. Ist der Hafen in gutem Vertheidigungsstande? Und worin bestehn seine Festungswerke?

Handel in demselben.

I. Mit welchen Ländern hauptsächlich wird aus diesem Hafen Handel getrieben?

II. Wie viel Schiffe von den verschiednen Nationen laufen, nach einem Durchschnitte, jährlich in diesem Hafen ein? Zu wie viel Tonnen kann man sie anschlagen? Worin besteht hauptsächlich ihre Fracht?

III. Wie viel Schiffe von den verschiednen Nationen sind in den letzten 5, 10 und 20 Jahren hier eingelaufen?

IV. Wie viel Nationalschiffe laufen jährlich hier im Hafen ein? Zu wie viel Tonnen? Aus welchen Hafen kommen sie? Und worin besteht ihre Ladung?

V. Wie viel einländische Schiffe sind in den letzten 5, 10 und 20 Jahren eingelaufen?

VI. Welche Menge von verschiednen Gütern wird jährlich eingeführt? Und wie hoch kann man den Werth derselben rechnen?

VII. Wie hat sich dieß in den letztern 5, 10 und 20 Jahren verhalten?

VIII. Welche Menge von Gütern wird jährlich ausgeführt? Und wie viel beträgt der Werth davon?

IX. Wie hat sich dieß in den letztern 5, 10 und 20 Jahren verhalten?

X. Wie hoch kann sich, nach einem Durchschnitte, die Summe des Kapitals belaufen, welches hier in einem Jahre umgesetzt wird?

XI.

XI. Wie hoch kann dieß Kapital von den letztern 5, 10 und 20 Jahren angeschlagen werden?

XII. Was ist Ursache an Vermehrung oder Verminderung dieses Handels gewesen?

Schiffe, die zu diesem Hafen gehören.

I. Wie viel Kauffartheyschiffe und wie viel zum Fischfange bestimmte Schiffe gehören den Kaufleuten in diesem Seehafen? Von wie viel Lasten sind sie?

II. Wie sind die mehrsten von ihnen gebauet? Und zu wie viel Tonnen?

Assekuranz.

I. Giebt es eine Assekuranzgesellschaft in diesem Hafen? Oder wird die Assekuranz durch Unterschrift von Privatleuten geleistet? Oder in andern Oertern? Und wo?

II. Welche Prämien werden in Friedenszeiten für die verschiednen Reisen bezahlt? Welche in Kriegszeiten?

III. Wie viel Schiffe, die zu diesen verschiednen Reisen ausgerüstet waren, sind, nach einem Durchschnitte, unter hundert verloren gegangen? Welche von den Reisen hält man für die gefährlichsten? Und warum das?

Weise Verordnungen und nützliche Werkzeuge.

I. Welche Vorsicht pflegt man anzuwenden, in Rücksicht auf die Schiffe, welche aus der Levante kommen? Und die man sonst im Verdachte hat, als wenn Seuchen am Borde herrschten?

II. Welche Verfügungen, zum Vortheile des Handels in diesem Hafen, sind bemerkenswerth?

III. Welche Arten von nützlichen Maschinen und Erfindungen trift man in diesem Hafen an, um die Lasten in die Schiffe und aus denselben zu laden? Den Hafen zu reinigen? Die Waaren fortzuschaffen ꝛc. (Wegen des übrigen sehe man in dem 16ten Abschn. Schiffahrt zur See, das nach, was über die Fortschritte in der Kunst der Schiffahrt ꝛc. ist gesagt worden.)

Handlungsverhältniß zwischen diesem Seehafen und des Reisenden Vaterlande.

I. Welche Handlungsverbindung herrscht zwischen diesem Hafen und des Reisenden Vaterlande?

II. Findet ein unmittelbarer Wechselhandel zwischen ihnen Statt?

III. Was ließe sich vorschlagen, um diese Handlungsverbindung zu verstärken?

IV. Welche Maaßregeln hat man genommen, um dies zu bewirken?

Kaufleute.

I. Wie viel Handlungshäuser von jeder fremden Nation giebt es hier im Hafen?

II. Welche Vorrechte werden fremden Kaufleuten eingeräumt, um sie herbey zu locken? Und welche Wirkung hat dieß gehabt?

III. Welches einländisches Haus hält man für das wichtigste? Welches ausländische?

IV.

IV. Handeln die Kaufleute in diesem Hafen mehrentheils auf eigne Rechnung? Oder vorzüglich auf Kommißion?

V. Welchen Charakter giebt man den Kaufleuten in diesem Hafen?

Einkünfte des Hafens.

I. Wie viel Hafenzoll müssen die Schiffe bezahlen?

II. Wie viel nimmt das Zollhaus hier im Hafen jährlich ein?

III. Welche andre Einnahme hat die Regierung von diesem Hafen?

IV. Wie viel mag die Einnahme im Ganzen jährlich betragen?

Achtzehnter Abschnitt.
Fischerey im Allgemeinen.

Lage des Landes, in Rücksicht auf die Fischerey.

I. Ist die Lage dieses Landes der Ausbreitung einer beträchtlichen Fischerey vortheilhaft? Hat das Land verschiedne bequeme Häfen und Meerbusen?

II. Ist nicht die Seeküste großen Stürmen und dem Anschwellen der See ausgesetzt?

Verschiedne Gattungen von Fischen und Jahrszeit zum Fischfange.

I. Welche Gattungen von Fischen liefert die See am häufigsten? II. In

II. In welchem Theile der See iſt jede Gattung von Fiſchen am häufigſten zu finden? Und in welcher Jahrszeit?

III. Welche Art von Fiſcherey iſt einer vorzüglichen Aufmerkſamkeit werth?

Fiſchhandel.

I. Wie viel Fäſſer voll Fiſche werden jährlich im Lande verzehrt? Wie hoch kann man den Werth derſelben anſchlagen?

II. Werden auch Fiſche aus fremden Ländern hier eingebracht? Welche Gattungen von Fiſchen? Wie viel? In welchem Preiſe? Aus welchen Gegenden?

III. Welche Gattungen von Fiſchen werden jährlich von hier aus in fremde Länder verführt? Wie viel von jeder Art, in jedes Land? Zu welchem Preiſe?

Einſalzen.

I. An welchem Theile der Seeküſte wird das Seeſalz zum Gebrauche der Fiſcherey verfertigt? Wie viel jährlich? Zu welchem Preiſe?

II. Im Fall, daß das Land Mangel an Salze hat, aus welcher Gegend wird dieſer Mangel erſetzt? Mit wie viel jährlich? Zu welchem Preiſe?

III. Giebt es Bergſalz oder Steinſalz? Wie viel davon wird jährlich gefördert? Zu welchem Preiſe wird es verkauft? Wem gehören dieſe Salzbergwerke?

IV. Giebt es auch Salzquellen? In welcher Gegend? Wie viel Salz liefern ſie? Zu welchem Preiſe? Wer iſt der Eigenthümer dieſer Quellen?

V. Hält

V. Hält die Regierung das Salz, zum Vortheile der Fischerey, in einem niedrigen Preise? Oder sind Abgaben darauf gelegt? Wird es vertheuert? Ist es ein Regale?

VI. Bringt das Land die nöthige Menge von Salz für den einländischen Verbrauch und für die Fischerey hervor? Oder mangelt es daran? Oder hat es Ueberfluß an Salz?

VII. Im Fall, daß dieß Land Ueberfluß an Salz hat; wohin wird dann der Rest dieses Salzes verkauft? Zu welchem Preise? Wird dieß Salz auf einländischen Fahrzeugen ausgeführt, oder kommen die Ausländer und holen es ab? Werden die Einwohner gezwungen, wie im Preußischen, eine gewisse Quantität Salz zu kaufen, sie mögen es zu ihrer Consumtion nöthig haben oder nicht?

VIII. Wie viel Salz wird jährlich im Lande verbraucht? Wie viel davon zur Fischerey?

Vortheile, welche das Land aus der Fischerey zieht.

I. Welche Vortheile zieht das Land durch seine zur Versendung der Fische bequeme Lage?

II. Wie viel Menschen beschäftigen sich das Jahr hindurch mit den verschiednen Arten von Fischereyen? Mit Bauen und Ausrüsten der Schiffe und Bote zum Fischfange? Mit Verfertigung der Werkzeuge zum Fischen? Mit Fischen? Mit Salzen? Mit Ausführung der Fische ꝛc.

III. Wie hoch beläuft sich der jährliche Vortheil, den der Staat aus der Fischerey zieht?

IV. Wie viel hat er in diesen 5, 10 oder 20 Jahren betragen? Und wie hat die Fischerey zu= oder abgenommen?

Neunzehnter Abschnitt.
Heeringsfang.

Historische Untersuchungen, die Heeringsfischerey betreffend.

I. In welchem Jahre hat die Nation angefangen, auf den Heeringsfang auszugehn? Und welches sind die merkwürdigsten Zeitpunkte und Veränderungen in der Geschichte desselben?

Ausrüstung der Fahrzeuge, zum Heeringsfange.

I. Wie viel Schiffe werden jährlich auf den Heeringsfang ausgeschickt? Wie viel aus jedem Seehafen?

II. Wie viel Tonnen hält jedes derselben gewöhnlich?

III. Wie werden sie bemannt?

IV. Wie viel kostet die Ausrüstung eines solchen Heeringsschiffs? Wie viel der Unterhalt der Mannschaft auf der Reise?

V. Werden diese Schiffe von einer Gesellschaft ausgerüstet? Oder von einzelnen Kaufleuten? Oder von Fischern?

Verfahrungsart bey dieser Fischerey.

I. In welchem Monate fahren die Heeringsfischer aus? Wie lange dauert die Fischerey? In welchem Monate kommen sie zurück?

II.

II. Wo ist der Sammelplatz der Schiffe, bevor sie auf die Fischerey ausgehen?

III. In welche Gegend des Meers begeben sich hauptsächlich diese Schiffe? Und wo treffen sie die größte Menge von Heeringen an? An der Küste von Großbritanien oder Schweden?

IV. Wie verfährt man bey dem Heeringsfange?

Weise, die Heeringe zu bereiten.

I. Wie bereiten die Fischer die weißgesalzenen Heeringe?

II. Wie bereiten sie die rothgesalzenen Heeringe? oder Picklinge?

III. Welches ist die beste Art der Zubereitung? Des Ausweidens? Des Einsalzens? Und des Einpackens der Heeringe?

IV. Worin besteht die Güte der Heeringe? Wie müssen sie aussehen?

V. Welcher Ort ist am berühmtesten wegen des Einsalzens der Heeringe?

VI. Wie viel Salz verbrauchen, nach einem Durchschnitte, jährlich die Heeringsfischer? Und wie viel beträgt dieß wohl an Gelde?

VII. Wie viel tausend Heeringe kann man mit einer Tonne voll Salz einsalzen?

VIII. Welche Art von Salz ist hierzu vorzuziehen? Das Steinsalz? Oder das Quellsalz? Oder das Meersalz?

IX. Welches Meersalz entspricht besser diesem Zwecke? Das aus den heißen Himmelsstrichen? Oder das

Meersalz, welches in kalten Ländern gemacht wird? Und warum?

X. Kann man hier immer Salz genug bekommen? Durch welche Verfügung wird dieß bewirkt?

XI. Welche Verbesserungen hat die Nation in der Heeringsfischerey gemacht? Und in der Art die Heeringe zuzubereiten?

XII. Welche Heeringe werden in zu großer Menge gefangen, und was fängt man mit dem Ueberreste an, wenn es an Salz, Fässern oder Zeit fehlt, sie zuzubereiten? Macht man Thran davon, wie in Gothenburg geschieht, zum Gebrauche der Gerber? Oder zum Brennen in Lampen? Oder um Schweine damit zu mästen? Oder nützt man sie zum Düngen?

Verkauf.

I. Wie viel verschiedne Gattungen von Heeringen werden verkauft? Und welche bringen am mehrsten ein?

II. Sind die Fischer im Stande es ihren nachbarlichen Nebenbuhlern, durch mehr Sparsamkeit, Mäßigkeit, Standhaftigkeit, Fleiß und Zierlichkeit beym Einsalzen und Einpacken der Fische in wohlfeilen Preisen zuvorzuthun? Oder werden sie darin noch von den Holländern übertroffen?

III. Ist die Heeringsfischerey vortheilhafter im Sommer, oder im Herbste?

IV. Welche Menge von Heeringen wird jährlich, nach einem Durchschnitte, gefangen? Und wie viel kann dieß an Werth betragen? Wie viel an Tonnenzahl? Und wie viel enthalten diese?

V.

V. Wie viel von dem Fange wird im Lande verzehrt?

VI. Wie viel wird ausgeführt? In welches Land? Zu welchem Preise?

VII. Geschieht dieß am mehrsten in einländischen oder fremden Fahrzeugen?

Ermunterung zur Heeringsfischerey.

I. Wie sucht die Regierung zur Heeringsfischerey aufzumuntern? Sind Kompagnien dazu errichtet wie in Emden? Geschieht sie für königliche Rechnung, wie in Dännemark?

II. Wie viel wird für jedes Schiff, das auf den Fang ausgeht, vergütet? Und was wird in Ansehung der Tonnenzahl jedes Schiffs, der Anzahl des Schiffsvolks, der Werkzeuge zum Fischen und zum Salzen u. s. w. erfordert, um Anspruch auf eine Vergütung machen zu dürfen?

III. Welche Verordnungen sind gemacht in Rücksicht auf die Größe der Netze, auf die Maschen der Netze, auf das Einsalzen, auf die Tonnen ꝛc. Dürfen die Tonnen und Fischernetze nicht ausgeführt werden, wie in Holland?

IV. Wird für den Verlust der Schiffe, die zu einer solchen Reise ausgeschickt waren, etwas vergütet?

V. In welchem Zustande ist die Heringsfischerey in den letzten 5, 10, oder 20 Jahren gewesen? Und was ist Ursache von der Vermehrung oder Verminderung derselben?

Vortheil, den der Staat von dem Heeringsfange zieht.

I. Wie viel kann die Heeringsfischerey dem Staate jährlich einbringen?

II. Wie viel Menschen werden jährlich vom Bauen und Ausrüsten der zum Fange bestimmten Schiffe, vom Fischen, Salzen, Einpacken, Verkaufen und Ausführen der Heeringe ernährt?

Zwanzigster Abschnitt.
Wallfischfang.

Chronologische Untersuchung, den Wallfischfang betreffend.

I. Geht man auf den Wallfischfang aus? Wann hat man damit angefangen? Welche Zeitpunkte und Veränderungen sind am merkwürdigsten in der Geschichte dieser Fischerey?

Ausrüstung eines Schiffs zum Wallfischfange.

I. Wie viel Schiffe sind im letzten Jahre zum Wallfischfange gebraucht worden? Welche Seestädte haben Schiffe zu dieser Fischerey ausgesendet? Und wie viel aus jedem Seehafen?

II. Wie viel Lasten hatten gewöhnlich diese Schiffe? Wie viel Menschen? Und wie viel Geschütz führen sie? Wie viel Böte hat jedes Schiff? Und worin besteht ihre nöthigste Ladung?

III.

III. Was kostet die Ausrüstung eines solchen Schiffs? Wie viel der Unterhalt der Mannschaft auf der Reise?

IV. Wie viel beträgt der Gehalt der Matrosen? Der Harpuniers? Der Kapitains? ꝛc.

V. Wird ein solches Schiff gewöhnlich auf Kosten eines einzelnen Kaufmanns, oder einer Gesellschaft ausgerüstet?

VI. Welche Kost findet man am heilsamsten für die Mannschaft auf dieser beschwerlichen Reise?

Verfahrungsart beym Wallfischfange.

I. In welchem Monate fahren die Schiffe ab? Wo ist der Sammelplatz, von welchem die ganze Flotte ausfährt? Oder gehen sie einzeln in die See?

II. In welche Weltgegend fahren die Schiffe? Und in welcher Breite trift man die größte Anzahl von Wallfischen an? Gehen die Schiffe nach Spitzbergen, und wie weit nähern sie sich dem Nordpol? Fangen sie Heeringe in den Gewässern von Nordamerika, oder an den Küsten von Südamerika? Und unter welchem Grade der Breite?

III. Wie lange dauert die Fischerey? Und in welchem Monate kehren sie zurück?

IV. Wie verfährt man bey dem Wallfischfange?

V. Ist das englische Harpunengeschütz bekannt? Und mit welchem Erfolge macht man Gebrauch davon? Wird es nicht den gemeinen Harpunen vorgezogen?

VI. Welche Verbesserungen hat die Nation in der Kunst des Wallfischfangs gemacht?

VII. Wie viel Fische, und von welcher Größe, nennt man einen guten Fang für ein Schiff?

VIII. Nimmt die Zahl der Wallfische zu, oder ab? Und was ist die Ursache von dem einen oder andern?

IX. Welchen Krankheiten sind die Wallfischfänger hauptsächlich ausgesetzt? Wie bauet man ihnen vor? Wie heilt man sie?

X. Welchen Gefahren ist man bey dieser Fischerey hauptsächlich ausgesetzt?

XI. Wie verhält sich die Anzahl der ausgerüsteten Schiffe zu der Anzahl derer, die verloren gehen, oder scheitern?

XII. Werden sie mehrentheils assekurirt? In welchen Städten? Und was ist, nach einem Durchschnitt, die Summe der Vergütung?

Verkauf des Gewonnenen.

I. Wie viel Wallfische hat man im letzten Jahre bekommen? Wie viel hat man gewonnen oder verloren?

II. Worin besteht das, was der Wallfischfang verschafft? Und was ist dieß werth?

III. Wie viel Thran, Fischbein ꝛc. wird jährlich im Lande verbraucht? Wie viel wird ausgeführt?

IV. Wie viel davon, nach einem Durchschnitte, geht in jedes Land? Zu welchem Preise?

V. Ist es gewöhnlich, diese Produkte auf einländischen, oder fremden Fahrzeugen auszuführen?

VI. Wozu wird der Thran, das Fischbein und der Wallrath hauptsächlich gebraucht?

VII. Was ist im Allgemeinen der Werth der Wallfische von verschiedner Größe?

VIII.

VIII. Wie werden Thran, Fischbein, Wallrath ꝛc. zum Verkaufe zubereitet?

IX. Ist die Nation im Stande, die Produkte, welche sie aus der Wallfischfischerey zieht, wohlfeiler zu geben, als ihre Nachbarn? Und was trägt hierzu bey?

Aufmunterung zum Wallfischfange.

I. Was kann die Fortschritte des Wallfischfangs hindern? Wie sucht die Regirung die Hindernisse aus dem Wege zu räumen? Wie ermuntert sie zu diesem Erwerbe?

II. Giebt man den Wallfischfängern Prämien? Wird eine bestimmte Anzahl Schiffe von einer bestimmten Größe oder was sonst erfordert, um ein Recht auf eine Prämie zu erlangen? Worin besteht diese Prämie?

III. Sind Schiffe, welche auf ein solches Prämium ein Recht hatten, auf der Reise verunglückt?

IV. Wie lange ist es her, daß dieß Prämium zum erstenmal ertheilt worden? Und was für gute Wirkung hat man von dieser Aufmunterung bemerkt?

V. Welche wohl überlegte Verordnungen, zu Erweiterung der Wallfischfischerey, verdienen hauptsächlich bemerkt zu werden?

VI. Hat die Regierung Antheil an den Vortheilen des Wallfischfangs? Und welchen Theil?

VII. Genießt die Wallfischfischerey ausschließliche Privilegien? Oder ist sie jedem Unterthan im Reiche erlaubt?

Vortheil des Wallfischfangs für den Staat.

I. Wie viel Schiffe werden jährlich zum Wallfischfange gebraucht? Und wie viel zu Ausführung der damit gewonnenen Produkte, nach einem Durchschnitte?

II. Wie viel Schiffe sind in den letzten 5, 10 und 20 Jahren dazu gebraucht? Und wie viel Wallfische sind in dieser Zeit gefangen worden?

III. Wie viel Menschen leben von der Ausrüstung der zu dieser Fischerey bestimmten Schiffe? Von dieser Seefahrt selber? Und vom Verkaufe und der Ausführung der Produkte dieses Fangs?

IV. Welcher jährliche Vortheil, nach einem Durchschnitte, wächst dem Staate durch den Wallfischfang zu?

Ein und zwanzigster Abschnitt.
Corallenfischerey.

Untersuchung, den Ursprung und die Fortschritte der Corallenfischerey betreffend.

I. Nimmt dieß Land Antheil an der Corallenfischerey? Seit welchem Jahre? Und welche Zeitpunkte sind in der Geschichte dieser Fischerey merkwürdig?

Ausrüstung der Corallenböte.

I. Welche Plätze schicken Böte auf die Corallenfischerey aus? Und wie viel jeder dieser Plätze, nach einem Durchschnitte, jährlich?

II. Wie viel Tonnen halten sie? Und wie stark ist die Mannschaft?

III. Was kostet die Ausrüstung eines Corallenbots?

IV.

IV. Gehören diese Böte gewöhnlich den Fischern? Oder den Kaufleuten? Und wie werden, im ersten Falle, die Corallen getheilt? Wie, im letztern, die Fischer bezahlt?

Verfahrungsart bey dem Fischen.

I. Wo ist der Sammelplatz zur Abfahrt der Corallenbote?

II. In welchem Monate fahren sie ab? Wie lange dauert die Fischerey? Und in welchem Monate kommen sie zurück?

III. In welcher Gegend des mittelländischen Meers findet man die mehrsten Corallen? Um Corsica und Sardinien oder an der Afrikanischen Küste?

IV. Welche Art Corallen zu fischen ist üblich? Wie ist die Maschine dazu gebauet?

V. Welche nützliche Entdeckungen hat die Nation gemacht, um die Corallenfischerey bequemer und vortheilhafter einzurichten?

VI. Was wird für einen guten Fang gehalten?

VII. Wie viel wird in einem ganzen Jahre gewonnen? Und wie viel beträgt dieß an Geldeswerthe, nach einem Durchschnitte?

VIII. Welchen Gefahren sind diese Fischer am mehrsten ausgesetzt?

IX. Werden sie oft von den barbarischen Seeräubern zu Gefangenen gemacht? Oder wissen sie ihnen durch schnelles Segeln zu entgehen? Wie werden sie ausgelöst?

X. Wie viel Böte sind in den letzten 5, 10 und 20 Jahren auf die Corallenfischerey jährlich ausgelaufen?

Handel.

Handel.

I. Welche Arten von Corallen werden am häufigsten gesischt? Sind es die von weißer, von halb weißer, von rother Farbe, von Fleischfarbe, oder die braunen?

II. Welches sind, nach einem Durchschnitte, die Preise von diesen verschiednen Gattungen?

III. Welche von diesen Produkten werden am häufigsten verkauft?

IV. In welche Theile der Welt werden diese verschiednen Gattungen von Corallen versendet? Gehen viel davon nach Asien, nach Indien, Tatarey, China und Japan?

V. Wozu werden die Corallen, nach ihren verschiednen Farben, gebraucht?

VI. Steigt oder fällt der Preis der Corallen? Und wo ist der beste Markt für die Corallen?

Aufmunterung zur Corallenfischerey.

I. Nimmt die Corallenfischerey von Jahren zu Jahren ab, oder zu? Und woher kömmt das?

II. Wie ermuntert die Regierung die Corallenfischerey? Werden Prämien auf die Böte gelegt? Wie viel auf eines? Unter welchen Bedingungen verwilligt?

III. Haben die Corallenfischer ein ausschließendes Privilegium? Oder ist diese Fischerey frey?

IV. Welche Nationen wetteifern mit dieser in der Corallenfischerey? Und wie viel Böte schickt jede dieser Nationen jährlich, nach einem Durchschnitte, auf die Fischerey aus?

V. Welche Nation gewinnt die größte Menge von Corallen? Und was ist die Ursache davon?

Vortheil, den der Staat aus der Corallenfischerey zieht.

I. Wie viel Menschen von aller Gattung leben von dieser Fischerey? Wie viel von den Corallenmanufakturen?

II. Wie viel trägt, nach einem Durchschnitte, die Corallenfischerey jährlich dem Staate ein?

Zwey und zwanzigster Abschnitt.
Kauffartheyschiffe.

Ausdehnung des Schiffbaues.

I. Wie viel Kauffartheyschiffe werden, auf den verschiednen Werften, nach einem Durchschnitte, jährlich gebauet?

II. Welche Werfte sind am berühmtesten dadurch, daß die besten Schiffe da gebauet werden?

III. Sind dieß mehrentheils Schiffe von großen Lasten? Und auf welchen Plätzen werden die kleinern Fahrzeuge gebauet?

IV. Ist es gebräuchlich, auch für fremde Nationen Schiffe zu bauen? Auf welchen Werften? Für welche Nationen? Und von welcher Größe?

V. Wie viele jährlich, nach einem Durchschnitte, für jede Nation?

VI. Lassen die einländischen Kaufleute sich in fremden Ländern Schiffe bauen? Auf welchen Werften? Von welcher Größe? Und von wie viel Tonnen?

VII.

VII. Wie viel Schiffe und zu wie viel Tonnen rechnet man, daß den Kaufleuten der Nation zugehören?

VIII. Wie viel haben sie in den letzten 5, 10 und 20 Jahren besessen?

IX. Wie viel Schiffe sind, außer diesen, hier im Lande gebauet worden?

X. Nimmt der Schiffbau zu, oder ab? In welchem Verhältnisse? Und was scheint hierzu beyzutragen?

Schiffsbedürfnisse und deren Preise.

I. Woher nimmt man das Zimmerholz zum Schiffsbaue? Und zu welchem Preise?

II. Woher kommen die Masten? Aus Norwegen? Und wie viel kosten die verschiednen Gattungen derselben?

III. Woher die Planken? Und zu welchem Preise? Aus den Preußischen Ländern? Norwegen?

IV. Woher Hanf, Taue, Seile und dergleichen? Und wie theuer? Aus Rußland?

V. Woher Segeltuch? Und wie theuer? Aus Rußland?

VI. Woher Teer und Pech? Und wie theuer? Aus Norwegen? Aus Nordamerica?

VII. Woher Eisen, Nägel? Und wie theuer? Aus Schweden?

VIII. Woher das große und kleine Kanonengeschütz aller Art? Und wie theuer?

IX. Woher die Flinten ꝛc.? Und wie theuer? Woher die Flintensteine? Aus Frankreich?

X. Woher das Pulver? Und wie theuer?

XI. Woher die Kugeln? Und wie theuer?

XII.

XII. Woher das eingesalzene Fleisch? Und wie theuer? Aus Irrland?

XIII. Woher der Zwieback? Und wie theuer?

XIV. Woher die Schiffswerkzeuge?

Eigenschaften der Schiffe.

I. Wie viel Seemeilen segelt das beste Schiff, bey gutem Winde, in einer Stunde?

II. Wie lange kann ein Schiff, das hier im Lande gebauet ist, nach einem Durchschnitte halten? Und was trägt zu seiner Dauer bey?

III. Sind die Schiffe, welche hier im Lande gebauet werden, dazu eingerichtet, daß sie viel Güter laden können?

IV. Können sie durch wenig Menschen regiert werden?

V. Führen sie beständig Segel?

VI. Steuern sie gut?

VII. Führen sie leicht unter dem Winde?

VIII. Halten sie Seestürme aus, ohne sehr beschädigt zu werden?

IX. Oder welche von diesen guten Eigenschaften fehlen ihnen?

(Wegen des übrigen siehe den Artikel über die Kriegsschiffe nach.)

Berechnung der Unkosten.

I. Wie viel beträgt der geringste, der mittlere und der höchste Preis der verschiednen Schiffe, nach Tonnen gerechnet?

II. Wie viel Tonnen halten die Schiffe gewöhnlich? Welches ist die größte Tonnenzahl für ein Kauffartheyschiff?

Vortheil, den das Land vom Schiffbaue hat.

I. Wie viel Menschen von verschiednen Klassen werden jährlich bey dem Baue und der Ausrüstung der Schiffe gebraucht?

II. Wie hoch mag sich der jährliche Vortheil belaufen, den das Land von dem Schiffbaue hat?

Drey und zwanzigster Abschnitt.
Gesetze und Verwaltung der bürgerlichen Justiz.

Historische Nachrichten von der Gesetzgebung.

I. Nach was für Arten von Gesetzen ist die Nation in den frühesten Zeiten ihrer bürgerlichen Einrichtung regiert worden? Welche Veränderungen hat die Gesetzgebung in den folgenden Zeitpunkten erfahren?

II. Nach welchen Gesetzen wird die Nation in bürgerlichen Angelegenheiten gerichtet? Geschieht es nach Ueberbleibseln aus dem alten römischen Rechte? Giebt es mehr geschriebne, oder mehr ungeschriebne Nationalgesetze? Und wie sind sie eingetheilt?

Rechte der Eingebornen.

I. Welche Rechte und Privilegien, die Bezug auf persönliche Sicherheit, auf Freyheit des Aufenthalts und auf das Eigenthum haben, kommen den Eingebornen dieses Landes ausschließlich zu statten?

II. Zu

II. Zu welcher Zeit, und durch welche Mittel haben sie diese Vorrechte erlangt?

III. Beruhen sie auf einem dauerhaften Grunde? Oder hängen sie von der Willkühr des Landesherrn ab?

Verhältniß zwischen Herrn und Diener.

I. Hat eine wahre, eigentliche Sklaverey, ich meyne eine unbegränzte Gewalt des Herrn über das Leben und Vermögen des Sklaven, in diesem Lande Statt gefunden? Und in welchem Jahre ist sie abgeschafft worden?

II. Was für Gesetze giebt es, welche die Streitigkeiten, die zwischen einem Herrn und seinem Hausgesinde Statt haben können, entscheiden?

III. Ist es auch hier eingeführt, daß jedermann, er sey männlichen oder weiblichen Geschlechts, der nicht eine bekannte Versorgung hat, von der Obrigkeit gezwungen wird, sich in einen Dienst zu begeben, um auf ehrliche Weise sein Brodt zu verdienen?

IV. Welche Vorkehrungen sind getroffen, um die Streitigkeiten zwischen Meistern und Gesellen ꝛc. zu schlichten?

V. Welche bestimmte Gesetze giebt es, die Arbeiter, die im Tage= oder Wochenlohne arbeiten, betreffend? Werden alle, die keine Effekten zu besitzen scheinen, zur Arbeit getrieben? Wie viel Stunden des Tages müssen sie ununterbrochen im Sommer arbeiten? Wie viel im Winter?

VI. Wie ist ihr Lohn bestimmt? Und welche Strafe steht darauf, wenn jemand mehr als das festgesetzte giebt, oder fordert?

VII.

VII. Welche Verfügungen sind gemacht, um die gegenseitigen Verbindlichkeiten zwischen Verwaltern, Faktors, Beamten und ihren Herrn oder Kommittenten, zu bestimmen?

VIII. Was hat ein Herr in Ansehung seines Gesindes zu beobachten? Und was liegt einem Diener ob, in Rücksicht seines Betragens gegen den Herrn?

IX. In welchen Fällen ist der Herr verantwortlich für das, was der Diener in seinen Geschäften thut? Oder wenn er stiehlt?

X. Durch welche Mittel ist der üblen Aufführung und der Untreue der Dienstboten vorgebaut? Was ist in Rücksicht auf den Charakter der hiesigen Dienstboten zu bemerken? Sind sie fleißig, getreu, tauglich oder das Gegentheil? Sind sie zu dienen bereitwillig, oder müssen sie durch Gesetze in diesen Stand getrieben werden? Was sind für Gesindeordnungen?

XI. Wie ist durch Gesetze vorgebeugt, daß die Bedienten an ihrer Beförderung nicht gehindert werden?

XII. In wie fern ist ein Hausvater verbunden, durch gerechte Zucht sein Gesinde von Lastern abzuhalten?

Zwischen Mann und Weib.

I. Welche Grade der Blutsfreundschaft oder Verwandtschaft hindern eine eheliche Verbindung? Richtet man sich nach den mosaischen Gesetzen, und wie werden diese erklärt?

II. In wie fern sind frühere Verpflichtungen ein Hinderniß der Heyrath?

III. Was macht gesetzmäßig zur Ehe untüchtig?

IV.

IV. Was ist das gesetzmäßige Alter zum Ehestande für das männliche Geschlecht? Und für das weibliche?

V. Was wird im Allgemeinen zur Gültigkeit einer Ehe erfordert? Und in wie fern sind öffentliche Abkündigung von der Kanzel und die Einwilligung der Eltern oder Vormünder nothwendig?

VI. Welche Ursachen sind hinreichend zur gänzlichen Ehescheidung? Und was kann eine Scheidung von Tisch und Bette bewirken?

VII. Was geschieht mit dem Vermögen einer Frau, die von Tisch und Bette geschieden ist?

VIII. In welchen Fällen bestimmen die Gesetze der geschiednen Frau einen Unterhalt?

IX. Worin bestehen die bürgerlichen Folgen einer Ehe?

X. Welche Arten von Schulden ist der Ehemann verbunden für seine Frau zu bezahlen? Und in welchen Fällen?

XI. An wen fällt des Weibes Vermögen nach ihrem Tode? Was kann sie vermachen?

XII. Welchen Arten von Züchtigungen darf, nach den Gesetzen, der Mann sich gegen seine Frau bedienen?

Zwischen Eltern und Kindern.

I. Worin bestehen die Verpflichtungen der Eltern gegen eheliche Kinder?

II. Welche Ursachen berechtigen nach den Landesgesetzen den Vater, sein Kind zu enterben?

III. In wie fern ist der Vater nach den Gesetzen verpflichtet, für den Unterhalt seiner rechtmäßigen Kinder zu sorgen?

IV. Wie ist der der Stiefvater, wie die Stiefmutter verbunden, für die Stiefsöhne und die Stieftöchter zu sorgen?

V. In wie fern zwingen die Gesetze einen Vater, seine müßigen und faulen Kinder zu ernähren?

VI. Macht die Religionsveränderung der Kinder einen Unterschied in der Verbindlichkeit der Eltern sie zu unterhalten?

VII. Wie wird das Vermögen verstorbner Eltern gewöhnlich unter den Kindern getheilt, wenn kein Testament da ist? Und hängt die Vertheilung gänzlich von dem Testamente der Eltern ab?

VIII. Verbinden die besondern Gesetze dieses Landes einen Vater, für eine zweckmäßige Erziehung seiner Kinder zu sorgen?

IX. Ist es üblich, Kinder aus den ärmern und arbeitsamen Klassen der Einwohner, den Händen ihrer Eltern zu entziehen, wenn sie in ein Alter kommen, da sie sich einem Nahrungsstande widmen müssen, um sie irgendwo in die Lehre zu schicken?

X. Welche Gewalt hat ein Vater über seine Kinder? Welche die Mutter? Sind sie verschieden?

XI. In welchem Alter hört die gesetzmäßige Gewalt eines Vaters oder Vormunds über die Person eines Kindes männlichen Geschlechts auf? Und über ein Kind weiblichen Geschlechts?

XII. Was ist verordnet in Ansehung der Vortheile, die einem Vater während der Kinder Minderjährigkeit zukommen?

XIII. Welche Gesetze giebt es in Betracht der unehelichen Kinder? Was ist darin verordnet, um die

Eltern

Eltern auch wider Willen zu zwingen, für den Unterhalt und die Erziehung ihrer Bastarte zu sorgen?

XIV. Worin bestehen die Pflichten der Kinder gegen ihre Eltern? In wie fern sind Jene durch die Gesetze gezwungen, diese zu unterhalten, wenn sie in Dürftigkeit gerathen und Beystand bedürfen?

XV. In wie fern sind Kinder verpflichtet, ihren Großeltern beyzustehn, wenn sie Hülfe bedürfen?

XVI. Worin bestehen die Obliegenheiten der unehelichen Kinder gegen ihre Eltern?

XVII. Was wird erfordert, um einen Bastart zu legitimiren?

XVIII. Ist den Witwen verboten, sich vor Ablauf einer gewissen Zeit nach dem Tode ihrer Gatten wieder zu verheyrathen?

XIX. Haben uneheliche Kinder einige besondre Ansprüche oder Befugnisse?

XX. Was für Gesetze giebt es, in Rücksicht auf die Bastarte?

Zwischen Vormündern und Mündeln.

I. Was ist zu bemerken, in Ansehung der verschiednen Klassen, von Vormündern und Kuratoren? Und über die Art, wie sie ernannt werden?

II. In welchen Fällen kann eine Mutter die Vormundschaft über ihre Kinder, männlichen und weiblichen Geschlechts, erhalten?

III. Wie weit erstreckt sich die Gewalt, und von der andern Seite die Verbindlichkeit eines Vormunds?

IV. Welcher Gerichtshof ist dazu bestimmt, daß die Vormünder unter seiner Aufsicht handeln, und ihm jährlich Rechnung ablegen müssen? Und von wem wird die Obervormundschaft über alle Kinder, Blödsinnige und Verrückte geführt?

V. Giebt es Gesetze, zu Verhütung aller Betrügereyen und andrer Ungerechtigkeiten von Seiten der Vermünder?

VI. In welchem Alter darf ein Jüngling sich verheyrathen? Ein Testament über sein persönliches Vermögen machen? Executor eines Testaments seyn? Seine Ländereyen, Güter rc. veräußern?

VII. In welchem Alter erkennt man ein Mädchen für reif zum Ehestande? Wann ist sie berechtigt, eine Ausstattung zu fordern? Ein Testament über ihr eignes Vermögen zu machen? Executrix zu seyn? Oder über ihre Person und ihre Güter freye Hand zu haben?

VIII. Worin bestehen die verschiednen Privilegien und Einschränkungen der Mündel?

IX. Auf welche Weise kann ein Mündel den betrügerischen Vormund zur Verantwortung ziehn?

X. In welchem Alter kann ein Kind, wegen eines Kapitalverbrechens, am Leben bestraft werden?

XI. Welche Privilegien hat ein Kind in Ansehung des Vermögens? Und der bürgerlichen Rechte?

Lehnssystem.

I. Sind hier im Lande noch Ueberbleibsel des Lehnssystems? Worin bestehen sie?

II. Welche Arten von Lehen giebt es noch jetzt hier im Lande? Von wem werden diese Lehen ertheilt? Verfallen die Lehngüter, nachdem die Familie der Vasallen ausgestorben ist, an den Lehnsherrn, wie im Herzogthum

zogthum Braunschweig, oder werden andre Familien damit belehnt, wie im Churfürstenthum Braunschweig?

III. Wie viel an Gelde und welche Dienste ist der Belehnte bey Veränderungen in der herrschenden und dienenden Hand, und jährlich zu geben und zu leisten schuldig?

IV. Auf wie lange Zeit werden sie ertheilt? Und was ist hauptsächlich zu bemerken, in Ansehung der Lehen? Kann das Lehn auch auf die weibliche Linie kommen, oder ist es ein männliches Lehn?

Verträge.

I. Welche Verfügungen sind getroffen, in Rücksicht auf das, was erfordert wird, um sich für baares Geld in den Besitz eines Dinges zu setzen?

II. Was ist zu beobachten bey Kauf und Verkauf auf Kredit?

III. Was ist zu bemerken, in Rücksicht auf wiederkäufliche Abtretung?

IV. Was verordnen die Gesetze dieses Landes, in Rücksicht auf das, was beobachtet werden muß, wenn man das Eigenthum gewisser Güter von sich auf Andre, auf gültige Weise, übertragen will?

V. Was für Umstände bey Kauf und Verkauf verstatten eine gerichtliche Klage?

VI. Was bestimmen die Gesetze, in Ansehung der Vertauschungen?

VII. Was, in Betracht der Schenkungen?

VIII. Was, in Rücksicht auf Pacht, Miethe, und andre Arten von Verträgen?

Selbstvertheidigung.

I. In wie fern erstreckt sich das Recht, sich selbst und gegenseitig zu vertheidigen, auf Mann und Weib? Eltern und Kinder, Herren und Diener?

II. Welches sind die Grenzen der Vergeltung und des Wiedernehmens?

III. In welchen Fällen ist ein Einfall in fremdes Land erlaubt?

IV. Was ist erlaubt, oder verboten, in Rücksicht auf Hinwegräumung dessen, was schädlich oder nachtheilig ist?

V. In welchen Umständen ist einem Manne erlaubt, sich selber durch Wegnahme von Vieh oder Gütern bezahlt zu machen, wenn man ihm die schuldigen Zinsen, oder andre Abgaben, nicht bezahlt?

VI. Welche Dinge darf man wegnehmen? Und was ist zu beobachten, in Ansehung der Art, sich in den Besitz zu setzen? Denselben zu nützen? Possessionsergreifung zu hindern?

VII. Was ist merkwürdig in den Gesetzen, in Rücksicht auf die Genugthuung beyder Partheyen, wenn sie sich vergleichen, oder ihren Streit durch Schiedsrichter schlichten lassen?

Kränkung der dinglichen und persönlichen Rechte.

I. Was ist in den Gesetzen merkwürdig, in Rücksicht auf die Kränkung der persönlichen Rechte?

II. Wie werden Schuldner zur Bezahlung gezwungen? Und was ist die Folge, wenn sie nicht bezahlen wollen, oder nicht können? Werden die Schuldner inhaftirt? sie allein oder auch ihre Familien? In welchen Fällen schreitet man zur Inhaftirung?

III.

III. Was wird beobachtet, in Rücksicht auf die Kränkung dinglicher Rechte?

Gerichtshöfe.

I. Welche Gerichtshöfe sind errichtet, um schnelle, allgemeine und unpartheyische Justiz über die Unterthanen in ihren Streitigkeiten gegen einander zu verwalten? Und wie weit erstreckt sich ihre respective Gerichtsbarkeit? Wird der Gang der Justizverwaltung von der Regierung ungehindert, oder durch Cabinetsordres bisweilen gehemmt? Haben die Unterthanen diese Ungerechtigkeit geduldig ertragen oder nicht?

II. Ist ein Kollegium niedergesetzt, welches in Streitigkeiten zwischen dem Unterthan und dem Fürsten entscheidet? Und was für Gesetze hat man, um zu verhindern, daß die Unterthanen nicht gedrückt werden? Wie ist dieses Kollegium von dem Fürsten unabhängig gemacht?

III. Aus wie viel Mitgliedern besteht gewöhnlich jeder dieser Gerichtshöfe?

IV. Ist es besser, wenn der Richter viele, oder wenn ihrer wenige sind? So daß das Betragen eines jeden von ihnen mehr der öffentlichen Beobachtung und Prüfung ausgesetzt ist?

V. Sind die Besoldungen der Richter so ansehnlich, daß ihre Rechtschaffenheit nicht durch den Reiz heimlicher Bestechungen in Versuchung geräth? Oder werden gar Justizstellen verkauft, wie ehemals in Frankreich?

VI. Welche Ferien finden bey den Gerichtshöfen Statt? Und wie viel Feyertage sind jährlich bestimmt, an welchen keine Geschäfte vorgenommen werden dürfen?

VII. Stehen die Gerichtshöfe allgemein und immer jedermann offen?

Rechtsgelehrte.

I. In wie viel Klassen sind die Rechtsgelehrten, oder Anwälde, welche die Processe nach den Gesetzen führen müssen, eingetheilt?

II. Wie viel sind in jeder Klasse? Ist ihre Anzahl, nach Verhältniß der Zahl der übrigen Bürger, groß? Und scheint es, als wenn ihre Menge Gelegenheit zu Vermehrung der Streitigkeiten und Processe giebt?

III. Ist das Amt eines Rechtsgelehrten ehrenvoll? Führt es zu den ersten Staatsämtern? Oder sind die Sachwalter in die Grenzen ihres Amts auf immer eingeschränkt?

IV. Welches sind die erforderlichen Eigenschaften, um zu diesem Stande zu gelangen?

V. Wie werden die Mißbräuche der Advocaten verhindert? Und bestraft?

VI. Werden Sachwalter von der Regierung besoldet, um die Rechtshändel armer Leute zu führen? Und was ist, in Rücksicht auf diese menschenfreundliche Einrichtung, zu bemerken?

Verfahrungsart der Justiz.

I. Ist der Gang der Processe einfach? Oder verwickelt? In welchem Grade?

II. Wie wird der Civilproceß hier im Lande eingeleitet? Wird die Person, gegen welche die Klage geführt

führt wird, auf öffentliche Autorität in Verhaft genommen? Oder muß sie Bürgschaft stellen? Oder wird sie nur citirt, so oft sie vor Gerichte erscheinen soll?

III. In welchen Fällen ist der Kläger verbunden, in eigner Person zu erscheinen?

IV. Worin besteht die ganze Verfahrungsart, bis zum Endurtheile? Und welche Verfügungen, die hieher gehören, verdienen besonders bemerkt zu werden?

V. Welche Frist ist festgesetzt, binnen welcher man sich gegen eine Beschuldigung oder Klage vertheidigen muß? Und was ist die längste Zeit, nach welcher, wenn man sie, ohne sich zu erklären, verstreichen läßt, das Stillschweigen als ein Bekenntniß angesehen wird?

VI. In welchen Fällen ist den Partheyen die Appellation erlaubt? Und was ist noch ferner zu bemerken, in Ansehung der Appellationen in Civilsachen? Kann eine Rechtssache durch mehr als drey Instanzen ausgeklagt werden, ehe sie für völlig entschieden angesehen wird?

VII. Was wird beobachtet, in Rücksicht auf die Execution einer rechtlichen Sentenz? Wie wird dieß behandelt? Geschieht es so, daß dadurch gute Eindrücke auf die Gemüther des Volks gemacht werden? Oder auf andre Weise?

Verfügungen, die Civiljustizverwaltung betreffend.

I. Hat die Regierung festgesetzt, wie lange höchstens ein Rechtshandel dauern darf? Und auf welche Weise?

II. Giebt es Gesetze, die dahin zielen, die Anzahl der Processe zu verringern?

III. Welche Geseze zielen dahin, die unvermeidlichen Processe wenigstens abzukürzen?

IV. Welche Geseze haben zum Zwecke, die Proceßkosten zu verringern? Ist eine Sporteltaxe festgesezt?

V. Welche Geseze bauen den Chikanen der Rechtsgelehrten vor?

VI. Welche Geseze sorgen dafür, daß die Art, Processe zu führen, der natürlichen Gerechtigkeit gemäßer sey? Und dafür, daß der Arme gesichert sey, gegen die Mißhandlungen und Unterdrückung des Reichen?

Belohnungsgeseze.

I. Giebt es Geseze, welche Belohnungen verheissen? Welche sind sie? Und worin bestehen die Belohnungen?

Vier und zwanzigster Abschnitt.
Kriminalgeseze und Verwaltung der peinlichen Justiz.

Kriminalgeseze.

I. Sind die Geseze in der Landessprache geschrieben? Und sind sie für das große Publikum faßlich und deutlich?

II. Sorgt die Regierung dafür, daß die Geseze allgemein genug auch unter dem gemeinen Volke bekannt werden, damit jedermann wissen möge, welche Wirkung jede Handlung auf seine Person und seine Freyheit

Freyheit haben kann? Auf was für eine Art werden sie publicirt?

Obrigkeit.

I. Erstreckt sich die Gewalt eines Richters so weit, daß er selbst in solchen Rechtsfragen entscheiden kann, die im geschriebenen Gesetze gar nicht, oder anders entschieden sind? Muß er sich in solchen Fällen, wie im Preußischen, an eine Gesetzkommißion wenden?

II. Darf die Obrigkeit Strafen verhängen, die nicht in den Gesetzen verordnet sind?

III. Darf sie Strafen verstärken, die in den Gesetzen verordnet sind?

Kriminalverfahrungsart und Verhaft.

I. Welche Rechte und Privilegien hat das Volk hier im Lande, in Rücksicht auf die Einkerkerung bey Criminalfällen?

II. In wie fern muß das Verbrechen bewahrheitet seyn, um das Recht zu haben, einen Bürger gefangen zu nehmen?

III. Wie verhält sich dieß in Rücksicht auf einen Edelmann?

IV. Kann ein Bevollmächtigter irgend einen gefangen nehmen, ohne eine gesetzmäßige Ursache anzuführen, und ohne diese Ursache in einem gerichtlichen Verhör anzugeben?

Verhör.

I. Welche Förmlichkeiten werden bey dem Verhör eines Bürgers beobachtet?

II. Welche bey dem Verhör eines Edelmanns?

III. Was ist bey dem Examen zu beobachten?

IV. Werden peinliche Verhöre öffentlich, oder nicht, gehalten?

V.

V. Muß der Ankläger oder Zeuge sich persönlich in ofnen Gerichten dem Beklagten gegenüberstellen? Oder wie wird das gehalten?

Zeugen.

I. Worin bestehen die eignen Erfordernisse, um als Zeuge aufzutreten?

II. Dürfen Weiber, Kriminalverbrecher und Personen, auf welchen Infamie ruht, zugelassen werden, gegen eine Person als Zeuge aufzutreten?

III. Welche Bedingungen machen einen Mann durchaus unfähig, Zeuge zu seyn?

IV. Wie viel Zeugen werden erfordert, um einen Beweis zu führen?

V. Hat man viel Beyspiele von falschen Zeugen?

VI. Wie werden sie bestraft, wenn man sie entdeckt?

Eidschwur.

I. Ist es üblich, angeklagte Personen zum Eide zu lassen? In welchen Fällen?

II. Welche Arten von Verbrechen gestatten den Reinigungseid?

III. Hütet sich das Volk vor einem Meineid, oder ist zu vermuthen, daß viele falsche Eide abgelegt werden?

Folter.

I. Wann ist in den Kriminalgesetzen die Folter abgeschafft worden? Oder ist noch irgend eine Art von Folter im Gebrauch? Und welche ist diese?

II. Wie wird diese vollzogen?

III. In welchen Fällen macht man Gebrauch davon?

IV. Wie lange dauert diese Folterung?

V.

V. Welche Ueberweisung wird erfordert, um auf die Folter zu erkennen.

VI. Wird dieß grausame Mittel oft gebraucht?

VII. Welche Personen sind von der Folter frey?

Vertheidigung.

I. Welche Mittel gestattet man dem Verbrecher, um sich selbst zu vertheidigen, wenn er kann?

II. Wie viel Zeit vergönnen die Gesetze dem Beklagten, um sich selbst zu vertheidigen?

Appellation.

I. Ist die Appellation von dem Unterrichter an einen höhern hier im Lande üblich? Und in welchen Fällen?

II. Was ist zu bemerken, wenn die Sache vor ein andres Gericht gebracht wird?

Urtheil.

I. Was ist erforderlich, bevor ein Todesurtheil gesprochen werden kann? Sind Todesurtheile häufiger oder seltener geworden? Liegen die Ursachen davon in den Richtern oder Unterthanen?

II. Muß das Todesurtheil vom Landesherrn unterschrieben werden? Pflegt der Landesherr oft zu begnadigen? Giebt es auch Beyspiele, daß er das Urtheil geschärft habe?

III. Hat der Landesherr das Recht, jemand, ohne vorhergegangenes Verhör, zum Tode zu verurtheilen?

IV. Ist es üblich, sowohl das Urtheil, als die Beweise des Verbrechens öffentlich bekannt zu machen, um die willkührliche Gewalt einzuschränken, und den bösen Willen der Richter der allgemeinen Beurtheilung zu unterwerfen?

Voll-

Vollstreckung des Urtheils.

I. Was ist zu beobachten, in Rücksicht auf die Vollstreckung der Urtheile?

II. Werden alle Kriminalverbrecher öffentlich bestraft? Oder in welchen Fällen werden sie privatim hingerichtet?

III. Welche Gewalt kann dem zum Tode Verurtheilten das Leben retten?

Heimliche Anklage.

I. Sind heimliche Anklagen nach den Gesetzen erlaubt? In welchen Fällen? In Staatssachen, wie in Venedig?

II. Wie wird die angeklagte Person dann verhört?

III. Welche Beweise werden erfordert?

Verbrechen und Strafen.

I. Sind die Kriminalgesetze, ihrer Milde oder Strenge wegen, bekannt? Und welche Wirkung hat diese Milde oder Strenge?

II. Welche Arten von Verbrechen sind am gemeinsten? Und was mag die Ursache davon seyn? Werden viele Mordthaten verübt, wie in Italien? Sind Gesetze und strenge Ausführung derselben vermögend gewesen, ihnen Einhalt zu thun, wie man dieses in der östreichischen Lombardie und im Brescianischen bemerkt hat? Sind Duelle üblich? Keine Gesetze dagegen gegeben? Sind sie von gutem Erfolg oder fruchtlos gewesen, wie die bisherigen französischen?

III. Welche Mittel wendet die Regierung an, den Aufenthalt eines Verbrechers zu erfahren?

IV. Setzt

IV. Setzt die Regierung demjenigen eine Belohnung aus, der einen bekannten Verbrecher, dessen man nicht leicht habhaft werden kann, ihr in die Hände liefert?

V. Verspricht die Regierung dem Verbrecher Verzeihung, wenn er seine Mitschuldigen angiebt?

VI. Folgt die Strafe schnell auf das Verbrechen? Oder geht die Justizverwaltung sehr langsam von Statten?

VII. Wird jeder Bösewicht, ohne Rücksicht auf seinen Stand, bestraft? Oder ist es leicht, der Strenge der Gesetze, durch Bestechung der Richter, zu entwischen?

VIII. Wird ein der Bestechung überwiesener Richter strenger bestraft, als ein gemeiner Dieb?

IX. Werden die Mitschuldigen eines Verbrechers weniger strenge bestraft, als die Person, welche es vollführt hat?

X. Stehen die Strafen im genauesten Verhältnisse mit dem jetzigen Grade der Kultur der Nation? Und worin bestehen sie?

Zufluchtsörter.

I. Giebt es Oerter, die außer den Grenzen der Gesetze sind, wo die Justiz den Verbrecher nicht verfolgen kann? Und welche sind diese?

II. Welchen Verbrechern kömmt die Wohlthat eines solchen Zufluchtsortes zu Statten?

III. Finden fremde Verbrecher hier eine Zuflucht?

R Ver-

Verbannung.

I. Ist es üblich, die Verbrecher zu verbannen? Und für welche Arten von Vergehungen?

II. Wohin schickt man sie? In entfernte und wenig bevölkerte Provinzen, wie in Rußland nach Sibirien? Oder in entlegene Kolonien, wie in England nach Südwallis?

III. Auf wie viele Jahre?

IV. Womit muß sich der Verbannte beschäftigen?

V. Wird diese Strafe sehr gefürchtet?

VI. Wie viel Personen werden etwa jährlich verbannt?

Gefängnisse.

I. Sind die Gefängnisse reinlich, hell, trocken, luftig, gesund, hinlänglich mit Wasser umgeben? Und ist auf alle Weise dafür gesorgt, daß der Gefangne nicht entkommen könne, ohne daß jedoch dadurch die Schrecken des Kerkers vermehrt, und die Leiden seiner Gefangenschaft erschwert werden?

II. Welche vorzügliche Sorge trägt man dafür, daß die Luft in den Kerkern unangesteckt, und die Gesundheit der Gefangnen gepflegt werde?

III. Werden Männer und Weiber, junge Verirrte und alte Bösewichter, Betrüger und Schuldner, auf besondre Weise eingesperrt? Und welcher Unterschied wird in der Art, sie zu behandeln, gemacht?

IV. Wie werden die Gefangnen gespeist?

V. Wie sind sie gekleidet?

VI. Wie sind ihre Betten beschaffen?

VII. Wie sind sie verbunden, ihre Zeit nützlich hinzubringen?

VIII.

VIII. Welche Sorgfalt widmet man den Gefange=
nen, wenn sie krank sind?

IX. Welche Seuchen sind unter den Gefangnen einge=
rissen? Wie baut man ihnen vor? Wie heilt man sie?

X. Welche Mittel wendet man an, eine vortheilhaf=
te Veränderung in der Sittlichkeit der Lasterhaften zu
bewirken?

XI. Welche vernünftige und menschliche Verfügun=
gen, in Rücksicht auf die Gefängnisse, hat man getrof=
fen, welche von andern Nationen nachgeahmt zu wer=
den verdienen?

XII. In welchen Städten werden die Gefangnen
bewacht? Und was ist zu bemerken, in Ansehung die=
ser Bewachung?

Anmerkung.

Zur allgemeinen Auflösung dieser Fragen, können wir
uns auf nemand besser, als auf den menschenliebenden
neulich zu Cherson verstorbnen Herrn Howard berufen,
der zu allgemein in Großbritannien bewundert, und noch
mehr auswärts verehrt wird, als daß mein Lob etwas zu sei=
nem Ruhme hinzufügen könnte.

Weise Verordnungen.

I. Welche weise und billige Gesetze, die Verwal=
tung der peinlichen Gerichtsbarkeit betreffend, giebt es,
die der Nachahmung würdig wären?

II. Welche Irrthümer und Unvollkommenheiten
kann man den Kriminalgesetzen, und welche der Justiz=
verwaltung vorwerfen?

III. Durch welche Mittel sucht die Regierung al=
len Arten von Verbrechen vorzubauen, in so fern die
Gebrechlichkeit der menschlichen Natur dieß gestattet?

IV. Hat man bemerkt, daß die Verbrecher mehrentheils unverheyrathete Personen sind? Und sollten nicht manche Verbrechen selten werden, wenn man das Volk zum Heyrathen ermunterte?

V. Welche Mühe giebt sich die Regierung, aus einem Verbrecher einen guten Bürger zu machen? Und welche Wirkung hat diese christliche und patriotische Bemühung?

Ueber die philanthropische Gesellschaft in London.

Ich kann nicht unterlassen, eines auf diesen Zweck zielenden Plans Erwähnung zu thun, welchen der patriotische und menschenliebende Herr Thomas Young, Stifter der philanthropischen Gesellschaft in London, im Jahre 1788, bekannt gemacht hat.

England ist immer, von den ältesten Zeiten her, ein Gegenstand der Vorwürfe von ganz Europa gewesen, wegen der Strenge, der Menge und der Unwirksamkeit seiner Kriminalgesetze. Die Todesstrafen scheinen bisher eine Wirkung gehabt zu haben, die dem Zwecke, welchen man dabey vor Augen hatte, gänzlich entgegen war; und die häufigen Hinrichtungen scheinen die Fortschritte des Lasters nur bemerklicher gemacht zu haben, statt ihnen Einhalt zu thun. Dieser Plan aber zielt dahin, das Laster an der Wurzel selber anzugreifen, und zugleich jede Entschuldigung hinwegzuräumen, welche die Strenge rechtfertigen kann; ich meyne, die Entschuldigung der dringenden Nothdurft.

Im Sept. 1788 errichtete H. Young die nicht blos dem Namen nach philanthropische Gesellschaft, die bald nach ihrer Entstehung aus 250 Mitgliedern bestand, und nach der in England gewöhnlichen Art, wohlthätige Endzwecke auszuführen, durch Subscription eine beträchtliche Summe Geldes zusammen brachte. Die Absicht ist, Kinder vom siebenten bis zum funfzehnten Jahre, deren Eltern eines Verbrechens überführt worden, oder die als verwaisete, und ohne Hülfe gelaßne Geschöpfe herum irren, oder von ihren Eltern nicht unterhalten werden können, durch eine gute Erziehung vor dem Müßiggang und den ihn begleitenden Lastern zu verwahren. Die Kinder werden nicht in einem besondern Hause erzogen, sondern bis zu einem gewissen Alter Handwerkern in die Lehre gegeben, und stehen unter der Aufsicht eines Mitgliedes, das für die gute Aufführung der ihm anvertrauten Kinder sorget. Im Jun. 1789 waren auf die Weise schon 40 Kinder untergebracht, die, wenn man sie nach der bisherigen Gewohnheit ohne Aufsicht als Vagabonden hätte herum wandern laßen, dem Publikum bald zur Last gefallen seyn würden. Wer segnet nicht ein solches Institut, und wie wünscht nicht, daß es aller Orten nachgeahmt werde!

Fünf und zwanzigster Abschnitt.
Policey.

Sorgfalt für das Leben und Eigenthum der Einwohner.

I. Welche Sorgfalt wendet die Policey auf die Sicherheit des Lebens? Und des Eigenthums der Einwohner? Wie wird die Hauptstadt bewacht? Sind die Landstraßen sicher, wie in Deutschland, in Toscana u. s. oder gefährlich, wie gegen Abend oder zur Nachtzeit in England und im Piemontesischen, Genuesischen?

II. Werden die Verbrechen durch die Wachsamkeit der Policey leicht entdeckt? Und auf welche Weise?

III. Leidet die Sicherheit des Lebens und des Eigenthums der Einwohner durch die Zufluchtsörter Gefahr? Oder sind diese gänzlich abgeschafft? Oder in welchen Fällen finden sie noch Statt? (Siehe Gesetze und Verwaltung der Kriminaljustiz.)

Gesundheitskollegium.

I. Hat man ein Gesundheitskollegium in der Hauptstadt errichtet? Giebt dieß weise Vorschriften zur Erhaltung des Lebens und der Gesundheit der Einwohner, und bemüht sich, auswärtige Anstalten von der Art kennen zu lernen, die sich hier im Lande nachahmen lassen?

II. Welches sind die nützlichsten Verordnungen, die dieß Kollegium gemacht hat?

III.

III. Welche unter denselben sind in fremden Ländern wenig bekannt und doch anwendbar?

IV. Haben die Städte keinen Mangel an geschickten Aerzten? Wundärzten? Erfahrnen Hebammen? Und welche gute Apothekerordnungen hat man?

Verfügungen des Gesundheitskollegiums, in Ansehung der Leichname und Begräbnisse.

I. Was ist eingeführt, um zu verhüten, daß kein Scheintodter lebendig begraben werde?

II. Wie lange Zeit muß eine Person, die todt zu seyn scheint, unbeerdigt bleiben? 24 Stunden, wie im Toscanischen, oder 48 Stunden, wie im Ostreichischen? Ist in Ansehung der Juden eine Ausnahme gemacht, oder müssen diese sich auch nach der allgemeinen Regel bequemen?

III. Ist die Gewohnheit eingeführt, daß man verstorbnen Personen glühende Eisen unter die Fußsolen hält, um zu erfahren, ob sie auch wirklich todt sind, oder nicht? Werden sie sorgfältig abgewaschen?

IV. Ist es gebräuchlich, die Verstorbnen in Gegenwart eines Arztes und Wundarztes zu besichtigen? Und geben diese dann ein Zeugniß, das dem Pfarrer vorgezeigt wird, über die Art der Krankheit und des Todes? Sind besondre Todtenbeschauer angesetzt, die eine solche Besichtigung vornehmen, und ohne deren Einwilligung die Todten nicht beerdigt werden dürfen? Hat man neulich Exempel erlebt, daß Leute, die beerdigt werden sollten, wieder zum Leben gekommen sind?

V. Werden alle Todte außer der Stadt begraben? Und wie tief werden sie eingescharrt?

VI. Werden todte Thiere sogleich aus der Stadt gebracht?

Vorkehrungen gegen Krankheiten und den Tod, durch ungesunde Speisen oder andre Zufälle.

I. Ist es üblich, alle Arten von Vieh vorher zu besichtigen, bevor es geschlachtet wird, damit man allen Ansteckungen vorbeuge, die dadurch bewirkt werden können, daß man das Fleisch von ungesunden Thieren speist?

II. Ist es strenge verboten, verrecktes Rind- Schaf- und Federvieh zu verkaufen? Stinkendes Wildpret? Todte Fische und Krebse, Fische, welche im Laichen begriffen sind? Austern vom Monat May an bis zum September, wie in Paris? Wie wird den Betrügereyen der Fleischer, Fischer, Milch- Butter- und Käsehändler vorgebeugt? Was für Verordnungen hat man, daß diese stets mit gesunder Nahrung den Markt versehen? Werden die Victualien, ehe sie feil geboten werden, gehörig beschauet? Wie wird in katholischen Ländern zur Fastenzeit für gesunde Speisung gesorgt?

III. Wie sucht man zu verhindern, daß kein unreifes oder mit Mutterkorn, Rost u. dergl. vermischtes Getreide genossen werde? Werden Mühlen, Müller und Bäcker sorgfältig beobachtet? Wird alles giftartige und verdächtige Gemüse entfernt? Alles unreife und schädliche Obst weggenommen, auch das Pflanzen gewisser Obstbäume untersagt? Ist es erlaubt, Gartengewächse und Früchte in kupfernen Schalen zu wägen? Oder müssen sie von Eisen seyn?

IV. Werden die Kessel und kupfernen Gefäße in den Speisehäusern oft von der Policey untersucht, um zu sehn, ob sie gut verzinnt sind? Sind wegen der Verzinnung besondre Vorschriften gegeben, wie im Herzogthum Braunschweig? Oder sind Kupfergeschirre ganz abgeschafft wie in Schweden? Wie ist das Trinkwasser beschaffen? Ist es Brunnen-Quell- oder Flußwasser? Und wie wird schlechtes Wasser verbessert und unschädlich gemacht? Sind Weinverfälschungen neulich bekannt und bestraft worden? Wie ist dieser Betrügerey auf die Zukunft abgeholfen? Wie wird dem übermäßigen Gebrauch des Branntweins und andrer geistigen Getränke und der Verfälschung derselben gewehrt?

V. Ist es strenge verboten, irgend eine Art von Gift zu verkaufen, wie es auch Namen haben mag, außer an ganz unverdächtige Personen?

VI. Wie bewahrt man die Hunde, daß sie nicht aus Durst wütend werden? Hat man ein Gesetz, wie in einigen italienischen Städten, welches die Gemüsekrämer verbindet, ein Gefäß voll Wasser vor der Thür ihrer Bude stehen zu haben, aus welchem die durstigen Hunde trinken können?

Mittel, dem sittlichen Verderbnisse vorzubeugen.

I. In wie fern erstreckt sich die Aufmerksamkeit der Policey auf Verhinderung des sittlichen Verderbnisses der Einwohner?

II. Wie ist dem Mangel an Ehrerbietung gegen das höchste Wesen und der Verspottung der eingeführten Religion vorgebeugt? Wie wird auf ein anständiges Betragen bey den gottesdienstlichen Handlungen gehalten?

III. In wie fern ist die Preßfreyheit eingeschränkt, in Rücksicht auf unsittliche, irreligiöse und ärgerliche Schriften, Kupferstiche ꝛc.? Und wie wird die Einführung gefährlicher Bücher verhindert?

IV. Wacht die Policey über Beobachtung der Sonntagsfeyer? Oder herrscht wenig Unterschied unter einem Feyertage und Werktage, in Absicht auf Kauf und Verkauf? ꝛc.

V. Ist es gänzlich verboten, Häuser von verdächtigem Rufe zu halten? Oder werden sie geduldet? Oder stehen sie unter unmittelbarer Aufsicht und Verordnungen? Und worin bestehen diese?

VI. Wie wird den Hazardspielen vorgebeugt?

VII. Welche Sorgfalt wird angewandt, Unternehmungen, die Aberglauben verbreiten, zu unterdrücken?

VIII. Hat die Policey ein wachsames Auge auf die öffentlichen Häuser, um Trunkenheit, Zwist und andre Unordnungen zu hindern? Sucht man die Anzahl der Schenk- und Wirthshäuser einzuschränken? Von welchem Jahre sind die letzten Gesetze gegen Unmäßigkeit im Essen und Trinken?

Verfügungen, die öffentliche Sicherheit betreffend.

I. Welche Beleidigungen hält man von der Art, daß sie den öffentlichen Frieden stören? Durch welche Verordnungen wird jede Beleidigung von der Art verhindert? Und wie werden die Uebertreter dieser Gesetze bestraft?

II. Was ist in diesen Gesetzen in Ansehung aufrührerischer Zusammenkünfte verordnet? Wie unterdrückt man sie? Und welche Strafen sind den Uebertretern auferlegt?

III.

III. Darf jedermann bewafnet gehn? Oder welchen Personen ist dieß erlaubt? Nur Adlichen, wie den Studiosis vom Adel in Halle? Oder ist das Tragen der Waffen, Degen, Pistolen u. s. überhaupt verboten, wie in der Stadt Modena? Ist es den niedern Klassen von Einwohnern in den Städten und auf dem Lande untersagt, wie in Sachsen? Welche Arten von Waffen sind verboten? Das kurze Gewehr und die spitzen Messer, wie zu Madrid? Und bey welchen Strafen? Bey Galeerenstrafe, wie dermalen in Rom bey Leuten vom Pöbel, wenn ein Messer in der Tasche gefunden wird?

Mittel, den Ruf und die Ehre der Einwohner zu sichern.

I. Wie wird für die Ehre und den Ruf jedes Menschen, gegen die Verfasser von Schmähschriften, schändlichen Kupferstichen, Gemälden, schimpflichen Zeichnungen, oder andern ungerechten Angriffen, gesorgt?

II. Wie werden die Beleidiger gewöhnlich bestraft? Nach Verhältniß der Beleidigung, oder mit Rücksicht auf den Stand?

Vorsicht wegen Feuersgefahr.

I. Welche Verfügungen hat man zur Verhinderung der Feuersgefahr? Ist es üblich, die Maurer, Zimmerleute, Dachdecker ꝛc. anzuweisen, worauf sie Acht haben sollen, um die Häuser weniger der Feuersgefahr auszusetzen?

II. Welche gute Einrichtung zu schneller Löschung hat man gemacht? Und wie ist den Unordnungen dabey vorgebeugt?

III.

III. Pflegt man die Häuser gegen Feuersgefahr zu assekuriren? Und welche Arten von Brandassekurationsanstalten hat man hier im Lande? Wie weit erstreckt sich diese Assekuranz? Sind besondre Assekuranzen für die Häuser auf dem platten Lande und in den Städten? Darf der Werth der Häuser nach Willkühr taxirt werden?

IV. Was wird gewöhnlich vergütet?

V. Was ist zu beobachten, um seine Gebäude assekuriren zu lassen? Und seine übrigen Habseligkeiten?

VI. Was für Arten von wirksamen Sprützen sind hier im Lande zur Löschung des Feuers üblich? Wie sind sie gebauet?

VII. Wie viel Wasser gießen sie auf einmal aus? Und wie hoch treiben sie es?

VIII. Wie viel Menschen sind bey einer solchen Sprütze erforderlich? Und worin besteht die ganze Handhabung?

IX. Ist dieß eine neue oder alte Erfindung? Kann man Modelle oder Zeichnungen davon bekommen?

X. Ist der Gefahr vor Gewittern durch angelegte Blitzableiter vorgebeugt? Sind öffentliche Gebäude, Pulvermühlen, Pulvermagazine u. s. damit versehen? Wann und wie hat die Erfahrung den Nutzen der Ableiter bestätiget?

Erleuchtung.

I. Wie viel Laternen und wann werden sie angesteckt, um die Gassen zu erleuchten und sicher zu halten? Seit wie lange ist die Erleuchtung eingeführt?

II. Wie viel kostet diese Erleuchtung? Und woher wird das Geld zu diesen Unkosten genommen?

Lebens-

Lebensmittel auf den Märkten und Varkehrungen gegen Vertheuerung.

I. Durch welche Mittel werden die verschiednen Märkte in den Städten das ganze Jahr hindurch hinlänglich versehn?

II. Welche Maasregeln nimmt die Policey, um zu verhüten, daß die nothwendigen Bedürfnisse des Lebens nicht vertheuert werden können?

III. Welche Artikel haben einen, den Umständen angemeßnen, bestimmten Preis?

IV. Wie beugt man den Monopolien vor?

V. Ueberrascht die Policey von Zeit zu Zeit die Marktleute, untersucht ihr Gewicht und Maaß, und die Art, wie sie ihren Handel treiben?

VI. Wie werden die Betrügereyen der Becker, Kornhändler, Müller, Aufkäufer ꝛc. verhindert? Und bestraft?

Reinhaltung der Stadt.

I. Durch welche Mittel wird die Stadt immer reinlich und die Luft gesund erhalten? Wird zur bestimmten Zeit der Unrath von den Gassen und der Kummer aus den Häusern weggeführt?

II. Welche Sorgfalt wird auf bequemes und ebnes Pflaster verwendet?

III. Wie wird dafür gesorgt, daß die unterirdischen Kanäle den Unflath abführen?

IV. Wie sind die Abtritte angelegt? Giebt es auch öffentliche Abtritte? Werden einige Gewerbe, weil sie die Luft verunreinigen, aus der Stadt gänzlich ausgeschlossen, oder nur an Aborten gebuldet, wie z. E. das Schlachten und Gerben in Frankfurt am Mayn?

V.

V. Welche Aufmerksamkeit widmet man der Sorgfalt für die Reinlichkeit in den Gefängnissen, um die Gesundheit der Gefangenen und derer, welche bey ihnen seyn müssen, zu sichern? (Siehe Gesetze und Verwaltung der Kriminaljustiz.)

VI. Durchsucht die Policey auch die Gefängnisse der Geistlichkeit, der Mönche und solcher Gesellschaften, in welchen der Fanatismus der natürlichen Freyheit der Menschen Fesseln anlegt?

VII. Ist die Stadt hinlänglich mit Wasser versehen? Und durch welche Mittel? Was ist merkwürdig in Ansehung der bequemen Einrichtung der Wasserleitungen? Und wie wird dieß nützliche Fluidum klar erhalten?

Mittel, die Stadt angenehm zu machen und Fremde hinzuziehn.

I. Welche Sorgfalt verwendet die Policey auf Verschönerung der Stadt? Auf Vermehrung der Bequemlichkeit in derselben? Und darauf, daß sie durch Zufluß von Fremden blühender werde?

II. Ermuntert die Policey die Einwohner dazu, daß sie öffentliche Bäder, Gebäude zu Vergnügungen ꝛc. anlegen?

III. Giebt es schön bepflanzte Spatzierplätze, Gärten, schöne Straßen ꝛc. in und bey der Stadt?

IV. Welche Arten von unschuldigen und angenehmen Vergnügungen giebt es hier in der Stadt? In welchem Zustande ist die Schaubühne? Hat die Policey ein wachsames Auge über das ganze Theaterwesen, damit die Sittlichkeit der Einwohner dabey nicht

Gefahr laufe? Und über Erhaltung der guten Ord-
nung in den Schauspielhäusern?
V. Welche andern Arten von Vergnügungen giebt
es, außer den erwähnten?
VI. Giebt es eine hinlängliche Anzahl von Miethkutschen, Tragsesseln, Böten, Miethpferden ꝛc. zur Gemächlichkeit des Publikums? Und ist der Preis dieser Dinge von der Polizey bestimmt?
VII. Welche Verordnungen hat die Polizey gemacht, zum Vortheile fremder Reisenden?
VIII. Wie ist dafür gesorgt, daß Landleute, Käufer, Verkäufer und andre Leute nicht betrogen werden?
IX. Hat die Polizey den Preis des Schlafgeldes, Mittagsessens, Abendessens, der Aufwartung ꝛc. bestimmt? Und wie?

Tabelle

Tabelle von Marktpreisen, nebst der jährlichen Konsumtion in der Hauptstadt ꝛc.

Speise und Nothwendigkeiten des Lebens.	Geringster, mittler und höchster Preis.	Jährlicher Verbrauch der Hauptstadt.	Städte, woher diese Artikel gebracht werden.	Auflagen, Zölle oder zu bezahlende Abgaben.	Jährliche Konsumtion in diesen 5, 10 und 20 Jahren.	Preise von jedem Artikel in diesen 5, 10 u. 20 Jahren.
Ochsen						
Kälber						
Hammel						
Schweine						
Schinken						
Speck						
Unschlitt						
Unschlittlichter						
Wachslichter						
Seife verschiedner Art						
Butter						
Kuhmilch						
Käse						
Eyer						
Gänse						
Enten						
Vögel						
Hühner						
Tauben						
Welsche Hühner						
Kaninchen						
Weizenmehl						
Roggenmehl						
Gerstenmehl						
Hafer						
Gemeines Brodt						
Oel						
Reis						
Bier						
Brandtewein						
Wein von aller Art						
Salz						
Coffee						
Zucker						
Thee						
Kohlen oder Holz						
Schnupftoback						
Rauchtoback						

Tabelle
von Haushaltungsausgaben in der Hauptstadt.

Ein männlicher Bedienter jährlich
Ein Stallknecht oder Kutscher
Ein Koch
Eine Magd
Ein Reitpferd
Zwey Kutschpferde
Wohnung im ersten Stockwerke
Lehrmeister
Erziehung der Kinder in Kostschulen
Leibwäsche zu waschen
Seidene Strümpfe zu waschen
Schneiderlohn für Rock, Weste und Hose
Ein Paar Schuhe
⸺ ⸺ Stiefeln
Ein feines Hemd, mit seinen Handkrausen
Macherlohn dafür
Ein Paar leinene Strümpfe
Des Arztes Besuche
Aderlassen
Wasser
Miethkutscher täglich
⸺ ⸺ ⸺ jede Stunde
Tragkissel
Miethlakaye täglich
Haarkräusler monatlich
Barbier
Ein Taglöhner täglich
Ein Maurer, Zimmermann, Schmidt ꝛc.
Ein Quadratfuß zum Bauen, auf dem besten Grunde

Sechs und zwanzigster Abschnitt.
Milde Stiftungen.

Einrichtung, um ertrunkne Personen zu retten.

I. Welche Sorgfalt und Vorsicht verwendet man bey ertrunknen Personen?

II. Wie werden die Ertrunknen auf den Platz gebracht, wo man sie wieder zum Leben zu bringen suchen will, daß ihnen die Art, sie zu tragen, nicht schädlich sey?

III. Welche Mittel hat man überhaupt am wirksamsten gefunden? Und was ist bey Anwendung derselben zu beobachten?

IV. Wie wird das Volk ermuntert, das Leben ertrunkner Personen zu retten, entweder sie aus dem Wasser zu ziehen, oder wenn dieß schon geschehen ist, die Mittel zu ihrer Rettung anzuwenden? Wird ihnen eine Belohnung für einen jeden Menschen, dem sie das Leben gerettet haben, gegeben? Wie groß ist diese?

V. Welches ist das auffallendste Beyspiel von Personen, die wieder belebt wurden, in Rücksicht auf die Länge der Zeit, welche sie unter dem Wasser zugebracht hatten?

Rettung erhenkter Personen, erstickter und erdrückter Kinder.

I. Welche Verordnungen sind gemacht, um zu versuchen, wie man Menschen wieder zum Leben bringen könne, die sich selbst erhenkt haben, und bey dem Verluste ihrer Sinne wirklich todt zu seyn scheinen?

II. Welches ist die beste Art, sie in das Leben zurück zu rufen?

III. Welche merkwürdige Erfahrungen hat man von dem guten Erfolge dieser Mittel gemacht, in Rücksicht auf die Länge der Zeit, da sie gehangen hatten?

IV. Wie werden Kinder wieder zum Leben gebracht, die von ihren Ammen erstickt oder erdrückt sind? Und ist die toscanische Bogendecke, wodurch dieser Unfall verhindert wird, hier im Lande bekannt?

Personen, die durch schädliche Dünste erstickt sind, wieder zum Leben zu bringen.

I. Durch welche Arten von schädlichen Dünsten werden die Menschen am leichtesten erstickt?

II. Welches sind die sichersten Mittel sie wieder zum Leben zu bringen, angepaßt auf die verschiednen Ursachen, aus welchen ihre Erstickung herrührt?

Anmerkung.

Man vergleiche hiemit die Antworten, welche in der vorhergeschickten Anweisung Ertrunkne ꝛc. zu retten, sind ertheilt worden.

Das Leben erfrorner Personen zu erhalten?

I. Welche Einrichtung hat man zur Rettung erfrorner Menschen gemacht?

II. Wie werden sie behandelt, um sie zum Leben zurück zu bringen?

III. Was für Nahrungsmittel muß man ihnen geben, wenn sie anfangen, wieder zu leben?

IV. Welches ist das auffallendste Beyspiel von erfrornen Menschen, die man wieder zum Leben gebracht hat, in Rücksicht auf die Zeit, während welcher sie erstarrt gelegen haben?

Siechenhäuser.

I. Was für Hospitäler hat man für sieche Männer? Und Weiber?

II. Für wie viel Personen ist Platz in jedem? Und wie werden die Kranken behandelt?

III. Auf welche Art wird ein beständiger Fond dazu erlangt? Erhalten sich die Hospitäler größtentheils von Schenkungen? Almosen? Legaten? Subscriptionen? Armenabgaben? Oder wie?

IV. Wie ist die Ausgabe in jedem geordnet? Und wie hoch beläuft sie sich jährlich?

V. Ist die Oberaufsicht der Hospitäler gewöhnlich menschenfreundlichen Personen von Bedeutung, ohne Gehalt übertragen? Oder solchen Menschen, die dafür bezahlt werden, und sich nicht selten bey diesem Geschäfte zu bereichern pflegen?

VI. Giebt es einige bemerkenswerthe menschenfreundliche Einrichtungen, in Rücksicht auf die Hospitäler? Und worin bestehen diese?

VII. Welche Arten von Hospitälern glaubt man zweckmäßiger auf dem Lande, als in der Stadt anlegen zu können?

Entbindungshäuser.

I. Welche Arten von Häusern giebt es, für schwangere verheyrathete arme Frauen? Werden sie in Häusern aufgenommen, die ausdrücklich dazu erbaut sind? Oder werden sie in ihren eignen Häusern, unter der Aufsicht von Hebammen, auf Kosten der milden Stiftung verpflegt?

II. Findet man nicht die Art, die Hebammen in die Häuser der schwangern Weiber zu schicken, besser,

als die Schwangeren in den Entbindungshäusern nie»
derkommen zu lassen, weil im letztern Falle die Wöch»
nerinnen sich von ihrem Haushalte entfernen müssen,
der dadurch verabsäumt wird?

III. Aus welchem Fond wird das Entbindungs-
haus unterhalten? Wie ist alles darin angeordnet?

IV. Wie weit erstreckt sich die Mildthätigkeit der
Einwohner, zum Vortheile dieser Stiftung?

V. Welche Einrichtung von derselben Art hat man,
zum Vortheile unglücklicher schwangern Mädchen?
Wie wird der Fond dazu gehoben? Wie wird das
Ganze verwaltet?

VI. Werden die Mädchen heimlich, ohne Aufsehn,
hineingeschaft? Und wie wird dieß behandelt?

VII. Wie groß ist, nach einem Durchschnitte, die
Anzahl der unglücklichen Mädchen, die jährlich in diesem Hause entbunden werden?

Findlingshäuser.

I. Welche Sorgfalt widmet man der Aufnahme
der Findlinge? Werden sie sämtlich in Einem Hause
auferzogen, oder auf öffentliche Kosten im Lande vertheilt?

II. Auf welche Weise wird diese Einrichtung daus
erhaft erhalten?

III. Werden alle Kinder darin aufgenommen? Oder
welche? Wie viel sterben davon jährlich?

IV. Wie hoch hat sich, nach einem Durchschnitte,
die Anzahl dieser Findelkinder, in den letzten 10, 25
und 50 Jahren belaufen? Ist sie größer oder geringer geworden?

V.

V. Werden die Kinder in dem Hause selbst von der Zeit ihrer Aufnahme an ernährt? Mit Menschenmilch? Oder womit? Werden sie in den ersten Jahren an Pflegemütter auf das Land gethan? und nachher in das Haus aufgenommen? Bis zu welchem Alter haben sich die Kinder dieser Wohlthaten zu erfreuen?

VI. Was wird nachher aus ihnen?

VII. Genießen sie besondre Vorrechte, um sie dafür zu entschädigen, daß sie auf die Vortheile rechtmäßiger Kinder Verzicht thun müssen? Und worin bestehen diese?

VIII. Wie viele von ihnen sterben unter hunderten?

Häuser zu Einimpfung der Blattern.

I. Giebt es Hospitäler, in welchen die Kinder von den Blattern geheilt werden? Und zu Einimpfung derselben?

II. Wovon werden diese Hospitäler unterhalten? Und wie hoch beläuft sich die jährliche Ausgabe?

III. Welche Behandlungsart hat man bey den natürlichen Blattern als die zweckmäßigste anerkannt?

IV. Wie werden die Kinder bey eingeimpften Blattern behandelt?

V. Wie viel Kinder sterben, den Beobachtungen nach, unter fünfhundert an den natürlichen Blattern? Wie viel an den eingeimpften?

VI. Wie hoch beläuft sich die Anzahl der Kinder, die jährlich Vortheil von dieser Stiftung ziehen?

Hospital für venerische Kranke.

I. Was für Einrichtungen giebt es, um dürftige

Perſonen beyderley Geſchlechts aufzunehmen und zu verpflegen, die mit veneriſchen Krankheiten behaftet ſind?

II. Aus welchem Fond wird dieſe Stiftung erhalten?

Tollhäuſer.

I. Was für milde Stiftungen giebt es für wahnwitzige Männer und Weiber?

II. Von welchem Fond werden ſie unterhalten? Und wie hoch beläuft ſich die jährliche Ausgabe?

III. Werden die Leute nur gegen Bezahlung darin aufgenommen?

IV. Werden die Leute daſelbſt überhaupt mit Strenge behandelt, oder mit Güte? Welche Verſuche hat man gemacht, die armen Unglücklichen durch milde Begegnung und angenehme Zerſtreuungen zu heilen? (Beſonders wenn ihre Krankheit durch fortdauernde traurige und nagende Gedanken erzeugt wird, die durch eine rauhe Behandlung natürlicher Weiſe vermehrt wird.)

V. Welche Mittel zu Heilung der Raſenden hat man am wohlthätigſten gefunden? Und was iſt bey Anwendung derſelben zu beobachten?

VI. Welche Ermunterung giebt die Regierung, um wirkſame Mittel zu Heilung dieſer erſchrecklichen Krankheit zu finden? Und welche öffentliche Belohnung giebt ſie dem Arzte, der einen tollen Menſchen glücklich geheilt hat?

VII. Hat man nicht Beyſpiele, daß Leute, die ihrer Sinne mächtig ſind, von ihren geizigen Verwandten oder Andern in das Tollhaus geſchickt werden, um ſie ihres Vermögens zu berauben? Und auf welche Weiſe baut die Regierung dieſen gewaltſamen Unternehmungen vor?

Ein-

Einrichtungen zur Besserung liederlicher Frauenzimmer.

I. Giebt es eine Stiftung zur Aufnahme und Besserung gemeiner Huren? Welche ist diese?

II. Woher wird der Fond zu dieser Anstalt genommen? Und wie hoch beläuft sich, nach einem Durchschnitte, die jährliche Ausgabe?

III. Wie werden sie aufgenommen? Wie behandelt?

IV. Ist die Anzahl derer, die hier aufgenommen werden, unbestimmt? Oder festgesetzt?

V. Welche Sorgfalt wendet man an, sie mit ihren Freunden auszusöhnen? sie in gute Familien zu bringen, oder ihnen ein anständiges Gewerbe zu verschaffen?

VI. Welchen Erfolg hat diese Stiftung? Und wie hoch beläuft sich jährlich die Anzahl der gebesserten weiblichen Geschöpfe?

Zu Verheyrathung armer Mädchen.

I. Hat man eine Stiftung, zu jährlicher Verheyrathung einer gewissen Anzahl armer Mädchen? Welche?

II. Wie viel arme Mädchen haben sich jährlich der Wohlthat dieser Einrichtung zu erfreuen? Und welche Eigenschaften werden dazu erfordert?

III. Wie viel wird jedem Mädchen zur Ausstattung gegeben? Und welche Förmlichkeiten werden an dem dazu bestimmten festlichen Tage beobachtet?

IV. Auf welche Weise wird der Fond zu dieser menschenfreundlichen Stiftung herbeygeschafft?

Zur Aufnahme arbeitsamer Dürftigen.

I. Hilft die Regierung arbeitsamen dürftigen Manufakturisten und Handwerkern auf, und leiht ihnen Geld
zu

zu ganz geringen Zinsen? Und wie? Sorgt sie dafür, daß sie das Material zu ihrer Arbeit um einen billigen Preis und jeder Zeit, und auf Kredit bekommen können?

II. Unter welchen Bedingungen werden sie mit Gelde unterstützt? Und was ist die größte Summe, die man ihnen vorstreckt?

III. Welcher Fond ist zu diesem Endzwecke ausgesetzt? Und wie ist die Einrichtung?

Einrichtung eines öffentlichen Leihhauses.

I. Giebt es eine solche Einrichtung zum Vortheile armer Leute? (Welche außerdem durch unbillige Wucherer zu Grunde gerichtet werden.)

II. Zu welchen Fristen wird das Geld hergeliehen? Auf wie viel Monate? Auf was für Pfänder wird geliehen? Welchen Personen wird geliehen? Sucht man dabey der Armuth unter die Arme zu greifen, und werden den Dürftigen gegen sicheres Pfand kleine Summen ohne Zinsen vorgestreckt, wie in Rom? Oder werden in jedem Falle Zinsen gehoben, und zu wie viel Procent?

III. Woher ist der Fond dazu genommen? Wie ansehnlich ist er?

Werkhäuser.

I. Welche Verordnungen sind gemacht, um das Volk vom Betteln abzuhalten?

II. Wie werden freche Bettler und ihre Kinder beyderley Geschlechts von der Regierung, sowohl in der Hauptstadt als auf dem Lande, in Thätigkeit gesetzt? Wie viel erwerben die von männlichem, wie

viel

viel die von weiblichem Geschlechte täglich, durch die ihnen angewiesenen Arbeiten?

III. Wie sind die Werkhäuser eingerichtet? Von welchem Fond werden sie unterhalten?

IV. Welche Speisen hat man für diese arme arbeitende Menschen am wohlfeilsten und am nahrhaftesten gefunden? Und wie viel wird ihnen davon täglich gereicht?

V. Wie wird das Leben in den Werkhäusern, welches in manchen Städten dem Volke so fürchterlich vorkömmt, denen, die darin arbeiten, angenehm gemacht? Oder sind die Werkhäuser von den Zuchthäusern nicht sehr unterschieden, da sie doch nach den Grundsätzen einer Industrieschule angelegt seyn sollten?

VI. Werden die Leute gütig behandelt? Und wird ihre Arbeit nicht als entehrend angesehen?

VII. Wie hoch beläuft sich hier im Lande die Anzahl der Menschen, die in den Werkhäusern zur Arbeit angestellt sind?

Versorgung solcher Armen, die sich, ihres Standes wegen, schämen, zu betteln.

I. Hat die Regierung Mittel erfunden, auf vortheilhafte und dauerhafte Weise, Leute von feinerer Erziehung, die durch Mißgeschick in Armuth gerathen sind, zu versorgen? Und welches sind die bequemsten und einträglichsten Arbeiten, welche man für diese Klasse von Armen ausgesucht hat?

II. Wie viel kann eine Person, die noch nicht sehr an Arbeit gewöhnt ist, täglich bey dieser Art von Geschäften verdienen?

III.

III. Welche Anstalten zu ihrem Vortheile hat man gemacht, im Fall die Umstände ihnen nicht gestatten, zu arbeiten? Wie hoch erstreckt sich die Anzahl dieser Art von Armen? Und wie stark ist die Summe Geldes, die jährlich zu ihrem Unterhalte verwendet wird?

IV. Welche Sorgfalt wird den Kindern dieser Art von Armen gewidmet? Wie, und wo werden sie erzogen? Und wie sorgt man für ihr Fortkommen in der Welt?

Sorgfalt für gebrechliche Arme.

I. Wie hoch beläuft sich hier im Lande die Anzahl der wirklich armen, hülflosen, gebrechlichen Personen beyderley Geschlechts?

II. Wie sorgt man für bejahrte, sieche und zur Arbeit gänzlich untüchtige Arme beyderley Geschlechts?

III. Welchen beständigen Fond zu ihrem Unterhalte hat man ausfindig gemacht? Und wie groß ist die Summe, die jährlich zum Unterhalte der gebrechlichen Armen verwendet wird?

IV. Welchen Vortheil zieht die Regierung von ihrer Existenz?

V. Sind die Hospitäler für die gebrechlichen Armen vorzüglich in der Residenz angelegt? Oder in den Landstädten? Oder in den Dörfern? Und welche Oerter hält man für die bequemsten zu diesen Anlagen?

Stiftungen für Waisen.

I. Wie werden arme Waisen in der Hauptstadt ernährt? unterrichtet? und wie versorgt, wenn sie in einem Alter sind, wo sie ihr Brodt erwerben können?

II. Wie

II. Wie hoch beläuft sich die Summe, die jährlich dazu verwendet wird? Und woher wird der Fond dazu gehoben?

III. Welche Arten von milder Stiftung, menschenfreundlichen Anstalten und nützlichen Gesellschaften hat man zu diesem Endzwecke errichtet?

IV. Hat man Versuche gemacht, die Waisenkinder bey Privatpersonen in die Kost zu geben? Aus was für Ursachen? Wie sind diese Versuche ausgefallen? (Was übrigens diese Einrichtung betrift, darüber lese man nach, die Artikel: Bauernstand, Seeschiffahrt, Land- und Seemacht.)

Oeffentliche Belohnungen menschenfreundlicher Handlungen.

I. Ist es im Lande üblich, daß Leute, welche eine bemerkenswerthe menschenfreundliche Handlung ausgeübt haben, öffentlich von der Regierung belohnt werden? Und wie werden die Bürger zu solchen Handlungen ermuntert; zum Beyspiel, einem Menschen das Leben zu retten, der in dringender Gefahr ist?

Sieben und zwanzigster Abschnitt.
Erziehung.

Historische Untersuchungen, in Rücksicht auf die Erziehung.

I. Ist die jetzige Art der Kindererziehung noch dieselbe, wie in vorigen Zeiten? Oder worin besteht der Unterschied? Kann man dem Staate den Vorwurf machen, der in Ansehung des italiänischen Landvolkes Statt findet, daß die Kinder in einer unbegreiflichen Unwissenheit erzogen werden?

Säugung der Kinder.

I. Wie lange Zeit werden die Kinder hier auf dem Lande gewöhnlich gesäugt? Wie lange in den Städten?

II. Welche Art von Nahrung wird den Kindern gereicht, sobald sie von der Muttermilch entwöhnt werden? Zum Beyspiel: Ziegenmilch, Reißwasser? ꝛc. Und welchen Einfluß haben diese Nahrungsmittel auf die Gesundheit der Kinder?

III. Läßt der reichre Theil der Einwohner und der Adel seine Kinder durch Ammen säugen? oder erfüllen die Mütter selbst diese Pflicht?

IV. Wie werden die Kinder nachher genährt? Bis zu welchem Alter müssen sie sich des Fleischessens und des Weintrinkens enthalten?

Kleidung.

I. Wie werden kleine Kinder gekleidet? Ist es üblich, sie enge in Windeln zu wickeln? Und was für Folgen schreibt man diesem Gebrauche zu?

II. Ist es gebräuchlich, die Kinder in allen Jahrszeiten mit leichtem Zeuge zu decken? Oder werden sie sehr warm gehalten?

Schlaf und Betten.

I. Wie viel Stunden Schlaf gestattet man den Kindern, bis sie 5 oder 6 Jahr alt sind? Und wie sind die übrigen Stunden eingetheilt?

II. Sind

II. Sind die Betten der Kinder hart, um ihren Körper zu stärken, oder weich? Und woraus bestehen sie gewöhnlich?

III. Ist der Kopf, während des Schlafs, bedeckt, oder bloß? Und aus welchen Gründen ist die eine oder die andre Methode vorzuziehen?

Behandlung der Kinder in Rücksicht auf ihren Körper.

I. Bis zu welchem Alter bleiben die Kinder in den Städten gewöhnlich unter weiblicher Aufsicht? Und was beobachtet man an Kindern, die früher als üblich ist, der Sorgfalt der Männer anvertraut sind?

II. Welche Sorgfalt wendet man an, die Kinder dadurch zu stärken, daß man sie früh an freye Luft, an kaltes Wasser und an Ertragung schwerer Arbeit gewöhnt?

III. Durch welche Art von Leibesübungen erlangen die Kinder Gewandtheit des Körpers? Gewöhnt man sie auch, von beyden Händen gleichen Gebrauch zu machen?

Bildung des Herzens.

I. Welche Sorgfalt wendet man an, den Kindern richtige Begriffe von Gott und Religion, und von den Pflichten gegen ihre Nebenmenschen beyzubringen?

II. Werden die Kinder gewöhnt, pünktlich ihr Morgen= und Abendgebet herzusagen?

III. Werden die Kinder angeführt, aufmerksam, ehrerbietig und folgsam gegen ihre Eltern und Vorgesetzte zu seyn, und sie zu lieben? Bewirken strenge oder gütliche Mittel am besten diese Ehrerbietung?

IV. Wie werden die Kinder gebessert, wenn Grausamkeit in ihrem Charakter liegt, wenn sie Vergnügen daran finden, hülflose Thiere zu tödten, oder zu martern, Dinge zu zerbrechen und zu verderben, wovon sie wissen, daß sie Andern werth sind? Welche Mittel wendet man an, ihre zornige Gemüthsart zu unterdrücken, ohne Gewalt anzuwenden?

V. Werden die Kinder angereizt, Erbitterung zu fassen, gegen gewisse Nationen? gegen Menschen, die andre Meynungen hegen? gegen Personen aus andern Ständen? Oder wird ihnen allgemeines Wohlwollen gegen Menschen und Vieh eingeprägt? Und wie?

VI. Da Muth in allen Verhältnissen des Lebens, im Unglücke, in Schlachten, in Krankheiten ꝛc. so nothwendig ist; wie werden da die Kinder gewöhnt, herzhaft zu seyn, ohne tollkühn zu werden? Und mit Geduld ertragen zu lernen?

VII. Wird den Kindern der Tod unter einer fürchterlichen Gestalt vorgebildet, oder als unvermeidlicher Uebergang aus diesem Leben in ein andres glücklicheres?

VIII. Ist es üblich, sie zu erschrecken, mit Erzählungen von Gespenstern, Poltergeistern, Erscheinungen, Hexen und andern Schreckbildern, oder werden sie bey Zeiten gewöhnt, ohne Furcht allein im Dunkeln zu seyn, und kein Behagen an solchen Arten von Märchen zu finden?

IX. Werden die Kinder gewöhnt, keine Furcht bey Ungewittern zu zeigen, sondern wird ihnen dieß prächtige Schauspiel der Natur erklärt?

X. Wie wird ein richtiger Begriff von Ehre und Sorgfalt für ihren Ruf den Gemüthern der Kinder eingeprägt?

XI.

XI. Welcher allgemeine Begriff wird den Kindern vom Gelde gegeben? Wird es ihnen als das summum bonum geschildert? Oder vielmehr als ein Mittel, dem Dürftigen beyzustehn? Als eine Art Aequivalent für geleistete Dienste, oder dergleichen?

XII. Welche besondre Sorgfalt wenden die Eltern an, die Herzen der Kinder auf den gehörigen Grad zu erweichen? Machen sie dieselben aufmerksam auf die mannichfaltigen unglücklichen Schlachtopfer menschlicher Ungerechtigkeit, der Launen des Schicksals? Führen sie sie in die Krankenhäuser, in die Wohnungen des Elends, wo arme Eltern, von zahlreichen Familien umgeben, und arbeitsame Dürftige im Drucke leben? Zeigen sie ihnen, wie das Verdienst verfolgt und mißkannt, der Gebrechliche ohne Pflege, und das Alter verlassen ist?

XIII. Wie wird Gierigkeit bey den Kindern verhütet? Wie wird ihnen dieser Fehler abgewöhnt? Ist es auch üblich, daß die Eltern durch die Hände ihrer Kinder den Armen Almosen reichen lassen?

XIV. Wie werden die Kinder zur Freygebigkeit ohne Prahlerey erweckt? Wie werden sie zur Dankbarkeit gewöhnt?

XV. Wie prägt man den Kindern Achtung des fremden Eigenthums ein, und wie wird ihnen der Diebstahl verhaßt gemacht?

XVI. Wie werden Kinder ermuntert, die Wahrheit zu sagen, und wie wird ihnen ein Abscheu gegen Lügen eingeflößt?

XVII. Wie werden ihnen Neid, Spott, Verleumdung, Hochmuth zuwider gemacht?

XVIII.

XVIII. Wie wird der Liebe zum Müßiggange vorgebauet, oder sie in den Kindern erstickt? Und wie werden sie früh an Thätigkeit gewöhnt?

XIX. Wie werden die Kinder gewöhnt, in Freuden und Leiden Mäßigung zu beobachten?

XX. Welche Arten von Strafen werden den Kindern bey verschiednen Vorfällen, wegen verschiedner Unarten, auferlegt?

Unterricht im Lesen, Schreiben und Rechnen.

I. In welchem Alter werden die Kinder gewöhnlich im Lesen, Schreiben und Rechnen unterrichtet? Und welche Methode wird dazu für die beste gehalten?

II. Welche Arten von Büchern werden vorzüglich gebraucht, um die Kinder darin lesen zu lassen?

Körperliche Uebungen.

I. Welche Arten von körperlichen Uebungen, als Fechten, Tanzen ꝛc. werden von den jungen Leuten getrieben?

II. In welchem Alter wird jede dieser Uebungen gewöhnlich erlernt? Und wie viel Monate werden zu jeder derselben verwendet?

III. Ist Schwimmen, Laufen, Springen, Klettern, Ringen und andre gymnastische Uebungen unter dem gemeinen Volke sehr im Gebrauche? Und auch bey den höhern Ständen? Oder welche dieser Uebungen werden bey jeder dieser Klassen sehr vernachläßigt?

IV. Welche Männer sind hier im Lande wegen ihrer Geschicklichkeit in der Gymnastik berühmt?

V. Welche Schriften hat man, die von der Gymnastik handeln?

Häus-

Häusliche Erziehung.

I. Welchen Arten von Menschen wird die Erziehung junger Leute höhern Standes anvertrauet? Welches sind im Allgemeinen die erforderlichen Eigenschaften eines solchen Erziehers? Und wie hoch wird er besoldet?

II. In welchem Alter werden die Kinder gewöhnlich den Erziehern anvertrauet? Und bis zu welchem Alter bleiben diese bey ihren Zöglingen?

III. Was für Studia und in welcher Ordnung werden gemeiniglich von den Hauslehrern getrieben?

IV. Welcher Studienplan verdient in aller Rücksicht bey der öffentlichen und Privaterziehung eingeführt zu werden?

V. Welche Erziehung ist die kostbarste, die Privaterziehung, oder die öffentliche? Und wie viel kann, nach einem Durchschnitte, der Unterhalt eines jungen Menschen von Stande, jährlich kosten, wenn er im väterlichen Hause erzogen wird? Wie viel in einer öffentlichen Anstalt?

VI. Welche von beyden Arten der Erziehung ist die gewöhnlichste?

Oeffentliche Erziehung.

I. Was ist merkwürdig in Ansehung der öffentlichen Erziehung in ältern Zeiten, und worin ist das jetzige System hauptsächlich von dem ältern unterschieden?

II. Hält man dafür, daß die heutige öffentliche Erziehung den Kopf und das Herz des Zöglings sehr bessert, oder worin fehlt es dabey?

III.

III. Besitzen die Lehrer der öffentlichen Schulen im Allgemeinen die nöthigen Eigenschaften?

IV. Von wem sind die öffentlichen Lehrstühle errichtet? Und wie hoch werden die Lehrer besoldet?

V. Werden die öffentlichen Lehrstühle mit den geschicktesten Subjekten besetzt, oder werden solche Plätze nach Gunst und Vorwort vergeben?

VI. Nimmt man Rücksicht auf den Charakter des Kandidaten, und ist er verbunden, ein Specimen seiner Geschicklichkeit im Unterrichten zu geben, bevor man ihm diese Fähigkeiten zutrauet?

VII. Kann ein öffentlicher Lehrer verabschiedet werden, oder werden diese Stellen auf Lebenszeit ertheilt?

VIII. Wie viel Universitäten giebt es? In welchen Städten? In welchem Jahre, und von wem sind sie gestiftet? Und wie werden sie unterhalten?

IX. Wie viel Studirende sind auf jeder dieser Universitäten? Sind es größtentheils Leute von Stande? Giebt es auch da Stiftungen für Kinder armer Eltern? Ist die Anzahl derselben festgesetzt? Und wie?

X. Von wem werden die hohen Schulen dirigirt? Welche Gerichtsbarkeit, was für Privilegien haben sie?

XI. Welche Fakultäten giebt es? Welche Künste, welche Wissenschaften werden gewöhnlich auf jeder Universität gelehrt? Von wie viel Professoren?

XII. Wie viel Jahre, oder Monate widmet man jeder Fakultät, Kunst oder Wissenschaft auf den Universitäten?

XIII. Welche Fakultät, welche Kunst oder Wissenschaft ist auf jeder Universität am besten besetzt? Und welche ist am mehrsten vernachläßigt?

XIV.

XIV. Wird die Landwirthschaft auf Universitäten gelehrt? (Siehe Landwirthschaft, Mittel, landwirthschaftliche Kenntnisse im Lande auszubreiten.)

XV. Welche Aufmerksamkeit wird auf den Universitäten dem Studium der Muttersprache gewidmet? Der Verbesserung der Grammatik? Und des Briefstils?

XVI. In welchen todten und morgenländischen Sprachen werden die Studenten auf den Universitäten unterrichtet? Und wie viel Jahre hindurch?

XVII. Welche von den lebenden Sprachen werden auf den Universitäten gelehrt? Und welche Methode hat man für die beste gefunden, sie am geschwindesten zu erlernen?

XVIII. In welchem Alter werden die jungen Leute gewöhnlich auf Universitäten geschickt? Bis zu welchem Alter pflegen sie dort zu bleiben?

XIX. Wird der Unterricht unentgeldlich gegeben? Oder wie viel wird in jeder Fakultät, für jede Kunst oder Wissenschaft bezahlt?

XX. Leben die Studenten in Privathäusern, oder in Kollegien? Und wie werden sie in denselben gehalten?

XXI. Welche Studien werden hauptsächlich von den Studenten getrieben, welche sich der Rechtsgelahrtheit widmen? Bloß eigentlich juristische oder auch Kameralwissenschaften?

XXII. Welche Studien werden von solchen, die Geistliche werden wollen getrieben? Alte Sprachen, die hebräische und griechische? Dogmatik? Haben die morali-

'schen

schen Vorlesungen und praktischen Uebungen vielen Beyfall? Ist der Zweck dieser und überhaupt aller Studirenden, nur so viel zu lernen, daß sie im Examen nicht abgewiesen werden, oder wollen sie sich zu brauchbaren Mitgliedern der menschlichen Gesellschaft in dem gelehrten Stande bilden?

XXIII. Welche merkwürdige Veranstaltungen hat man getroffen, zu Ersparung der Zeit bey der Erziehung und dem Unterrichte in nützlichen Kenntnissen, und zu verhindern, daß die Jugend sich nicht auf Studien lege, welche gar keinen Nutzen haben, und folglich schädlich sind, weil sie den Geist der jungen Leute zerstreuen und von nützlichern Beschäftigungen ablenken?

XXIV. Wird Sorgfalt für die Besserung des Herzens des Schüler und dafür getragen, daß man nicht nur gelehrte Männer, sondern auch tugendhafte Bürger aus ihnen zieht?

XXV. Ist die Universitätsbibliothek von Belang? In guter Ordnung? Werden jährlich viele neue Bücher angeschafft? Wird sie auch von Studenten besucht und benutzt? Haben diese einen Geschmack an der Literatur? Was für ein Ton herrscht unter ihnen? Zeichnen sie sich aus durch Fleiß? Gute Aufführung?

XXVI. Ist hier eine Sammlung von Antiken? Gemälden? Kupferstichen? Naturalien? ein botanischer Garten? anatomisches Theater? Krankenhaus? Accouchiranstalt? chemisches Laboratorium? Sternwarte? Unter welchen Männern stehen diese Institute? Wie viel Geld wird zur Erhaltung derselben jährlich hergegeben? Wie werden sie zur Bildung der jungen Männer genutzt?

XXVII.

XXVII. Welche Schriftsteller haben mit dem größten Beyfalle über Erziehung geschrieben?

Berühmte Männer.

I. Welches sind die berühmtesten Männer dieses Landes aus der ältern Zeit? Und worin besteht ihr Verdienst?

II. Welche Männer sind jetzt in den Fakultäten, Künsten und Wissenschaften, als Beförderer oder Lehrer auf den Universitäten berühmt, und werth, daß ein aufmerksamer Reisender sich bemühe, ihre Bekanntschaft zu machen?

III. Welche Beweise haben sie von ihren Verdiensten gegeben? Und was für neue Entdeckungen haben sie gemacht, was für besondre wichtige Dienste haben sie dem gemeinen Wesen geleistet?

IV. Welche außerordentliche, ausgezeichnete Männer leben noch hier im Lande? Und wegen welcher nicht gemeinen Eigenschaften sind sie merkwürdig?

V. Was für Männer giebt es hier, die werth wären, als die Quintessenz der Nation angesehn zu werden, nemlich: solche der Unsterblichkeit würdige Bürger, die ihre Zeit, ihre Fähigkeiten, und ihr Vermögen der allgemeinen Wohlfahrt aufopfern, deren größte Sorgfalt dahin geht, die Rechte der Menschheit zu vertheidigen, nützliche Kenntnisse unter ihren Landesleuten zu verbreiten, die Nation zur Arbeitsamkeit, Unschuld und Glückseligkeit zu leiten, und welche des Zutrauens des Volks und der Regierung gleich würdig sind?

(Ueber

(Ueber die Erziehung des Edelmanns siehe Adel; — des Manufakturisten s. Manufakturen; — des Kaufmanns s. einländischer und ausländischer Handel; — des Bauern s. Zustand des Landvolks; — des Officiers s. Landmacht.)

Acht und zwanzigster Abschnitt.
Ursprung, Sitten und Gebräuche der Nation.

Ursprung der Nation.

1. Woher stammt dieß Volk? In welchem Jahre ist dieß Land bevölkert worden? Und welches sind die merkwürdigsten Zeitpunkte und Epochen in der Geschichte desselben?

Veränderungen, die mit dem Volke vorgegangen sind.

1. Was meldet die Geschichte in Rücksicht auf die körperliche und geistige Beschaffenheit der ältern Einwohner? Und in welchen Stücken sind die neuern von ihnen unterschieden?

Gestalt und unterscheidende Physiognomie.

1. Wie ist die Gestalt und Leibesbeschaffenheit der Eingebornen? Und welche charakteristische Züge sieht man an ihnen?

Einfluß des Klima.

1. Welchen Einfluß scheint das Klima auf den Körper und das Gemüth der Einwohner zu haben?

Und

Und wie kann man die Ursache von dieser Wirkung erklären?

Genie.

I. Zu welchen Künsten und Wissenschaften sind die Einheimischen am mehresten aufgelegt und am fähigsten?

II. Welche merkwürdige Erfindungen und Entdeckungen schreiben sich die Landeseingebornen zu?

III. Welche Künste und Wissenschaften werden am wenigsten von ihnen getrieben? Und woher kömmt das? Hat sie große Meister in den zeichnenden Künsten aufzuweisen? und warum nicht? Wird die klaßische Literatur verabsäumt? Sind ihre Schriftsteller Männer von Genie und Geschmack? oder fehlt ihnen beydes? Werden Naturgeschichte, Physik und Chemie von ihr exkolirt? Hat die Kultur dieser und verwandter Wissenschaften einen Einfluß auf die Verbesserung ihres Wohlstandes?

Charakter der Eingebornen.

I. In wie fern kann man annehmen, daß die Erziehung und Regierungsform die Eingebornen mehr oder weniger lasterhaft, oder mehr oder weniger tugendhaft, als andre Nationen macht? Und was scheint am wirksamsten die Nationaltugenden und Laster fortzupflanzen?

II. Ist die Nation kriegerisch, oder geneigter zu den Künsten, die der Frieden erzeugt? Und was hat ihr diese Richtung gegeben?

III. Sind sie ihren Fürsten sehr zugethan, und patriotisch? Oder aufrührerisch und geneigt, in fremden Ländern zu leben?

IV.

IV. Sind die Landeseingebornen arbeitsam oder faul? Und in welchen Provinzen mehr oder weniger? Und in wie fern?

V. Sind sie verschlagen und betrügerisch, oder aufrichtig und wahrhaft?

VI. Findet man bey ihnen im Allgemeinen mehr Anlage zum Ernst, oder sind sie geneigter zum Scherze und gestimmt zur fröhlichen Laune? Sind Selbstmorde so häufig wie in England, oder so selten wie in Italien? Hat die Zahl der Selbstmörder zugenommen? wie in London und Berlin? Unter welcher Klasse von Menschen? Vorzüglich unter Soldaten?

VII. Ist Sparsamkeit, oder Hang zur Verschwendung ihnen eigner? Und wofür sind sie am leichtesten geneigt, Geld auszugeben? Oder worin besteht der Luxus des gemeinen Mannes am häufigsten?

VIII. Welches sind die herrschenden Leidenschaften und Schwachheiten der Landeseingebornen, und auf welche Gegenstände fallen sie am öftersten?

IX. Hat im Allgemeinen das Volk in den niederen Klassen Ehrerbietung gegen das Eigenthumsrecht? Oder sind Räubereyen, Einbrüche, Betrügereyen, Plünderungen und ähnliche Unregelmäßigkeiten unter ihnen sehr üblich?

Aberglauben und Vorurtheile.

I. Welche merkwürdige Vorurtheile und abergläubische Grillen sind unter allen Klassen des Volks am herrschendsten? Und wodurch haben sie Wurzeln geschlagen?

Betragen

Betragen gegen Fremde.

I. Wie behandeln die Eingebornen dieses Landes die Fremden? Ist Gastfreundschaft allgemein? Und wird die Jugend zu einem höflichen Betragen gegen Fremde ermuntert?

II. Mit welcher Nation scheinen die Eing-bornen am mehrsten zu sympathisiren? Und was mag die Ursache von dieser Partheylichkeit seyn? Ist es Aehnlichkeit des Temperaments und der Manieren? Oder eine vortheilhafte, fortdauernde Handlungsverbindung? Politische Verhältnisse? Oder welche andre Ursachen?

III. Gegen welche Nation scheinen sie vorzüglich viel eingewurzelten Widerwillen zu hegen? Was mag der wahre Grund dieses Hasses seyn? Ist es Verschiedenheit der Temperamente? Nacheiferung in Macht und Handel? Sind blutige Kriege zwischen beyden Mächten geführt worden? Verrätherey in dem Betragen von einer Seite? Verschiedenheit der Religionsmeynungen? Oder andre Ursachen?

IV. Dauert dieser Widerwillen immer fort?

Nahrungsmittel.

I. Welches ist die gewöhnliche Diät der Landeseingebornen? Welche Arten von Nahrungsmitteln werden am allgemeinsten von allen Klassen des Volks genossen?

II. Kann man diese Nahrungsmittel für gesund und nährhaft halten? Oder welche Wirkung darf man ihnen in Rücksicht auf die Gesundheit zuschreiben?

III. Sind die Eingebornen mäßig, oder lieben sie starke Getränke? Von welcher Art? Und welche

Wirkung hat der Trunk auf ihren Körper und ihr Gemüth?

Kleidung.

I. Wie ist die Kleidung der Menschen beyderley Geschlechts in den verschiednen Ständen beschaffen?

II. Ist das Volk anhänglich an seine Nationaltrachten? Oder ist es geneigt, auswärtige Moden nachzuahmen? Und welche Nation nimmt es zum Muster?

III. Welche Wirkung hat der Putz auf die Gemüther der untern Volksklassen?

Einrichtung der Wohnungen.

I. Wie sind die Wohnungen der Bürger in der Hauptstadt und den Landstädten beschaffen? Bewohnt jede Familie ein besondres Haus, oder quartieren mehrere Familien sich in demselben Hause ein?

II. Was ist in Ansehung der Bauart merkwürdig? Ist sie dauerhaft und zierlich? Ist die Vertheilung der Zimmer zweckmäßig?

III. Wird viel oder wenig an Hausrath verwendet? Wird dabey auf Einfalt, auf Zierlichkeit, auf Gemächlichkeit, oder auf Pracht gesehn?

Vergnügungen.

I. Worin bestehen die Lieblingsvergnügungen der Nation?

II. Welche Arten von öffentlichen Lustbarkeiten hat man hier im Lande? Und welche sind am allgemeinsten eingeführt? Pferderennen, wie in England? Wettrennen? Baxen? Hahngefechte, wie in England? Stiergefechte wie in Spanien? Thierhetzen wie in Wien? Scheiben-

Scheibenschießen wie in Deutschland? Schauspiele? und von welcher Art? und in welcher Sprache? Hat man Gefallen an halsbrechenden Künsten, oder sind sie, wie im Preußischen, verboten?

III. Welche Arten von Leibesübungen sind zur Erholung für Leute von verschiednen Ständen üblich? Und in welcher ist die Nation als besonders erfahren und geschickt bekannt? Im Laufen? Ringen? Fechten?

Oeffentliche Feste.

I. Welche Arten von Festen werden jährlich dem Volke gegeben?

II. Was ist der Zweck ihrer Stiftung gewesen? Und was ist bemerkenswerth in Ansehung der Feyer dieser Feste?

III. Welches von ihnen ist am mehrsten beliebt? Und werden diese Feste nicht zuweilen als zeitige Mittel angewendet, das Volk vom Aufruhr abzuhalten?

Feyerlichkeiten bey Hochzeiten ꝛc.

I. Welche Gebräuche und Feyerlichkeiten sind unter den verschiednen Volksklassen dieser Nation am üblichsten, bey Hochzeiten, Taufen, Begräbnissen? ꝛc.

II. Wie drückt sich die Freude aus, bey den verschiednen Ständen hier im Lande? Wie die Traurigkeit? Und wie lange dauert sie gewöhnlich, nach Verhältniß der verschiednen Veranlassungen dazu?

Neun und zwanzigster Abschnitt.
Weiber.

Erziehung des weiblichen Geschlechts, im Allgemeinen.

I. In welchem Alter werden die jungen Mädchen gewöhnlich im Lesen, Schreiben und in den ersten Grundsätzen der Rechenkunst unterrichtet? Und werden diese Arten von Kenntnissen auch allgemein in den untern Volksklassen gelehrt?

II. Ist es üblich, die jungen Frauenzimmer die Grammatik der Landssprache zu lehren?

III. Welche Bücher werden den jungen Frauenzimmern gegeben, um ihr Herz zu bilden, und ihren Verstand zu schärfen?

IV. Welche Künste und Wissenschaften werden gewöhnlich von den Frauenzimmern erlernt? Und welche Methode wird dabey angewendet?

V. Welche ausländische Sprachen lernen die Frauenzimmer?

VI. Ist es üblich, den Frauenzimmern einen mehr als gemeinen Unterricht in den haushälterischen Geschäften zu geben? Und wie weit erstreckt sich dieser Unterricht auch auf Frauenzimmer von höherm Stande? Werden Mädchen vom mittlern Stande angeführt, in wirthschaftlichen Sachen, in der Küche, am Feuerheerde u. s. selbst Hand anzulegen? Oder begnügen sie sich damit, die Verrichtungen des Gesindes zu dirigiren?

VII. Welche Art von Musik ist am mehrsten beliebt unter den Frauenzimmern? Und ist diese Art von

Talente sehr gemein, oder nur unter den Frauenzimmern von höherm Stande?

VIII. Welche Art von körperlicher Uebung ist bey den Frauenzimmern eingeführt? Tanzen sie gern und mit Heftigkeit? und was für Tänze? Ist das Walzen beym Tanzen verboten wie in Basel und Solothurn?

IX. Wie wird der moralische Charakter der Weiber gebildet? Und wie werden die Tugenden und Vollkommenheiten, für die sie empfänglich sind, auf gute Weise in ihnen ausgebildet? Giebt man ihnen viele Bücher zu lesen? und was für welche? Romane? Gedichte? Andachtsbücher?

X. Lassen die Mütter ihre Töchter gewöhnlich in gänzlicher Unwissenheit, in Ansehung der Gefahren, denen sie unaufhörlich ausgesetzt sind? Oder welche Sorgfalt verwenden sie, um sie bey Zeiten gegen die listigen Nachstellungen ränkevoller und lasterhafter Männer zu wafnen?

XI. Wie wirkt man auf das natürliche feine Gefühl der Mädchen, um dieß zu guten Zwecken zu lenken?

XII. Durch welche Mittel wird bey jungen Mädchen dem Hange zu ausländischen Moden, zu kostbarem Putze und zu andern Thorheiten vorgebaut?

XIII. Wie werden junge Mädchen gewöhnt, herzhafter zu seyn, als der größte Theil dieses Geschlechts gewöhnlich ist; damit sie nicht so leicht Furcht und Erstaunen äußern, bey unerwarteten Vorfällen, bey dem Anblicke verstümmelter oder ungestalter Personen, Ratzen, Mäusen, bey dem Umbringen der Thiere, die gespeiset werden? u. s.

XIV. Ist es auch gebräuchlich, daß man jungen Mädchen Hospitäler und solche Weiber zeigt, die von venerischen Krankheiten angegriffen sind? Oder daß man ihnen das Elend eines solchen Zustandes schildert, damit man ihren Gemüthern dadurch einen ewigen Abscheu und Widerwillen gegen die Ursachen dieser fürchterlichen Uebel einflöße?

Kostschulen.

I. Werden junge Frauenzimmer vom Stande gewöhnlich im väterlichen Hause erzogen? Oder schickt man sie in Kostschulen? oder gar in Frauenklöster? In die Hauptstadt? Oder in welche Gegend ihres Vaterlandes? Oder wohin sonst?

II. In wie fern glaubt man, daß diese Art von Erziehung die Frauenzimmer zur Tugend und Vollkommenheit leite?

III. Wodurch pflegen sich im Allgemeinen die Frauenzimmer auszuzeichnen, welche eine häusliche Erziehung genossen haben? Was ist hingegen an denen auffallend, die außer Hause in Kostschulen sind gebildet worden?

IV. Wie hoch beläuft sich, nach einem Durchschnitte, die jährliche Ausgabe für die Erziehung eines Frauenzimmers in einer Kostschule?

V. Welche Kostschule ist die berühmteste? Und wie ist der Plan der dortigen Erziehung?

VI. Bis zu welchem Alter pflegt man gewöhnlich die weibliche Erziehung in den Kostschulen fortzusetzen?

Aus=

Ausdehnung der Freyheit, die man erwachsenen jungen Frauenzimmern einräumt.

I. Wie werden im Allgemeinen die Frauenzimmer behandelt, wenn sie aus den Kostschulen nach Hause kommen? Genießen sie im väterlichen Hause einer grossen Freyheit? Oder leben sie da im großen Zwange? Welche Wirkung pflegt diese Behandlung gewöhnlich hervorzubringen?

Verheyrathung.

I. In welchem Alter werden die Frauenzimmer hier im Lande gewöhnlich verheyrathet? Und in welchem Alter werden sie volljährig?

II. Wie werden verheyrathete Frauenzimmer gewöhnlich von ihren Männern behandelt? Sind Ehescheidungen häufig?

III. Bekümmern sich reiche und vornehme Frauen um ihren Haushalt, oder wem wird die Sorge dafür überlassen?

Einfluß der Frauenzimmer auf Staatsangelegenheiten.

I. Haben Frauenzimmer vom Stande großen Einfluß in Ministerialsachen, Beförderung von Günstlingen in Civil- und Kriegsdiensten, oder geistlichen Stellen? Oder sind sie gänzlich eingeschränkt auf ihre häuslichen Verrichtungen?

Berühmte Weiber.

I. Welche besondre Beyspiele von weiblichem Patriotismus, von nicht gemeiner Geschicklichkeit, oder von ausgezeichneten Verdiensten um das ganze Geschlecht, liefert uns die Geschichte dieses Landes von einheimischen Frauenzimmern?

II. Welche berühmte Frauenzimmer, die werth wären, ihrer außerordentlichen Eigenschaften wegen bemerkt zu werden, leben noch jetzt?

Gesetze, welche das weibliche Geschlecht betreffen.

I. Welcher Rechte und Privilegien hat sich das weibliche Geschlecht hier im Lande im Allgemeinen zu erfreuen?

II. Welche Rechte und Privilegien sind besonders den ehelosen Frauenzimmern eigen?

III. Welche den verheyratheten Frauen?

IV. Welche den Witwen?

V. Welche Gesetze sind dem weiblichen Geschlechte im Allgemeinen ungünstig?

VI. Welche den Mädchen?

VII. Welche den verheyratheten Frauen?

VIII. Welche den Witwen?

IX. Auf welche Weise beschützen die Gesetze das weibliche Geschlecht gegen den Geiz und die üble Behandlung ihrer Männer, Brüder, Verwandte, Kinder, oder Andrer? Ist die Mißhandlung schwangerer Frauen durch die Gesetze verboten und mit Strafen belegt, wie im Oestreichischen?

X. Wie beschützt die Regierung unglückliche Mädchen, die von ihren grausamen Eltern oder Verwandten gezwungen werden, wider Willen zu heyrathen?

XI. Welchen Antheil haben die Kinder weiblichen Geschlechts an den Glücksgütern ihrer verstorbenen Eltern? Oder ihrer nächsten Verwandten?

XII.

XII. Werden Ehescheidungen leicht gemacht? Und was wird erfordert, um eine Trennung zu bewirken?

XIII. Welche günstige Gesetze giebt es, zum Vortheile der Witwen verstorbener Kaufleute? Oder Fabrikanten?

XIV. Welche besondre Vorrechte haben unverheyrathete, verheyrathete und verwitwete Frauenzimmer von Stande?

Anmerkung.

Um diese Fragen vollständig zu machen, sehe man nach die Artikel: Bevölkerung, Zustand des Landvolks, Policey, Milde Stiftungen, Erziehung, Ursprung, Sitten und Gebräuche der Nation, Adel.

Dreyßigster Abschnitt.
Religion und Geistlichkeit.

Historische Untersuchungen, die Religion des Landes betreffend.

I. In welchem Jahre und von wem ist zuerst das Christenthum hier im Lande gepredigt worden? Welche Fortschritte hat es gemacht? Und welches sind die merkwürdigsten Zeitpunkte in der Kirchengeschichte?

Herrschende Religion.

I. Welches ist die herrschende Religion? Und welches Oberhaupt der Kirche wird anerkannt?

II. Wie

II. Wie weit erstreckt sich das Ansehn dieses Oberhaupts der Kirche?

Duldung.

I. Werden verschiedne Religionsverwandte geduldet? Und welche?

II. Wie viel einzelne Menschen von jeder dieser Religionspartheyen rechnet man?

III. Unter welchen Bedingungen werden andre Religionsverwandte geduldet? Und giebt es Strafgesetze gegen die Bekenner gewisser Religionen? Und worin bestehn diese?

IV. Können die Bekenner fremder Religionen zu bürgerlichen Bedienungen gelangen? Oder zu Kriegsdiensten? Dürfen sie Häuser besitzen? Ländereyen kaufen? Sich mit Personen von der herrschenden Religion verheyrathen? Und wie weit erstreckt sich die weltliche und geistliche Duldung?

V. Wie werden fremde Religionsverwandte von der herrschenden Kirche aufgenommen? Und räumt man ihnen die Rechte der Bürger ein?

VI. Welche von den Sekten hält man für arbeitsam und reich? Und welche hält man im Allgemeinen für arm? Und was ist die Ursache dieses Unterschieds?

VII. Was ist zu bemerken in Ansehung der Versammlungsörter, Religionsmeinungen, Gebräuche, Verheyrathungen, Taufe, Begräbnisse ꝛc. der verschiednen Religionen?

Geistlichkeit.

I. In wie viel Klassen ist die Geistlichkeit eingetheilt? Und wie viel Personen gehören zu jeder dieser Klassen?

II. Welche

II. Welches ist die höchste Würde in der Kirche? Und welche Eigenschaften werden erfordert, um mit dieser bekleidet zu werden?

III. Von wem werden die Geistlichen der untern Klassen befördert?

IV. Wie viel beträgt die jährliche Einnahme von jeder dieser verschiednen Klassen der Geistlichkeit? Und aus welchen Quellen fließen diese Einnahmen?

V. Wie viel können die Besitzungen der Geistlichkeit werth seyn? Und wie hoch beläuft sich der jährliche Ertrag derselben?

VI. Welche Maaßregeln nimmt die Regierung, (in den römischkatholischen Provinzen) um zu verhindern, daß die Geistlichkeit sich nicht in den Besitz übermäßig vieler Güter setze?

VII. Welche Abgaben werden jährlich von dem Vermögen der Geistlichkeit erhoben? (Siehe Auflagen und Steuern.)

VIII. Ist das Volk fanatisch, in Rücksicht auf die Religion? Und wie wird die Geistlichkeit von den niedern Volksklassen betrachtet?

IX. Welche Mißbräuche haben sich in die Religion dieses Landes eingeschlichen? Die ihr nachtheilig sind? Und warum sind sie nicht abgeschafft?

X. Welchen Charakter kann man im Allgemeinen der Geistlichkeit zuschreiben?

XI. Welche menschenfreundliche Einrichtungen hat man der Geistlichkeit zu verdanken? Hat sie an Stiftung der Schulen, Hospitäler und andrer wohlthätigen Anstalten vielen Antheil genommen?

XII.

XII. Welchen Einfluß hat die Geistlichkeit in die Geschäfte?

XIII. Läßt die Geistlichkeit sich angelegen seyn, Bücher zu censiren? Und kann ihre Strenge darin die Fortschritte der Literatur hindern?

XIV. Wie hoch mögen sich die Kirchenschätze hier im Lande belaufen?

Geistliche Orden in römischkatholischen Provinzen.

I. Welche Mönchsorden giebt es? Wie sind sie eingetheilt? Welche haben Besitzungen? Welche nennt man Bettelorden?

II. Wie viel Klöster besitzt jeder Orden? Wie viel können die Ländereyen und übrigen Besitzungen jedes dieser Orden werth seyn?

III. Aus wie viel Personen besteht jeder Orden? Wie hoch belaufen sich die jährlichen Einkünfte jeder Klasse von solchen Mönchen, die Besitzungen haben?

IV. Nimmt die Anzahl der einzelnen Mönche zu? Oder woher kömmt es, daß sie abnimmt?

V. Wie verhindert die Regierung, daß die Mönchsorden nicht zu reich werden? Und wie ist die Aufnahme neuer Mitglieder eingeschränkt?

VI. Welchen nützlichen Wirkungskreis weist die Regierung den Mönchen an? Welche beschäftigen sich mit Bekehrung der Ungläubigen? Welche mit Verpflegung der Kranken? Welche mit Erlösung der Gefangnen in der Barbarey?

VII. Wie erfüllen die Letztern ihre Pflicht? Wie viel Sklaven kaufen sie jährlich los? Wo? Und wie sammeln sie die dazu nöthigen Gelder?

VIII

VIII. Hat man unter dieser Regierung geistliche Orden aufgehoben? Wie viel sind die eingezogenen Güter derselben werth? Wie hat man für den Unterhalt der einzelnen Mönche gesorgt? Zu was für Zwecken sind die eingezogenen Güter verwandt? Sind dadurch die Erziehungsanstalten verbessert, wie in Polen?

IX. In wie fern sind die reichen Ordensgeistlichen im Stande, die Regierung bey außerordentlichen Fällen mit ihrem Kredit zu unterstützen? Und welche Beyspiele hat man davon?

X. Wie sind die Gefängnisse in den Klöstern beschaffen? Sind neulich Entdeckungen hierin gemacht? Hat man viele Exempel von Ordensmitgliedern, welche verschwunden sind?

Anmerkung.

Der größte Theil der Fragen, welche die Mönchsorden betreffen, ist auch auf die Nonnen anwendbar.

Immunitäten und Freyheiten der Geistlichkeit.

I. Worin bestehen die Immunitäten, Freyheiten und Vorrechte der Geistlichkeit?

II. Werden die Geistlichen vor die weltlichen Gerichte gefordert, oder vor den Bischoff?

III. Wie wird es damit in peinlichen Fällen gehalten? Wird ein Geistlicher unmittelbar vor den Civilrichter geladen? Oder wird er von dem geistlichen Tribunale verhört, und nachher erst der Civilobrigkeit zur Bestrafung überliefert?

IV. Welche Förmlichkeiten werden in Kriminalfällen, in Rücksicht auf die vornehmsten Geistlichen, beobachtet?

V. Welche

V. Welche Arten von Strafen werden einem Geistlichen für Kapitalverbrechen auferlegt?

VI. Kann ein Geistlicher zwey und mehr Pfründen besitzen?

VII. Schließen die Gesetze alle Layen von dem Besitze geistlicher Pfründen aus?

VIII. Welcher Vortheile darf sich die Geistlichkeit nicht erfreun?

Heilige Zufluchtsörter.

I. Giebt es Oerter, die gänzlich religiösen Verrichtungen gewidmet sind, und dabey Schutz gegen Kriminalarrest gewähren? Oder in welchen Fällen kann ein Verbrecher auch dort gefangen werden?

Vergehungen gegen Gott und Religion.

I. Ist eine Inquisition vorhanden? Nach welchen Grundsätzen, nach strengen Spanischen, oder nach gelinden Römischen? Was für Verbrechen gelangen hauptsächlich vor dieses Gericht? Hat es viel oder wenig zu thun?

II. Wie werden diejenigen bestraft, welche in der christlichen Religion sind erzogen worden, sie nachher aber verleugnen, schriftlich oder mündlich ihre Heiligkeit oder die Göttlichkeit der biblischen Bücher bestreiten?

III. Wie verfährt die Justiz gegen solche Schriften, welche den Lehrsätzen und Glaubenslehren der Kirche entgegen sind?

IV. Welche Strafen legt man denen auf, die überführt sind, Gott gelästert, falsch geschworen und geflucht zu haben?

V. Was

V. Was bestimmen die Landesgesetze über Zauberey, Beschwörungen, Hexerey und dergleichen? Seit wie lange sind die Hexenprocesse abgeschafft, oder hat man wohl gar Beyspiele, daß sie noch statt finden?

VI. Wie wird nach den Gesetzen die Simonie bestraft?

Ein und dreyßigster Abschnitt.
Adel.

Entstehung des Adels.

I. Welches sind die verschiednen Klassen des Adels? Wie wird hoher und niederer, alter und junger Adel unterschieden?

II. Unter welcher Regierung hat jede dieser Klassen ihren Ursprung genommen?

III. Ist der größte Theil des Adels reich, oder arm? Und woher kömmt das?

IV. Versteht der Adel hier im Lande den Haushalt?

V. Ist den Edelleuten im Lande erlaubt, Handel und Gewerbe zu treiben, ohne daß sie dadurch ihrem Adel etwas vergeben? Welche Art von Handel? Und unter welcher Regierung ist diese Verfügung getroffen worden?

VI. In wie fern giebt sich der Adel mit Handel ab? Haben Edelleute, dergleichen man in Polen mehrere nennen kann, Manufakturen auf eigne Kosten errichtet? Und von welcher Art?

VII.

VII. Haben Edelleute Antheil an auswärtigem Handel? Oder an Fischereyen? Oder an Handlungsgesellschaften? Oder an Banken? Oder an andern einträglichen Geschäften?

Vorrechte und Stiftungen, zum Vortheile des Adels.

I. Worin bestehen im Allgemeinen die Vorrechte eines Edelmanns? Was für eine Bewandniß hat es mit der Stiftsfähigkeit des deutschen Adels?

II. Giebt es Stiftungen zum Besten junger Edelleute, die kein Vermögen haben?

III. Welche Stiftungen giebt es zum Vortheile der Fräulein?

IV. Werden die besten Pfründen der Kirche den Edelleuten vorzugsweise vor den Bürgerlichen ertheilt, auch da, wo es die Gesetze nicht erheischen, welcher Fall in England ist? Oder werden sie, ohne Rücksicht auf Geburt, den Verdienstvollsten gegeben?

Erbliche Titel und Güter.

I. Wie werden die Titel des Adels fortgeerbt?

II. Wie sorgen die Gesetze für die jüngern Kinder?

III. Wie viel Güter, und von welchem Werthe, fallen nur auf die männlichen Erben?

IV. Fallen solche Güter auch auf Seitenverwandte?

V. Werden die Töchter der Edelleute, vermöge der Gesetze, nach Verhältniß der Größe der Güter, zu den Heyrathen ausgestattet?

VI. Welche Familien geben die größten Aussteuern? Und wie viel?

VII. Wer

VII. Wer bekömmt die Güter solcher Edelleute, die weder Kinder noch Verwandte haben, und ohne Testament sterben?

Gerichtsbarkeit der Landgüter.

I. Giebt es noch Ueberbleibsel des alten Allodial und Feudalsystems? Und worin bestehen diese?

II. Ueben die Edelleute im Allgemeinen einige Gerichtsbarkeit auf ihren Gütern aus?

Aufenthalt und Vergnügungen des Adels.

I. Lebt der Adel gern auf seinen Gütern? Welche Monate bringt er auf dem Lande, und welche in der Hauptstadt zu?

II. Wie hoch belaufen sich die Einkünfte des Adels? Wie viel wird jährlich davon in der Hauptstadt verzehrt? Kennt man hier im Lande eine Taxe, welche für die Abwesenheit bezahlt werden muß?

III. Worauf verwenden die Edelleute den größten Theil ihrer Einkünfte? Worin bestehen ihre Lieblingsvergnügungen? Hängen sie an ausländischen Moden? Oder sind ihnen die einländischen Sitten vorzüglich angenehm?

Einfluß und Gewicht des Adels.

I. Wird der Adel als eine vermittelnde Macht zwischen dem Landesherrn und dem Volke angesehen, die fähig ist den Eingriffen, die man gegen die Freyheiten der untern Stände wagen könnte, zu widerstehn? Und durch welche Mittel kann er die Rechte der Nation gegen den Fürsten aufrecht erhalten?

X II. In

II. In wie fern ist der Adel gegen die Unterdrückungen von Seiten der Regierung durch die Landesverfassung gesichert?

III. Welchen Einfluß hat der Adel auf den gemeinen Haufen? Kann ein reicher Edelmann Unterstützung bey dem Volke finden, wenn er die Absicht hat, sich gegen den Fürsten zu empören?

IV. In wie fern kann das Ansehen eines bedeutenden Edelmanns der allgemeinen Freyheit gefährlich werden?

V. In welcher Achtung stehen die untern Stände bey dem Adel? Hat er Umgang mit Bürgerlichen, oder schließt er diese gänzlich von seinen Gesellschaften aus?

VI. Ist der Adel, in Ansehung der Grundstücke, die er besitzen darf, beschränkt? Und richtet sich sein Ansehn nach der Größe dieser Besitzungen? Oder hängt dieß nur von der allgemeinen Volksstimme ab?

VII. Hat der Edelmann die Freyheit, seine Güter zu verlassen, und in ein fremdes Land zu ziehn? Oder wird ihm diese Erlaubniß nur unter der Bedingung gegeben, daß er eine gewisse Taxe bezahlen muß? Und wie viel Procent?

Erziehung.

I. Wie wird der Adel erzogen? Was für Hofmeister giebt man gewöhnlich den jungen Kavaliers? Sind es Einheimische? Weltliche? Mönche? Weltgeistliche? Fremde? Und von welcher Nation vorzüglich?

II. Ist

II. Ist es üblich, junge Edelleute auf Schulen und Universitäten zu schicken? Und ist die öffentliche Erziehung der häuslichen vorzuziehn, oder umgekehrt?

III. Ist es üblich, junge Leute von Adel zur Erziehung außer Lande zu schicken? Wohin besonders? Und welchen Erfolg hat diese ausländische Erziehung?

IV. In wie weit wird des Herrn Locke Rath, die Kinder aus höhern Ständen in einem Handwerke unterrichten zu lassen, befolgt? Würde nicht die Summe nützlicher Kenntnisse bey den Kindern durch diese vernünftige Einrichtung sehr vermehrt, ihr Körper gestärkt, und der Stand eines Handwerksmannes bey ihnen in Achtung gesetzt werden?

Reisen der jungen Edelleute.

I. Wird das Reisen als ein nothwendiges Stück der Erziehung eines jungen Edelmanns angesehen?

II. In welchem Alter reisen gewöhnlich die Edelleute? In Gesellschaft von Hofmeistern? oder wie?

III. Ziehen die Mehresten von ihnen Nutzen aus ihren Reisen? Und welche besondere Vortheile haben solche Reisende ihrem Vaterlande durch ihre nützlichen Beobachtungen gebracht?

Kriegsdienste.

I. Sind die Edelleute sehr geneigt, ihrem Vaterlande als Kriegsmänner zu dienen? Und welcher Dienst scheint ihnen der beste? Der zu Fuß, oder bey der Reuterey, oder der Seedienst?

II. Verlassen manche Edelleute ihr Vaterland, um in auswärtige Kriegsdienste zu treten? Welchen Dienst pflegen sie vorzuziehn? Und was scheint die Ursache zu seyn, warum sie den mütterlichen Boden verlassen?

Charakter des Adels.

I. Ist der Adel hier im Lande wegen seines Patriotismus verehrt? Und welche Familien insbesondre? Welche besondre Beyspiele von Zuneigung zu ihrem Vaterlande haben sie gegeben?

II. Wird bey der Erziehung junger Kavaliers darauf Rücksicht genommen, daß man ihnen Vaterlandsliebe einflößt?

III. Ist der Adel geneigt, Wissenschaften und Künste zu erlernen? Und welche liebt er vorzüglich?

IV. Werden Künstler und Gelehrte von ausgezeichneten Verdiensten von dem Adel geschätzt? Und wie aufgemuntert?

V. Welche Sorgfalt wendet man bey der Erziehung junger Edelleute, um ihnen Liebe zu den Wissenschaften und Künsten einzuflößen? Giebt man den Kindern von gewissen Jahren Prämien, wenn sie vorzüglich gut zeichnen? 2c.

VI. Durch welche Tugenden und Laster zeichnet sich der Charakter der Edelleute aus?

Ertheilung von Titeln, Orden und Standeserhöhungen.

I. Ist die Ertheilung des Adels eine Belohnung für verdienstvolle Männer, oder nur ein Mittel, das der Landesherr anwendet, um Geld zu ziehn?

II. Wie viel kosten die Adelsbriefe, nach den verschiednen Stufen des Adels?

III.

III. Genießen alle die, welche Edelleute heißen, dieselben Ehren und Vorzüge? Und worin bestehen diese?

IV. Welche Ritterorden giebt es hier im Lande? Werden sie nur Edelleuten von Verdiensten ertheilt? Oder können auch Bürgerliche, wegen vorzüglicher Dienstleistungen, darauf Anspruch machen? Oder kann man sie um Geld kaufen?

Gesetze, den auswärtigen Adel betreffend.

I. Was geschieht mit dem Vermögen eines fremden Edelmanns, der hier im Lande stirbt? Nimmt der Fürst Besitz davon? Oder wird es den nächsten Erben des Verstorbnen ausgeliefert?

II. Unter welchen Bedingungen kann ein fremder Edelmann naturalisirt werden?

III. Ist es fremden Edelleuten erlaubt, Güter im Lande zu kaufen?

IV. Haben viele Fremde Güter im Lande gekauft? Von welcher Nation sind die mehrsten von ihnen?

V. Können auswärtige Edelleute zu Civil= und Kriegsdiensten gelangen? Oder ist ein eingeführtes Indigenatrecht, dergleichen in England und Dännemark ist, ihnen daran hinderlich?

Vermischte Fragen.

I. Darf ein Bürgerlicher ablige Güter kaufen?

II. Erniedrigt sich ein Edelmann, wenn er die Tochter eines Bürgers heyrathet, wie in Deutschland, oder nicht, wie in England?

III. Verliert die Witwe oder Tochter eines Edelmanns ihren Rang, wenn sie einen Bürgerlichen heyrathet?

IV. Zieht das Verbrechen, welches ein Edelmann begeht, den Verlust der Würde für seine ganze Familie, oder nur für ihn allein, nach sich?

V. Was ist zu bemerken, in Ansehung der Art, wie man den Adel beweißt?

VI. Welches Verhältniß kann man annehmen, in der Anzahl der Edelleute und bürgerlichen Personen? — (Siehe Bevölkerung.)

Zwey und dreyßigster Abschnitt.
Regierung.

Historische Nachforschungen, die Regierungsform betreffend.

I. Wie war die Regierung dieses Landes in den ältesten Zeiten beschaffen? Welches sind die merkwürdigsten Veränderungen, die damit vorgegangen? Durch welche Veranlassungen wurden sie bewirkt? Seit welcher Zeit ist die Regierungsform auf dem jetzigen Fuß?

Grundgesetze.

I. Ist das Reich erblich, oder ein Wahlreich?

II. Was für Grundgesetze giebt es, welche die Thronfolge betreffen?

III. Ist

III. Ist das weibliche Geschlecht von der Thronfolge ausgeschlossen? Oder unter welchen Bedingungen kann es zur Regierung gelangen?

IV. Welches Haus würde zur Regierung kommen, wenn die jetzt regierende Familie ausstürbe?

V. Welche Eigenschaften werden erfordert, um zur Regierung dieses Landes zu gelangen?

VI. Wird der Landesherr bey seiner Thronbesteigung gekrönt? Was ist bey der Ceremonie dieser Krönung merkwürdig? Wo, und von wem wird sie vorgenommen?

VII. Muß der Landesherr bey der Krönung einen Eid schwören? Und was ist der Inhalt desselben hauptsächlich?

Grenzen der landesherrlichen Gewalt.

I. Ist der Beherrscher dieses Landes durchaus uneingeschränkt in seiner Gewalt, wie in Dännemark? Oder ist seine Macht begrenzt und ein Theil davon andern Händen übergeben, wie in Frankreich, England?

II. Im Fall, daß die gesetzgebende Macht unter gewissen Einschränkungen ist, wer hat das Recht auf diese Einschränkungen zu halten?

III. Giebt es hier eine Versammlung der Stellvertreter der Nation? Wie heißt diese? Parlament, Nationalversammlung, Reichs= oder Landstände? Und aus wie viel Mitgliedern besteht sie?

IV. Aus was für Arten von Leuten besteht diese Versammlung? Welche Eigenschaften werden erfordert, um ein Mitglied dieses Corps zu seyn?

V. Welche Eigenschaften werden erfordert, um zu der Wahl eines solchen Abgeordneten mitwirken, mitwählen zu können?

VI. Wie werden sie gewählt? Wann? Wo? Auf wie viel Zeit?

VII. Worin besteht das Amt eines Representanten? Wie weit erstreckt sich seine Gewalt

VIII. Welche Vorrechte und Freyheiten genießt diese Gesellschaft von Representanten im Allgemeinen, und jedes Mitglied insbesondre?

IX. Zu welcher Absicht, und bey welchen Gelegenheiten kömmt diese Gesellschaft zusammen?

X. An welchem Orte? Und mit welchen bemerkenswerthen Feyerlichkeiten?

XI. Worin bestehen die Vorrechte des Landesherrn?

XII. Wie weit erstreckt sich sein Ansehn in Civilsachen? Und worin ist dasselbe beschränkt?

XIII. Wie weit in geistlichen Dingen?

XIV. Wie weit in Kriegssachen?

Ministerium.

I. Welches sind die Rathsversammlungen, von welchen die höchste Gewalt im Staate ausgeübt wird?

II. Wie ist jedes dieser Kollegien errichtet? Und aus was für einer Klasse von Männern sind die Mitglieder einzeln betrachtet genommen?

III. Worin bestehen die hauptsächlichsten Beschäftigungen dieser Staatsräthe? Und wie weit erstreckt sich ihre respektive Gewalt?

IV. Welche Einrichtungen verdienen vorzüglich bemerkt zu werden, in Rücksicht auf diese Kollegien?

und

und besonders was das Geheimsrathskollegium betrift?

Regierungssystem in den Provinzen.

I. Wie sind die Regierungen in den Provinzen eingerichtet? Aus welchen Mitgliedern besteht eine solche Regierung?

II. Von wem werden diese einzelnen Mitglieder besoldet? Und wie lange dauert ihr Amt?

III. Wie weit reichen ihre respektiven Fähigkeiten zum Richteramte?

IV. Welche Eigenschaften werden erfordert, um eine solche Stelle zu erhalten?

V. Welche Einnahmen sind mit diesen verschiednen Stellen verknüpft?

VI. Sind die einzelnen Subjekte verantwortlich wegen ihrer Amtsführung? Und wie bauet man den Ungerechtigkeiten und Bestechungen solcher Beamten vor? Wie bestraft man sie?

VII. Ist bey der Art, wie die Provinzen regiert werden, darauf Rücksicht genommen, daß die Einwohner glücklich leben sollen?

Beförderung zu Aemtern im Staate.

I. Welche Eigenschaften werden erfordert für eine Person, die im Civilstande angesetzt werden will? Sind Geschicklichkeit und Redlichkeit hinlänglich?

II. Giebt eine gewisse Länge der Zeit, binnen welcher man in Kriegsdiensten gestanden ist, ein vorzügliches Recht auf eine Versorgung in Civildiensten? Oder sind die Personen, welche in der Armee dienen, gänzlich von Bedienungen im Civil ausgeschlossen?

III. Ist

III. Ist es gewöhnlich, Bedienungen zu kaufen und zu verkaufen? Und was ist die Folge davon?

IV. Welche Verordnungen hat man gemacht, in Rücksicht auf den Kauf und Verkauf der Bedienungen, um den vielfachen unglücklichen Folgen vorzubeugen, die von dieser Art, zu öffentlichen Aemtern zu gelangen, zu befürchten stehen?

V. Welche Stellen kann man für Geld erlangen, in den höhern Klassen der Civilbedienten? Welche in den untern Klassen?

VI. Welche Bedienungen im Staate sind die angesehensten? Welche die einträglichsten? Wie viel tragen sie jährlich ein? Können auch Ausländer dazu gelangen?

Drey und dreyßigster Abschnitt.
Auflagen und Steuern.

Befugniß, Taxen aufzulegen.

I. Ist das Ansehen der landesherrlichen Gewalt hinlänglich, um Steuern, Auflagen und Abgaben zu bestimmen? Oder was wird erfordert, um dergleichen einzuführen?

Steuersystem.

I. Werden alle Landeseinwohner auf gleiche Weise taxirt, oder nach dem Range, nach Zünften, nach dem Orte ihres Aufenthalts, so daß einige mehr, andre weniger

weniger Nationaltaxen bezahlen? Und welche sind diese?

II. Auf wie lange Zeit, und unter welchen Bedingungen sind sie aufgelegt?

III. Warum sind einige davon befreyet?

IV. Ist das Steuersystem immer dasselbe, in Friedens- und Kriegszeiten? Oder welcher Unterschied findet hier Platz?

V. Giebt die Geburt oder die Vermählung eines Prinzen Gelegenheit zu einer neuen Auflage? Und wie hoch beläuft sich diese gewöhnlich?

VI. Herrscht Einförmigkeit in dem Systeme der Taxenhebung? Oder ist jede Provinz auf besondre Weise mit Abgaben belegt?

VII. Sind, während der jetzigen Regierung, neue Auflagen gemacht? Welche sind diese?

VIII. Hat man alte Abgaben aufgehoben? Welche? Und wie hoch beläuft sich die jährliche Summe derselben?

IX. Sind die nöthigsten Bedürfnisse des Lebens mit großen Abgaben belastet? Wie viel wird von Brodt, Fleisch ꝛc. bezahlt?

Anmerkung.

Was die Abgabe von den Ländereyen betrift, darüber sehe man den Artikel: Ackerbau; über Zölle und dergleichen Abgaben den Artikel: einländischen und ausländischen Handel, nach.

Vertheilung der Abgaben und ihr Betrag.

I. Welches sind die allgemeinen Abgaben, die von den Einwohnern aller Stände bezahlt werden müssen? Und wie hoch können diese sich jährlich belaufen?

II. Welche

II. Welche Abgaben ruhen auf den Pächtern? Und wie viel tragen diese jährlich ein?

III. Welche auf den Bauern? Und wie hoch ist ihr Ertrag?

IV. Welche auf dem Edelmann? Und wie hoch belaufen sich diese?

V. Welche auf der Geistlichkeit? Und wie hoch erstrecken sich diese jährlich?

VI. Giebt es Kolonien von Fremden hier im Lande? In welchen Provinzen? Welche Privilegien genießen diese in Rücksicht auf die Abgaben und Auflagen? Und wie viel steuern sie jährlich?

VII. Sind die im Lande zerstreut wohnenden Fremden verpflichtet, eben so viel Abgaben zu bezahlen, als die Eingebornen? Oder worin besteht der Unterschied?

VIII. Findet nicht ein Unterschied in Ansehung der Abgaben unter den verschiednen Religionsverwandten Statt, zum Beyspiel, was die Juden betrift 2c.?

Gegenstände, die man, lieber als die Bedürfnisse des Lebens, mit Abgaben belegt.

I. Ist eine Auflage auf berauschende Getränke gelegt? Wie viel?

Auf einländische Weine? Wie viel?

Auf ausländische Luxuswaaren? Wie viel?

Auf Edelgesteine? Wie viel?

Auf Silbergeschirr? Wie viel?

Auf Kutschen? Wie viel?

Auf überflüßige Bediente? Wie viel?

Auf französische Köche? und französische Haarkräusler? Wie viel?

Auf Bälle, Schauspiele, Singspiele, Koncerte? Wie viel?

Auf Billards, Karten 2c.? Wie viel?

Auf Quacksalber, Seiltänzer, Balladensänger 2c.? Wie viel?

Auf gedruckte Lieder, Romanen, Possenspiele, Musik 2c.? Wie viel?

II. Wie viel trägt die Abgabe von den erwähnten Artikeln jährlich ein?

III. Giebt es noch andre Gegenstände von der Art, die man mit Abgaben belegt hat? Welche sind diese? Wie viel wird davon entrichtet? Und wie hoch ist der jährliche Ertrag davon?

Luxus.

I. Hat der Hof Neigung zu ausländischem Luxus, oder ist er geneigt, den einländischen Luxus einzuschränken? Und durch welche Mittel?

II. Giebt es Gesetze, zu Einschränkung des Aufwandes? Wird strenge darauf gehalten? Und welches ist der hauptsächlichste Inhalt derselben?

Art der Auflagen.

I. Welche Auflagen sind von der Art, daß sie dem Lande wirklich Nutzen stiften, dem Müßiggange steuern, die Betriebsamkeit befördern, und die Ausschweifungen der Einwohner hemmen?

II. Ueber welche Auflage wird von den Pächtern und Meyern am mehrsten geklagt? Und warum?

III. Ueber welche vom gemeinen Volke? Und warum?

IV.

IV. Ueber welche von den Edelleuten? Und warum?
V. Ueber welche von der Geistlichkeit? Und warum?

Art, die Last der Abgaben zu vertheilen.

I. Werden Landbau, Industrie und Handel, mit gleichen Taxen belegt? Oder welcher von diesen Nahrungszweigen scheint zu schwer belastet und niedergedrückt?

II. Wie viel wird von jedem dieser Nahrungszweige jährlich gesteuert?

Art, die Auflagen einzusammeln.

I. Auf welche Weise werden die Auflagen und Abgaben hier im Lande gehoben?

II. In wie viel Terminen, jährlich? oder monatlich?

III. Ist das System der Taxenhebung einfach, oder wird dazu eine große Menge von Einnehmern besoldet, wodurch also die Hebung theuer zu stehn kömmt?

IV. Wie viel Einnehmer werden besoldet? Wie viel erhält jeder jährlich? Und wie viel beträgt die ganze Ausgabe dafür?

V. Ist die Anzahl der Einnehmer zu groß; wie viel von ihnen könnten dann, ohne Nachtheil der Hebung, abgeschafft werden?

VI. Wie verfährt die Regierung gegen arme Unterthanen, die durch Unglücksfälle oder schlechte Wirthschaft zurückgekommen, und nicht im Stande sind, die Auflagen zu bezahlen?

VII. Wie wird ein Edelmann zur Bezahlung der Auflagen angehalten? Wie ein Geistlicher?

Weise

Weise Verordnungen, die Abgaben betreffend.

I. Was für weise Verordnungen in Absicht nützlicher Taxen und deren billige Vertheilung giebt es, die gerühmt zu werden verdienten?

II. Was für Verordnungen, in Absicht auf die wohlfeile Art, sie einzusammeln?

III. Und was für welche, in Rücksicht auf die Mittel, Betrügereyen und Unterschleife von Seiten der Einnehmer zu verhindern?

Vier und dreyßigster Abschnitt.
Finanzen.

Historische Nachforschungen, die Einkünfte betreffend.

I. Worin bestanden in den ältesten Zeiten die Einkünfte des Staats? Wie hoch sind sie stufenweise unter den folgenden Regierungen gestiegen? Und wie hoch beliefen sie sich im letzten Jahre?

Gegenwärtige Quellen der Einkünfte.

I. Woher hauptsächlich entspringen die gegenwärtigen Einkünfte des Staats?

II. In welchen Provinzen sind die Kronländereyen gelegen? Werden sie auf Kosten des Hofs verwaltet? Oder sind sie verpachtet? Auf wie viel Jahre? Wie viel tragen sie jährlich ein?

III. Wie hoch beläuft sich der jährliche Ertrag der Auflagen? (Siehe Abgaben und Steuern.)

IV. Wie

IV. Wie hoch die Einnahme des Accisamts?

V. Wie hoch die Einnahme aus den Zöllen u. d. gl.? (Siehe Zölle ꝛc. unter dem Artikel: einländischer und ausländischer Handel.)

VI. Wie hoch der Ertrag der Bergwerke? (Siehe Bergwerke.)

VII. Wie hoch der Ertrag der Posten?

VIII. Wie hoch der Ertrag der königlichen Manufakturen?

IX. Wie hoch der Ertrag der Münze? (Siehe Münze, unter dem Artikel: einländischer und ausländischer Handel.)

X. Wie viel bringen die Strafen für verschiedne öffentliche Verbrechen und die Konfiscationen ein?

XI. Wie viel die Gebühren für erhaltne Bedienungen, Standeserhöhungen ꝛc.?

XII. Wie viel die Staatslotterien? Wie sind diese eingerichtet? Welcher Plan ist dabey angenommen? n

XIII. Empfängt der Fürst Subsidien? Aus welchen Ländern? Wie viel von jedem?

XIV. Wie viel tragen die übrigen Quellen der Einkünfte jährlich ein?

XV. Welche Arten von Einkünften sind unter dem Titel von Regalien begriffen?

XVI. Sind die Finanzen des Landes erschöpft, oder wird ein Schatz zurückgelegt? Und wie hoch kann sich diese Summe belaufen?

Art, die Gelder zu heben.

I. Welche Mittel wendet die Regierung an, die Gelder ohne Bedrückung und ohne Murren des Volks zu heben? II. Wer-

II. Werden freye Gaben gefordert, ohne daß man das Volk mit Gewalt zu Bezahlung derselben anhalte?

III. Borgt die Regierung Geld gegen Sicherheit? Welche Art von Sicherheit giebt sie? Wie viel Zinsen bezahlt sie?

IV. In wie fern kann man sich auf diese Sicherheit verlassen? Und worauf gründet sich das Zutrauen, oder Mißtrauen der Einheimischen und Fremden, in Rücksicht auf ähnliche Unternehmungen, welche die Regierung in vergangnen Zeiten gemacht hat?

V. Sind sowohl Einheimische als Fremde immer pünktlich von der Regierung bezahlt worden? Oder giebt es noch Rückstände von alten Schulden, die nie werden bezahlt werden? Und wie hoch belaufen sich diese?

Finanzkollegium.

I. Was für Bediente werden besoldet, um die Finanzgeschäfte zu führen? Sind merkwürdige, geschickte Männer darunter? Und welche Bedienungen müssen sie vorher verwaltet haben, bevor man sie in das Finanzkollegium einsetzt?

II. Versteht man sich vollkommen gut auf das Finanzsystem? Welcher Theil desselben ist gut eingerichtet? Welcher mangelhaft?

III. Ist die Art, die Einkünfte zu heben, einfach, oder verwickelt? Und wie viel Menschen werden zu diesem Geschäfte gebraucht?

Histo-

Historische Untersuchungen, die jährlichen Staatsausgaben betreffend.

I. Worin bestanden in den ältesten Zeiten die vornehmsten Staatsausgaben? Wie haben sie stufenweise zugenommen? Und wie sieht es damit in der jetzigen Zeit?

Jetzige Ausgaben.

I. Wie viel beträgt die jährliche Ausgabe für die Landmacht?

II. Für die Seemacht?

III. Für die Admiralität?

IV. Für die Festungen und Seehafen?

V. Für Erbauung neuer Kriegs= und andrer Schiffe?

VI. Für Pensionen, an alte, zum Dienste untüchtige Officiers?

VII. Für die Hospitäler, für alte Soldaten und Matrosen?

VIII. Für die Kolonien?

IX. Für die Besoldung der Staatsräthe, Gerichtspersonen 2c.?

X. Für die Gesandten an auswärtigen Höfen?

XI. Für die Bedürfnisse der Provinzialregierungen?

XII. Besoldungen für Zoll= Akzisbediente 2c.?

XIII. Wie viel kostet jährlich des Fürsten Hofhaltung? Wie viel betragen seine kleinen Ausgaben?

XIV. Wie viel kosten die Hospitäler, milden Stiftungen 2c.?

XV. Unterweisung der Jugend auf Universitäten 2c.?

XVI.

XVI. Ermunterung des Ackerbaues? Der Künste? Der Manufakturen? Der Handlung? Der Schiffahrt? Der Fischerey?

XVII. Ermunterung zu Erfindungen und Entdeckungen, zum Besten der Menschheit im Allgemeinen, und dieses Landes insbesondre?

XVIII. Giebt man auswärtigen Fürsten Subsidien? Welchen? Wie viel?

XIX. Ist die Regierung schuldig? Der Nation, oder Fremden? Welcher fremden Nation? Wie viel?

XX. Unter welcher Regierung ist diese Schuld entstanden? Bey was für Veranlassungen? Unter welchen Bedingungen, und zu wie viel Procent Zinsen sind die Gelder aufgenommen worden?

Fünf und dreyßister Abschnitt.
Landmacht.

Historische Untersuchungen, die Armee betreffend.

I. Welche Art von Militairsystem herrschte in den ältesten Zeiten? In welchem Jahre wurde das erste stehende Heer errichtet? Wie zahlreich und wie kostbar war dieß Anfangs? Und wie hat die Anzahl der Soldaten und die Ausgabe für ihre Unterhaltung nach und nach zugenommen?

Gegenwärtiger Zustand des stehenden Heers.

I. Wie stark ist die Infanterie in Friedenszeiten? Auf wie viel wird sie vermehrt in Kriegszeiten?

II. Daſſelbe von der Kavallerie?
III. Daſſelbe von der Artillerie?
IV. Aus wie viel großen Kanonen, Mörſern ꝛc. beſteht die Artillerie?
V. Wie iſt der Beſtand der übrigen Militaircorps in Friedenszeiten? Wie in Kriegszeiten?
VI. Wie ſtark iſt ein Regiment Infanterie?
VII. Wie ſtark iſt ein Regiment Kavallerie?
VIII. Wie ſtark iſt ein Regiment Artillerie?
IX. Wie ſtark iſt ein Regiment von den übrigen Corps?

Ausgabe.

I. Wie ſtark iſt der tägliche Sold jedes Soldaten, Unterofficiers, Officiers ꝛc. eines Infanterieregiments in Friedenszeiten? Wie viel in Kriegszeiten?
II. Wie viel von der Kavallerie?
III. Wie viel von Artillerie?
IV. Wie viel von den übrigen Corps?
V. Wie hoch beläuft ſich die jährliche Ausgabe für die ganze Infanterie in Friedenszeiten? Wie hoch in Kriegszeiten?
VI. Wie hoch für die Kavallerie?
VII. Wie hoch für die Artillerie?
VIII. Wie hoch für die übrigen Corps?
IX. Wie viel koſtet die ganze Landmacht in Friedenszeiten? Wie viel in Kriegszeiten, nach einem Durchſchnitte? (Siehe Finanzen.)
X. Was für jährliche Ausgaben erfordern die oben erwähnten Artikel von Feſtungen, Pulver und Bley ꝛc. und wie hoch beläuft ſich jede derſelben?

Anschaffung der Pferde.

I. Wie viel Pferde sind in Kriegszeiten für die leichte und schwere Reuterey erforderlich? Und wie viel jährlich, im Durchschnitt, in Friedenszeiten?

II. Kann das Land der Kavallerie eine hinlängliche Anzahl von Pferden liefern? Oder wie viel wenigstens können daraus herbeygeschaft werden? Aus welcher Provinz besonders? Und zu welchem Preise?

III. Aus welchem Lande wird die fehlende Anzahl ersetzt? Und zu welchem Preise?

IV. Welche besondre Eigenschaften schreibt man den Pferden zu, die hier im Lande gezogen werden? Können sie lange Märsche aushalten? Können sie, ohne große Ungemächlichkeit, schwere Ermüdungen ertragen?

V. In welchem Alter, nach einem Durchschnitte, werden hier im Lande die Pferde zugeritten? Und bis zu welchem Alter sind sie zu gebrauchen?

VI. Welche Sorgfalt verwendet man, die Pferdezucht für den Dienst aufzuhelfen?

VII. Welches ist die gewöhnliche Weise, die Kriegspferde zu füttern und zu behandeln?

VIII. Welches sind die gemeinsten und gefährlichsten Pferdekrankheiten? Wie bauet man ihnen vor? Wie heilt man sie?

Militairsystem.

I. Welche Sorgfalt wird angewendet, damit Bevölkerung, Ackerbau und Manufakturen so wenig als möglich durch die Rekrutirung der Armee leiden? (S. Bevölkerung, Ackerbau und Manufakturen, wo manche Fragen sind aufgeworfen worden, die hieher gehören.)

II. Wird

II. Wird den Soldaten nicht leicht die Erlaubniß, sich zu verheyrathen, verweigert? Und wie viel beweibte Soldaten pflegen, nach einem Durchschnitte, unter hunderten zu seyn? (Siehe Ursachen der Abnahme der Bevölkerung, unter dem Artikel, Bevölkerung.)

III. Ist es üblich, Soldaten bey öffentlichen Arbeiten anzustellen? Zu welchen Arbeiten hauptsächlich?

IV. Wie wird den Soldaten der Unterhalt ihrer Weiber und Kinder erleichtert?

V. Ist es dem Soldaten erlaubt, nach Hause zu gehen, zu der Zeit, wenn seine Gegenwart bey der Landwirthschaft nothwendig ist? (Siehe Hindernisse bey den Fortschritten des Landbaues, unter dem Artikel: Ackerbau.)

VI. Giebt es nicht noch eine Art von Landmiliz?

VII. Wie ist diese Miliz errichtet? Werden die gemeinen Soldaten dazu durch das Loos gewählt? Oder wie? Auf wie viele Jahre?

VIII. Wie stark ist diese Miliz? Und wie viel Männer liefert jede Provinz?

IX. Von wem werden die Officiersstellen besetzt? Von wem erhalten sie ihre Bestallungen? Welche Eigenschaften fordert man von einem solchen Officier?

X. Ist die Miliz verpflichtet, auch aus dem Lande zu marschiren? Bey welchen Vorfällen?

XI. Zu welcher Zeit wird sie in den Waffen geübt? Und was ist merkwürdig, in Ansehung der Mannszucht bey der Miliz?

XII. Wie werden die verschiednen Stufen bey diesem Corps besoldet?

Werbung.

Werbung.

I. Werden die Soldaten mit Gewalt geworben? Oder was verordnen die Landesgesetze über diesen Punkt?

II. Welche Klasse von Menschen ist gezwungen zu dienen? Und welche ist von Kriegsdiensten frey?

III. Wird den Eltern solcher jungen Leute, die mit Gewalt sind angeworben worden, eine Vergütung gereicht? Bekommen die Rekruten Handgeld? Und wie viel?

IV. Was für Hülfsquellen hat dieß Land, in Absicht auf die Rekrutenwerbung? Was ist die größte Anzahl von Soldaten, die es in der Zeit der Noth aufheben kann?

V. Auf wie viel Jahre werden die Einländer gewöhnlich eingeschrieben? Auf wie lange Zeit die Ausländer?

VI. Wie viel Fremde glaubt man, daß in der ganzen Armee sind? Zwey Drittel, wie in der Preußischen, oder Ein Drittel, wie in der österreichischen Armee? Wie viel Menschen aus jedem, von den verschiednen Ländern?

VII. Welche Eigenschaften muß derjenige haben, der eingeschrieben werden soll?

VIII. Werden Fremde, die einer andern, als der im Lande herrschenden Religion zugethan sind, in den Dienst genommen? –

Anmerkung.

Manche Frage, die hierauf Bezug hat, findet man unter den Artikeln: Bevölkerung und Zustand der arbeitenden Armen.

Behandlung der Soldaten und Mannszucht.

I. Wie werden die Rekruten nach und nach an die Beschwerden und an die unzähligen Ungemächlichkeiten des Soldaten Lebens gewöhnt? Und besonders daran, manchen Tag nur von kalten Speisen zu leben? Und die Ermüdungen langer Märsche zu ertragen?

II. Was hält man für die beste Art, die Rekruten zu behandeln, und besonders sie in Waffenführung geschickt zu machen? Werden sie gewöhnlich mit Strenge, oder mit Güte behandelt?

III. Welche Art von Strafe wird über störrische Rekruten verhängt? Welche Behandlung ist am geschicktesten, sie zu ihrer Pflicht anzuhalten, ohne sie zu erbittern, oder zur Rache zu reitzen?

IV. Worin bestehen die nützlichen Uebungen der Infanteristen, in Rücksicht des Gebrauchs der Feuergewehre, der schnellen Märsche und der systematischen Evolutionen?

V. Wird der Infanterist auch gewöhnt, genauer als gewöhnlich nach einer bestimmten Richtung zu schießen? Von dem Seitengewehr Gebrauch zu machen? Durch schnelle Ströme zu schwimmen? Zu klettern? Forts zu errichten? Anzugreifen? und zu vertheydigen?

VI. Wie viel Zeit wird gewöhnlich erfordert, um einen Soldaten zum Dienste tüchtig und ihn mit den verschiednen Theilen seiner militairischen Pflichten bekannt zu machen?

VII. Wird nicht das preußische System bey dem Exercieren zum Grunde gelegt?

VIII. Was ist bemerkenswerth, in Absicht der Mannszucht?

IX.

IX. Durch welche Mittel wird in Friedens- und Kriegszeiten die Subordination vom Höchsten bis zum Niedrigsten erhalten?

X. Wie wird den Entweichungen vorgebeugt? Und wie werden die Deserteurs in Friedenszeiten bestraft? Und wie in Kriegszeiten?

XI. Wie werden die Soldaten zur Nüchternheit und Wachsamkeit gewöhnt?

XII. Wie wird ihnen Verehrung gegen die Rechte des Eigenthums eingeflößt?

XIII. Wie verhindert man, daß die Soldaten Gewalt, Grausamkeit und Unterdrückung gegen den armen Bauern ausüben? Und wie wird dergleichen bestraft?

XIV. Auf welche Weise werden die Kriegsgerichte gehalten? Welche merkwürdige und billige Gesetze hat man in Rücksicht auf militairische Rechtsfälle und die Bestrafung der Verbrechen?

XV. Werden die Verbrechen den Gesetzen gemäß bestraft, und die verwirkten Strafen bestätiget und bekannt gemacht? Oder werden manche Fälle der willkührlichen Entscheidung des Gerichts überlassen?

XVI. Welche Freyheiten und Ausnahmen von den Landesgesetzen kommen dem Soldaten, wenn er im Dienste ist, zu gute?

Ermunterung zur Tapferkeit.

I. Wie werden wahrer Muth und Tapferkeit bey dem gemeinen Soldaten ermuntert?

II. Kann ein gemeiner Soldat, er sey ein Einländer oder Fremder, durch gute Aufführung sich zu den höchsten Stellen in der Armee hinaufschwingen?

III. Wel-

III. Welche besondre Sorgfalt wird auf den Soldaten verwendet, wenn er zum Dienste unfähig ist?

IV. Welche Freyheiten oder Auszeichnungen genießt der gemeine Soldat, wenn er dem Lande eine Anzahl Jahre hindurch gedient hat?

V. Welche Sorgfalt wendet man an, die Weiber und Kinder verstorbner, oder zum Dienste untüchtiger Soldaten zu ernähren?

VI. Durch was für strenge Gesetze sucht man die Feigheit, sowohl bey den Officiers, als gemeinen Soldaten, zu verhindern?

VII. Womit werden tapfre und solche Officiers, die lange gedient haben, belohnt? Sind zu diesem Endzwecke Ritterorden errichtet? Welche sind diese?

VIII. Sind alle diese Ritter von Einer Art, oder in wie viel Klassen sind sie getheilt? Welche Pension, oder andre Einnahme ist mit jeder Klasse verknüpft?

IX. Welches ist der gegenwärtige Etat dieser Ritterorden?

X. Welche Sorgfalt widmet man alten und zum Dienste untüchtigen Officiers?

XI. Wie werden die Gattinnen und Kinder verstorbner oder invalider Officiers versorgt?

Charakter der Soldaten.

I. Welchen Charakter kann man überhaupt dem gemeinen Soldaten zuschreiben?

II. Sind Desertionen sehr häufig, und was hält man für die hauptsächlichsten Bewegungsgründe dazu?

III. Welche Provinzen liefern der Armee die besten Soldaten? Welche Provinzen sind weniger berühmt,

in

in Ansehung des kriegerischen Geistes ihrer Einwohner? Und was für Gründe kann man von dieser Verschiedenheit angeben?

IV. Welchen Einfluß haben Erziehung und Religion auf den Muth der Soldaten? Glauben sie an die Prädestination?

V. Ist es den Soldaten dieses Landes nicht zuwider, einen Anführer zu haben, der ein Ausländer ist?

VI. Welches Corps hält man für das beste von der ganzen Armee?

VII. Welchen Charakter schreibt man im Allgemeinen den hiesigen Officiers zu? Sind viel Leute von Stande darunter? Oder ist Mangel an hoher Geburt kein Hinderniß der militairischen Beförderung?

VIII. In welchem Theile der Kriegskunst scheinen die Officiers hier im Lande es vorzüglich weit zu bringen? Und welcher wird mehr vernachläßigt?

Erziehung junger Leute von Stande, die zu Kriegsdiensten bestimmt sind.

I. Welches sind die vornehmsten Schulen, wo junge Leute von Stande für die Armee gebildet werden?

II. Worin bestehen die körperlichen Uebungen, die in diesen Akademien getrieben werden?

III. Wird der Körper abgehärtet und bey Zeiten an die Beschwerlichkeiten dieses Standes gewöhnt?

IV. Da die Officiers gewöhnlich mehr Gelegenheit als andre Leute haben, Ungerechtigkeit und Grausamkeit zu verüben; welche besondre Sorgfalt wird dann genommen, die Herzen dieser jungen Zöglinge zur Redlichkeit und Menschenliebe zu leiten?

V. Wie

V. Wie ist der Plan zu dem theoretischen und praktischen Unterrichte in den Kriegswissenschaften eingerichtet?

VI. Wird die Kunst, Festungen anzulegen, anzugreifen und zu vertheydigen, nur solchen Zöglingen vorgetragen, die in das Ingenieurcorps treten wollen? Oder muß jeder Zögling sich dieser Studien befleißigen?

Beförderung der Officiers.

I. Sind Verdienst und Zeit hinlänglich, den Officier zu befördern? Oder kann man Beförderungen durch Schutz und Fürsprache erlangen? Oder für Geld?

II. Im Fall, daß man Officierstellen kaufen und verkaufen darf; was ist dann, im Durchschnitte, der Preis der verschiednen Stuffen?

III. Wie viel Procent kann das Geld, welches jemand zum Ankauf einer solchen Stelle anlegt, dem Käufer einbringen?

IV. Welche Ordnung wird bey dem Kaufe und Verkaufe der militairischen höhern Stellen beobachtet? Hat der länger Gediente den Vorzug?

Einquartierung der Soldaten.

I. Liegen die Truppen in Baracken, oder in Privathäusern im Quartier? Und welche Verfügungen sind in Ansehung dieser Gegenstände getroffen?

Festungen.

I. Wie ist dieß Land, und besonders was die Grenzen desselben betrift, gegen feindliche Anfälle verwahrt?

II. Wel-

II. Welche Festungen giebt es hier im Lande? Und in welchen Gegenden liegen sie?

III. Nach welchem System ist jede derselben angelegt? Welche hält man für unmöglich zu erobern? Und warum?

IV. Kann sie immer hinlänglich mit Vorrath versehn werden?

Zeughäuser.

I. Welches sind die vornehmsten Zeughäuser für die Landmacht? Und wie viel Kanonen und Mörser, und wie viel an kleinem Gewehre enthalten sie?

II. Werden die Waffen in diesen Zeughäusern verfertigt? Oder wo?

III. Welche merkwürdige Arten von Waffen werden darin gemacht?

IV. Welches sind die Preise der verschiednen Arten von Waffen, die in dem vorzüglichsten Arsenal verfertigt werden?

V. Versehen diese Arsenale auch auswärtige Länder mit Waffen? Welche? Und in welcher Menge, nach einem Durchschnitte?

Berühmte Männer im Fache des Kriegswesens.

I. Welches sind aus den ältern Zeiten die berühmtesten Officiers, deren Namen durch Tapferkeit bey Vertheydigung des Vaterlandes unsterblich geworden sind?

II. Welches sind die berühmtesten unter den Lebenden? Und worin bestehen die Dienste, welche sie dem Lande geleistet haben?

III. Wel-

III. Welches sind die wichtigsten Werke über Taktik, Befestigung, Artillerie ꝛc. die herausgekommen sind?

IV. Welche Erfindungen, Entdeckungen ꝛc. im Fache der Kriegskunst schreibt man dieser Nation zu?

Sechs und dreyßigster Abschnitt.
Flotte.

Historische Untersuchungen, die Flotte betreffend.

I. Unter welcher Regierung ist die Seemacht zuerst errichtet worden? Wie sind die stufenweisen Fortschritte beschaffen gewesen? Und welches sind dabey die merkwürdigsten Zeitpunkte und Umwandlungen?

Gegenwärtiger Zustand der Flotte.

I. Aus wie viel Schiffen von jeder Art besteht sie?

II. Wie viel Menschen sind darauf?

III. Von welchem Gewichte sind die Kanonen, auf den verschiednen Batterien?

IV. Wie alt ist die größte Anzahl dieser Schiffe?

V. Wie heißt das älteste Schiff in der Flotte? In welchem Jahre ist es gebauet worden?

VI. Wie viel Officiers, Matrosen und Soldaten werden auf einem Schiffe in Friedenszeiten erfordert? Und wie viel beträgt ihr monatlicher Sold?

VII. Wie viel betragen die Besoldungen für die Admiralität monatlich in Friedenszeiten?

VIII.

VIII. Wie viel kostet die ganze Flotte jährlich in Friedenszeiten?

IX. Wie viel Officiers, Matrosen und Seesoldaten werden für die Flotte in Kriegszeiten erfordert? Und wie viel beträgt ihr monatlicher Sold?

X. Wie viel betragen die Besoldungen für die Admiralität monatlich in Kriegszeiten?

XI. Wie viel kostet die ganze Flotte jährlich in Kriegszeiten?

XII. Wie ist der Zustand der Flotte und der Aufwand, den sie erfordert hat, in den letzten 5, 10, 25 und 50 Jahren beschaffen gewesen, in Vergleichung mit dem jetzigen Zustande?

Bemannung der Flotte.

I. Werden die Unterthanen zum Seedienste eingeschrieben? Und in welchem Alter?

II. In wie viel Klassen sind die eingeschriebnen Seeleute eingetheilt? Und wie viel sind in jeder Klasse?

III. Wie wird die Flotte in Kriegszeiten bemannt? Wird die fehlende Anzahl gewöhnlich aus den eingeschriebnen Seeleuten angenommen? Oder werden Matrosen gepreßt? Oder freywillig angeworben? Wird ihnen Handgeld gegeben? Und wie viel?

IV. Welche Förmlichkeiten werden bey Bemannung der Flotte beobachtet? Welcher Kontrakt wird mit den Matrosen errichtet? Welchen Antheil bekommen sie von den Prisen, die gemacht werden?

V. Werden auch fremde Matrosen in dem Dienste der Flotte angeworben? Aus welchem Lande sind die mehrsten derselben?

VI. Unter

VI. Unter welchen Bedingungen werden sie angenommen?

VII. Wie viel ausländische Matrosen glaubt man, daß auf der Flotte sind?

VIII. Welche anreizende Privilegien und Vortheile genießen sie, nachdem sie eine gewisse Zeit gedient haben?

IX. In welchem Hafen findet man die größte Anzahl solcher Matrosen, die Dienste auf der Flotte suchen?

Vorsicht, zu Erhaltung der Gesundheit der Seeleute am Bord.

I. Welches sind die gemeinsten und die wüthendsten Krankheiten, welchen die Seeleute auf der Flotte ausgesetzt sind? Was veranlaßt sie?

II. Wie wird diesen Seuchen vorgebauet? Und wie werden die Kranken, welche damit befallen sind, geheilt?

III. Ist nicht die Anzahl der Menschen auf den Schiffen zu groß, und folglich die Luft in denselben verdorben?

IV. Wird darauf gesehen, daß der Seemann seinen Körper immer reinlich hält?

V. Wird darauf gesehen, daß er wenigstens einmal in der Woche reine Wäsche anzieht?

VI. Wird darauf gesehen, daß er seine Betten täglich lüftet?

VII. Wird darauf gesehen, daß er sich mehrmals in der Woche in kaltem Wasser badet?

VIII. Wird darauf gesehen, daß er seinen Körper immer in Bewegung erhält?

IX. Wird der Gebrauch des eisernen Küchengeräthes, dem des kupfernen vorgezogen?

X. Wer-

X. Werden die Seeleute hinlänglich mit eingemachtem Gemüse, Sauerkraut, Zitronen, Malz und andern antiskorbutischen Dingen versehen?

XI. Welche glückliche Entdeckungen hat man unlängst in der Arzneykunst gemacht, in Rücksicht auf die beste Weise, den Krankheiten vorzubeugen und sie zu heilen, wovon am häufigsten die Seefahrer befallen werden?

XII. Welche Schriftsteller haben mit dem größten Beyfalle über die Krankheiten der Seeleute geschrieben?

Milde Stiftungen, für untüchtig gewordne Seeleute und deren Witwen und Kinder.

I. In welchen Städten sind gute Hospitäler zur Aufnahme invalider Matrosen errichtet? Und wie sorgt die Regierung für diese ihrer Großmuth so würdigen Gegenstände?

II. Woher wird der Fond zu Unterhaltung dieser Hospitäler genommen? Und wie hoch beläuft sich die jährliche Ausgabe?

III. Welche weise Maaßregeln sind genommen, um die Witwen der Matrosen zu erhalten und ihnen Arbeit zu geben? Und in welchen Städten ist eine Anlage von dieser Art?

IV. Welche Sorgfalt widmet man den armen vaterlosen Kindern? Wo, und wie werden sie ernährt? Wie werden sie erzogen? Worin unterrichtet? Und wie versorgt man sie, wenn sie in den Jahren sind, wo sie ihr Brodt verdienen können?

V. Was thut man zum Vortheile der armen ausländischen Matrosen, die im Dienste des Landes ihre

Gesundheit zugesetzt haben? Sorgt man für sie, oder werden sie fortgeschickt, ohne daß man sich um ihren elenden Zustand bekümmert?

Artikel, zur Regierung der Flotte.

I. Welches sind die weisen Gesetze, zur Regierung der Flotte, die noch jetzt gelten?

II. Wie wird jeder Einzelne gezwungen, den Befehlen seines vorgesetzten Officiers zu gehorchen?

III. Wie wird vorgebauet, daß man mit dem Feinde kein Verständniß unterhalten, ihm keine Zeichen geben könne?

IV. Wie werden die Officiers, Unterofficiers und Gemeinen zu ruhmwürdigen Handlungen ermuntert?

V. Wie verhindert man das Uebergehen zu dem Feinde, oder das Entfliehen mit dem Schiffe?

VI. Wie wird der Meuterey, der Trunkenheit und den Zänkereyen vorgebaut?

VII. Wie werden geringre Vergehungen verhütet und bestraft?

VIII. In welchen Stücken scheint das Gesetzbuch für die Seeleute noch mangelhaft zu seyn?

Admiralitätsgericht.

I. Aus welchen Mitgliedern besteht das Admiralitätsgericht? Welche Rechtsfälle sind seiner Gerichtsbarkeit unterworfen? Und wie weit erstreckt sich diese, sowohl was ihr Gebiet, als ihre Gewalt betrift?

II. Nach welchen Gesetzen wird gewöhnlich gesprochen? Sind sie nicht zum Theil aus Oleron, Rhodus und Wisby entlehnt? Und zum Theil nach denen geformt,

formt, die in Genua, Pisa, Messina, Marseille ꝛc. üblich sind?

III. Welche von den ältern und neuern Gesetzen verdienen vorzüglich bemerkt zu werden?

IV. Wer ist der erste Admiral? Und was für weise Verfügungen zum Besten des Landes hat dieser getroffen?

IV. Kann man von den Aussprüchen des Admiralitätsgerichts noch weiter appelliren? Und an welches Gericht?

VI. Wie werden die Priesen getheilt? Und wie viel bekömmt der erste Admiral davon?

Sieben und dreyßigster Abschnitt.
Bauart und Beschaffenheit der Kriegsschiffe.

Schiffswerfte, Oberaufsicht darüber.

I. Welches sind die Haupthafen zur Aufnahme der Kriegsschiffe? Und welches sind die vornehmsten Schiffswerfte zum Bau derselben?

II. Welchen Personen ist die Aufsicht über die Schiffswerfte anvertrauet? Aus welchen Mitgliedern besteht die Zunft der Schiffsbaumeister? Und wer ist der Vorsteher?

III. Welches sind jetzt die berühmtesten Schiffsbaumeister? Was für Landsleute sind sie? Was für überzeugende Proben haben sie von ihrer vorzüglichen Geschicklichkeit in dem Schiffsbau gegeben?

IV. Wie hoch beläuft sich die Besoldung der Schiffsbaumeister?

V. Sind alle Kriegsschiffe hier im Lande gebaut? Oder in welchem auswärtigen Schiffswerften sind einige derselben verfertigt?

VI. Wie viel? Von welcher Größe? Und für welchen Preis, nach Kanonen berechnet?

VII. Wie stark hat die Flotte jährlich im Durchschnitte zugenommen? Und wie viel Kriegsschiffe werden jährlich in jedem Schiffswerfte gebaut?

VIII. Wie viel kostet ein Kriegsschiff im Verhältnisse seiner Anzahl von Kanonen? Und wie viel wird auf eine Kanone im Durchschnitte gerechnet? Etwa 6000 Rthlr. wie in England?

IX. Wie viel Zeit wird erfordert, um ein Schiff vom ersten Range zu bauen und auszubessern? Und wie viel Menschen werden bey dieser Arbeit gebraucht?

Schiffsvorrath und Versorgung der Flotte mit Lebensmitteln.

I. Wie muntert die Regierung die Nation auf, so sehr als möglich, alle nothwendigen Schiffsmaterialien in dem Lande selbst zu erzeugen, um die Abhängigkeit von Auswärtigen zu vermeiden?

II. Hat man gehörig dafür gesorgt, alle Waldungen überhaupt und besonders solche, die nahe an den Seeküsten und an den Ufern schiffbarer Flüsse sind, zu erhalten und zu schonen?

III. Wo

III. Woher wird das Holz zum Bau der Kriegsschiffe genommen? Wie viel bedarf man jährlich im Durchschnitte? Und für welchen Preis wird es gekauft?

IV. Woher kommen die Mastbäume? Wie viel werden jährlich im Durchschnitt erfordert? Und was ist der Preis derselben?

V. Woher werden die Dielen gebracht? Was für eine Menge wird jährlich gebraucht? Und wie viel kosten sie?

VI. Dieselben drey Fragen in Rücksicht auf Hanf?

VII. Dieselben in Ansehung der großen Schiffsseile und Taue?

VIII. Gleichfalls in Betracht der Segeltücher?

IX. Gleichfalls des Theers und Pechs?

X. Gleichfalls des Eisens?

XI. Wo werden die Anker gemacht? Wie viel jährlich? Und für welchen Preis, im Verhältnisse ihres Gewichts?

XII. Werden alle Arten von Nägeln in diesem Lande gemacht? Wie viel Centner werden des Jahrs verbraucht? Und was ist der Preis derselben?

XIII. Sind Kanonen von Kupfer oder von Eisen gebräuchlicher? Woher kömmt eine jede Gattung derselben? Wie viel hat man jährlich nöthig? Und wie viel kostet eine jede Gattung, nach Pfunden berechnet?

XIV. Was für ein Ort versorgt das Zeughaus mit Schießgewehren? Was für eine Menge wird in dem Zeughause von jeder Gattung gefunden? Und was ist der Preis einer jeden Art?

XV. Was für eine Menge von grobem Geschütze wird in einem Zeughause aufbewahrt?

XVI.

XVI. Woher kömmt das Schießpulver? Wie viel bedarf man jährlich in Friedenszeiten? Und wie hoch kömmt es zu stehen?

XVII. Woher werden die Kanonenkugeln gebracht? Was ist ihr Preis? Wie viel Tausend werden immer in dem Zeughause in Bereitschaft gehalten?

XVIII. Woher wird die Flotte mit den verschiednen Arten von gesalznen Speisen versorgt? Was für eine Menge wird des Jahrs in Kriegszeiten verzehrt? Welches sind die Preise der verschiednen Gattungen von Speisen?

XIX. Wo wird der Schiffzwieback verfertigt? Wie viel wird jährlich in Kriegszeiten verbraucht? Was ist der Preis?

XX. Sind noch andre wichtige Dinge zur Ausrüstung der Flotte nöthig? Woher werden sie gebracht? Welche Menge wird jährlich erfordert? Und was kosten sie, im Durchschnitte?

XXI. Sind alle nöthige Dinge zur Ausrüstung der Schiffe, die aus fremden Ländern eingeführt werden müssen, beständig zu haben? Oder welche derselben dürfen zu gewissen Zeiten vorenthalten werden, so daß die Ausrüstung der Flotte dadurch gehindert werden könnte?

XXII. Wie wird die Flotte mit den nöthigen Lebensmitteln versorgt? Geschieht es durch Kontrakte?

XXIII. Welches sind die wichtigsten Artikel von Lebensmitteln für die Flotte? Wie viel hat man jährlich von einem jeden nöthig in Kriegszeiten? Und wie viel betragen die Kosten?

Ver=

Verhältnisse der verschiednen Rangordnungen der Schiffe.

I. In wie viel Rangordnungen werden die Kriegsschiffe dieses Landes abgetheilt?

II. Wie viel Kanonen hält eine jede Rangordnung? Wie schwer ist das Metall derselben nach den verschiednen Verdecken oder Batterien?

III. Mit wie vielen Menschen wird eine jede Rangordnung bemannt? die Officiers, Matrosen und Aufwärter mitgezählt?

IV. Wie viel Mann werden gewöhnlich für eine jede Kanone bestimmt?

V. Wie lang ist der Schiffsboden einer jeden Rangordnung?

VI. Wie lang ist das untre Verdeck einer jeden Rangordnung?

VII. Wie viel beträgt die äußerste Breite einer jeden Rangordnung?

VIII. Wie tief ist der Raum, oder Schiffboden einer jeden Rangordnung?

IX. Wie viel Tonnen hält eine jede Rangordnung?

Beschaffenheit der Bauart.

I. Können die Schiffe schnell segeln? Was ist die größte Geschwindigkeit in einer Stunde? Und welche Rangordnung hat man zum Schnellsegeln am bequemsten gefunden und eingerichtet?

II. Welche Rangordnung scheint in Seegefechten die beste zu seyn?

III. Haben sie feste und starke Segel? Und kann man sie gut mit dem Steuerruder leiten?

IV.

IV. Segeln sie etwas nahe an den Wind und halten die Stöße der See aus, ohne heftig erschüttert und in die Höhe geworfen zu werden?

V. Wie viel Fuß ist der untre Theil derselben außer dem Wasser?

VI. Wie viel Jahre kann ein gut gebautes Schiff mit Vortheil gebraucht werden?

Pulvermühlen.

I. Wo sind die vornehmsten Mühlen angelegt, um Schießpulver zu machen?

II. Hat man die Kunst, Schießpulver zu machen, zu einer hohen Vollkommenheit gebracht? Auf welche Art werden die Dinge, woraus das Pulver verfertigt wird, nämlich Salpeter, Schwefel und Holzkohlen, zubereitet? Verhältnißmäßig eingetheilt? Vermengt? Und gekörnt, oder granulirt, um daraus Pulver für Kanonen oder Musketen zu machen?

III. Wie vergrößert man die Stärke des Schießpulvers? Und wie berechnet man dieselbe?

IV. Wie wird das Pulver wider die Feuchtigkeit verwahrt?

V. Wie viel kosten die verschiednen Gattungen von Pulver auf der Stelle?

VI. Wie wird beschädigtes und verdorbnes Pulver wieder hergestellt und verbessert?

VII. Was für nützlicher Geheimnisse rühmt sich dieses Land in Ansehung des Pulvers?

Das Gießen der Schiffskanonen.

I. Welches sind die vornehmsten Oerter, wo große Kanonen, Mörser u. s. w. gegossen werden?

II. Wie

II. Wie viel, und in welchem Verhältnisse wird Kupfer, Erze und Zinn zur Verfertigung der metallnen Kanonen zusammen gemengt?

III. Was ist bemerkungswürdig, in Ansehung der Art, wie Kanonen, Mörser, Haubitzen u. s. w. gegossen werden?

IV. Wie wird die Maschine zum Bohren der Kanonen verfertigt?

V. Welche Stellung ist zum Bohren der Kanonen vorzuziehen, die senkrechte, oder die horizontale? Und warum?

VI. Was für Verhältnisse beobachtet man in Ansehung einer jeden Gattung von Kanonen, was die Länge und das Gewicht derselben; was die Dicke des Metalls nach hinten zu und bey der Mündung; was den Diameter des Mundlochs; was das Laden und das Gewicht der Kugeln betrift? Wie weit reichen sie, in horizontaler Richtung? Wie weit auf das Aeußerste?

Fortschritte in der Kunst, mit Kanonen zu schießen.

I. Was für Fortschritte hat die Artilleriekunst in diesem Lande gemacht? Worin wird den Konstablern eine vorzügliche Geschicklichkeit zugestanden?

II. Wie oft können sie feuern, ohne die Kanonen zu reinigen? Und wie oft in einer Minute?

Schule der Schiffahrt und Schiffsbaukunst.

I. Wie hat man dafür gesorgt, jungen Leuten zum Seedienste Anleitung zu geben?

II. An welchen Oertern sind öffentliche Schulen der Schiffahrt und Schiffsbaukunst angelegt?

Z 5 III.

III. Wie ist der Plan der Erziehung beschaffen?

Verbesserungen in beyden Stücken.

I. Welche Verbesserungen sind seit kurzer Zeit in der Schiffahrt und Schiffsbaukunst gemacht worden?

II. Werden sie geheim gehalten? Oder sind sie öffentlich bekannt? Und worin bestehen sie?

III. Ist es gebräuchlich Kriegsschiffe mit Kupfer zu beschlagen? Was für einen Erfolg hat man von dieser Erfindung gespürt? Hat man dadurch den Wurmstich völlig verhütet? Wie viele Jahre hält der kupferne Beschlag? Und wie viel kostet derselbe, für ein Schiff vom ersten Range?

IV. Sind sehr genaue Seekarten vorhanden, besonders von der Tiefe der See an den Küsten? Wie heißen die Herausgeber?

V. Wo werden die Schiffswerkzeuge gemacht? Und in wie fern sind sie verbessert worden?

VI. Wie verhütet man, daß Schiffe, deren Boden wurmstichicht sind, leck werden?

Anmerkung.

Was das Uebrige betrift, so ist der Artikel, Schiffahrt auf der See, nachzulesen.

Acht und dreyßigster Abschnitt.
Landesherr.

Erziehung des Fürsten.

I. In welchem Alter wurde die Erziehung des Prinzen Männern anvertraut?

II. Wer

II. Wer sind diejenigen, welchen dieselbe ist übertragen worden? Und in welcher Ordnung wurde ein jeder von ihnen beschäftigt?

III. Welche Mittel sind angewandt, um die Leibesbeschaffenheit des Prinzen dauerhaft und den Körper stark zu machen?

IV. Ist der Prinz frühzeitig gewöhnt worden, seinen Lehrern und Hofmeistern gehorsam zu seyn?

V. Wie hat man dafür gesorgt, dem jungen Prinzen Ehrfurcht gegen Gott, Achtung für die Tugend, für das Eigenthum. u. f. einzuflößen?

VI. Wie ist dem Herzen des Prinzen Gerechtigkeit, Wohlwollen, Gottesfurcht, Ehrerbietung gegen Eltern, Bescheidenheit, Muth, u. f. eingeprägt worden?

VII. Zu welchen Zwecken ist er gewöhnt worden, sein Taschengeld anzuwenden?

VIII. Aeußerte er eine edle Denkungsart gegen verdiente Leute, und Freygebigkeit gegen Arme? Oder war er verschwenderisch, ohne auf die Verdienste derer, die Wohlthaten empfiengen, Rücksicht zu nehmen? Oder war er sehr sparsam?

IX. Nach welchem Plane verfuhr man, um den Verstand des Prinzen auszubilden? Worin bestanden seine vornehmsten Beschäftigungen und in welchen Kenntnissen hat er die größten Fortschritte gemacht?

X. Wie waren die Tagesstunden, während seiner Erziehung, eingetheilt?

XI. Welches waren seine Lieblingsvergnügungen?

XII. Was für ein Charakter wurde dem Prinzen von denenjenigen beygemessen, die damit am besten bekannt waren; und was urtheilten die meisten seiner Lehrer

von

von seiner Fähigkeit und Neigung, das Volk glücklich und seine Regierung ruhmwürdig zu machen?

XIII. Verrieth der Prinz jemals eine Neigung zu kriegerischen Unternehmungen?

XIV. Welche Nationen waren ihm verhaßt? Und welchen war er gewogen?

Regierung.

I. In welchem Alter kam der Prinz auf den Thron? Und bis zu welchem Alter dauerte die Minderjährigkeit?

II. Wie ist die körperliche Gesundheit des Fürsten beschaffen? Erlaubt sie ihm, sich den Beschwerden des Krieges zu unterziehn? Oder durch welche Art von Ausschweifungen schwächt er sie?

III. In wie fern macht der Fürst Gebrauch von den Grundsätzen seiner Erziehung? Durch welche Mittel macht er sich beliebt bey seinen Unterthanen, und erregt die Bewunderung fremder Nationen?

IV. Hat der Fürst Achtung für die heiligen Rechte des Eigenthums? Was für merkwürdige Beweise hat er davon gegeben?

V. Verläßt sich der Fürst gänzlich auf seine Minister, oder untersucht er jede Sache, welche auf die Wohlfahrt seiner Unterthanen, oder die Ehre der Krone eine Beziehung haben, ohne auf seiner eignen Meinung zu beharren?

VI. Sind die Ohren des Fürsten gegen Schmeicheley verschlossen, oder durch welche Mittel gewinnen die Hofleute seine Zuneigung?

VII. Wer sind jetzt seine Günstlinge? Und was für Charakter haben sie nach der Meinung des Volks?

VIII.

VIII. Welchen Einfluß haben die Frauenzimmer auf das Herz und auf das Betragen des Fürsten?

IX. Hat er eine gebührende Achtung gegen die Ehre seiner Unterthanen?

X. Ist den Frauenzimmern erlaubt, sich in Staatssachen zu mischen? Wie heißen die mächtigsten unter ihnen? Und welchen Rang bekleiden sie?

XI. Wie weit erstreckt sich der Einfluß der Fürstin und der Familie?

XII. Welchen Einfluß hat die Geistlichkeit am Hofe?

XIII. Wie bringt der Fürst den Tag hin? Welche Stunden sind zu Staatssachen, und welche zu Vergnügungen bestimmt? Welche Zerstreuungen sind dem Fürsten die angenehmsten?

XIV. Was für ein Privatleben führt der Fürst? Giebt er seinen Unterthanen ein gutes Beyspiel?

XV. Welches sind die Lieblingsgrundsätze und Reden des Fürsten?

XVI. Welches sind die heftigsten Leidenschaften und größten Schwachheiten des Fürsten? Und in wie fern verbirgt er sie?

XVII. Was für rührende Beyspiele von menschlichem Gefühle und Wohlwollen werden von ihm erzählt? Erstreckt sich seine Herzensgüte bis zu den Thieren, oder ist er bey den Leiden derselben gleichgültig?

XVIII. Ist der Fürst herablassend und leutselig, ohne sich zu erniedrigen? Verstattet er der geringern Klasse seiner Unterthanen den Zugang zum Throne?

XIX. Schenkt er ihren Klagen ein aufmerksames Ohr? Und wie werden die Bittenden entlassen?

XX.

XX. Wird der Fürst für strenge gerecht gehalten? Welches sind die weisesten Gesetze und Einrichtungen, die unter des Fürsten Regierung sind gemacht worden?

XXI. Und welche sind von einsichtsvollen Unterthanen nicht gebilligt worden?

XXII. Ist das Volk im Ganzen unter der jetzigen Regierung glücklicher oder unglücklicher, als unter den vorhergehenden? Und warum? Zieht der Fürst das Glück des Friedens den theuer erkauften Eroberungen vor?

XXIII. Bey welchen Gelegenheiten zeigt der Fürst, die seinem Range angemessene Pracht? Und worin ist er vorzüglich sparsam? In seiner häuslichen Lebensart, in der Verwaltung seiner Finanzen, oder worin sonst am mehrsten?

XXIV. Verwilligt er beträchtliche Summen zur Behauptung des Ansehns der Gesandten an fremden Höfen?

XXV. Belohnt er Verdienste um den Staat mit Freygebigkeit? Und welche Beweise können davon angegeben werden?

XXVI. Können sich sowohl Auswärtige als Einheimische auf die Versprechungen des Fürsten verlassen?

XXVII. Welche Verbrechen bestraft der Monarch mit der größten Strenge? Und sorgt er nicht mehr dafür, ihnen durch weise Einrichtungen, als durch die Furcht vor ernsthaften Strafen vorzubeugen?

XXVIII. Ist die Zahl der Exekutionen und Gefangenen unter seiner Regierung größer oder kleiner geworden? Wie viel Todesstrafen können jährlich im Durchschnitte

schnitte als vollzogen berechnet werden? Und ist die Hauptsumme der Gefangnen bekannt?

XXIX. Wie befördert der Monarch nützliche Kenntnisse unter seinen Unterthanen?

XXX. Welche Aufmunterung erhalten durch ihn Künste und Wissenschaften?

XXXI. Wie werden Künstler und Gelehrte an seinem Hofe aufgenommen? Und mit welcher Achtung behandelt?

XXXII. Ist der Fürst sehr gewissenhaft und behutsam in der Wahl seiner Minister? Und was müssen sie für nöthige Eigenschaften haben?

XXXIII. Bestehet der Fürst auf die gerechte und genaue Vollziehung der Gesetze seines Landes? Und glaubt man, daß er die höchste Achtung für sie habe?

XXXIV. Läßt der Fürst es sich aufs Eifrigste angelegen seyn, daß der Thronfolger auf eine Art erzogen werde, wie es das Glück und die Wohlfahrt des Landes erfordert?

XXXV. Ist der Hof glänzend? Und wie ist der Haushalt in Rücksicht auf die Pracht und auf die Zahl der Bedienten desselben eingerichtet?

Anmerkung.

Was die Zunahme oder Abnahme der Auflagen, unter der jetzigen Regierung, betrifft; so sind die Artikel: Auflagen und Steuern nachzusehn.

Manche Nachrichten, die sich auf den Hof beziehen, findet man in dem Staatskalender.

Da es sehr wünschenswerth ist, ein richtiges Urtheil über den Reichthum oder die Armuth der Nation zu fällen; so wird einem Reisenden folgende Anleitung eines der berühmtesten politischen Schriftsteller des Dr. Tuckers, Dechants von Glocester, willkommen seyn. Sie ist in seinem Unterrichte für Reisende enthalten und im Jahre 1757 in 4 gedruckt worden.

Allgemeine Regeln,
um über die Armuth oder den Reichthum einer Stadt, eines Fleckens, einer Gegend, bey der Durchreise zu urtheilen.

I.

Der Reisende muß sich nach dem Verhältnisse erkundigen, worin Ländereyen und Geld stehen. Dieß ist das sicherste Kennzeichen des Reichthums oder der Armuth eines Landes. Ein Kennzeichen gleich den Eimern eines Schöpfbrunnens, wo das Aufsteigen des Einen, das Sinken des Andern nothwendig voraussetzt. So ist z. B. wo Geld starke Zinsen einbringt, der Preis der Ländereyen niedrig, weil hohe Zinsen einen Beweis liefern, daß Viele borgen wollen, und nur Wenige verleihen können. Ist dieß richtig; so folgt, daß, wo wenig Verleiher sind, es auch wenig Käufer von Ländereyen giebt.

Hin-

Hingegen wo Zinsen sehr niedrig stehen, muß der Preis der Ländereyen verhältnißmäßig steigen, weil das Sinken der Zinsen ein unleugbarer Beweis ist, daß viele Personen im Staate kaufen können, und nur wenige verkaufen, oder ihre Besitzungen verpfänden wollen. Die Wirkungen hoher oder niedriger Zinsen erstrecken sich aber noch viel weiter; denn man findet, daß die Thätigkeit oder Unthätigkeit und also der Wohlstand oder die Dürftigkeit eines Volks, in einem beträchtlichen Grade von dem einen oder dem andern abhängen. Zur Erläuterung lasset uns annehmen, daß die Zinsen in England (wie es wirklich der Fall ist) niedrig, und in Frankreich hoch stehen. Ein Güterbesitzer in England, kann mit geringer Mühe Geld auf sein Grundstück leihen, und thut es oft um den Werth desselben zu erhöhn, zu bauen, zu pflanzen, und andre Verbesserungen zu machen. Hierbey gewinnt der Arme, den er zur Arbeit anstellt; und indeß er selbst reinen Vortheil zieht, wird auch unter die ärmere Volksklasse mehr Wohlstand verbreitet. Von der andern Seite kann ein Franzose nicht ein Gleiches thun; das heißt, er kann nicht so viel Menschen in Thätigkeit und Nahrung setzen, weil der hohe Zins vom Gelde mehr beträgt, als der Gewinn oder Vortheil, den er davon einernten kann; deswegen sind die Güter in Frankreich weder in so gutem Stande, noch in so hohem Werthe, als die in England. Und was hier in Rücksicht auf die Einkünfte der Ländereyen ist bemerkt worden, das ist gleichfalls anwendbar auf die kaufmännischen und Manufaktureinkünfte; denn das ist

A a   eine

eine sichre Thatsache, daß ein Kaufmann in Frankreich mehr Vortheil davon hat, wenn er das Geld, welches gerade unbenutzt bey ihm liegt, auf Zinsen austhut, als wenn er zufrieden mit einem geringen Gewinne wäre, den der englische Kaufmann gern vorlieb nimmt, weil er mit seinem Gelde und seinem Kredite nicht besser wuchern kann. Noch ist zu erinnern, daß wenn ein französischer Kaufmann oder Fabrikant sich sein etwas beträchtliches Vermögen erworben hat, ihm ein Kaufmannsstand widrig und lästig wird, da er dann alle Kräfte aufbiethet, und sich nicht wenig Geld kosten läßt, sich und seine Familie adeln zu lassen, um den Schimpf seines ehemaligen Gewerbes von sich abzuwaschen. Bey diesen Umständen muß es nothwendig folgen, daß der Engländer im Allgemeinen mehr Geld im Handel stecken hat, als der Franzose, und daß er folglich verhältnißmäßig auch eine größere Anzahl Menschen in Thätigkeit setzen kann. Auf gleiche Weise folgt auch, daß ein englischer Kaufmann, da, wo er ein Vermögen von zehntausend Pfunden anlegt, dennoch wohlfeiler verkaufen kann, als sein französischer Nebenbuhler, der nur fünftausend Pfund verwendet hat, obgleich Jener jeden Artikel von Einkauf und Arbeit theurer bezahlen muß. Dieß könnte manchen Leuten ein Paradoxon scheinen, die nicht gewöhnt sind, auf den Grund solcher Berechnungen zu gehn. Es wird aber klar, wenn man überlegt, daß der Engländer mit 5 Procent Vortheil zufrieden ist, indeß der Franzose 8 oder 10 Procent erwartet;

und

und so kann Jener es diesem zuvorthun, (besonders, wenn er doppelt so viel Geld anlegt) obgleich er seinen Taglöhnern und Arbeitsleuten höhern Lohn geben muß.

II.

Der Reisende beobachte die Beschaffenheit der Wirthshäuser an den großen Straßen; denn sie sind gleichsam der Puls, an welchem man den Reichthum oder die Armuth eines Landes erkennen kann. Findet man sie daher in einem blühenden Zustande; so darf man daraus schließen, daß viel Menschen diesen Weg reisen, und das häufige Hin- und Herreisen ist ein sichrer Beweis, daß Geschäfte von einer oder andern Art, einen guten Fortgang haben. Die öffentlichen Wirthshäuser an den großen Straßen in Frankreich, sind größtentheils schlecht, — nämlich in Vergleichung mit denen in England. Die in Languedoc sind noch die besten; auch ist der Handel in Languedoc beträchlicher, als der in den mehrsten andern Provinzen des Königreichs.

III.

Dieselben Beobachtungen und Nachforschungen stelle der Reisende an, in Rücksicht auf die Fahrzeuge, welche auf der Straße hin- und herfahren. Nicht solche Fahrzeuge, worin müßige Reisende zum Vergnügen fahren, sondern Frachtwagen und Fahrzeuge, worin Kaufleute reisen. Denn das beweist, daß die Handlung einen guten Fortgang hat. Und wo auch diese Waaren verfertigt werden mögen: so zeigt doch ihr häufiger Transport, daß die Leute große Summen anzulegen haben.

IV.

Er sey vorzüglich aufmerksam auf die Menge und Güte der Waaren, die er in den Kaufmannsladen und Buden in den Städten und Dörfern, durch welche er reist, ausgestellt sieht; denn diese Laden sind in der That die Magazine der Oerter, und geben das sicherste Kennzeichen von dem Wohlstande, oder der Armuth der Nachbarschaft. Mit Einem Worte: reiche Käufer, machen reiche Kramladen; weil kein Kramer so unverständig handeln wird, seinen Laden mit großen Vorräthen von kostbaren Waaren zu versehn, wenn er nicht erwarten darf, daß er sie verkaufe. Wenn daher ein Reisender deswegen sein Vaterland verläßt, um den Zustand andrer Länder kennen zu lernen; so verfüge er sich an solchen Oertern, wo er Zeit hat, sich aufzuhalten, in die Kramladen, und kaufe da irgend eine Kleinigkeit, welche zum Verkaufe ausgestellt ist, (wäre sie auch nicht werth, bis zu dem nächsten Orte mitgeführt zu werden,) weil er da Gelegenheit hat, manche nützliche Entdeckung zu machen, und er ein Recht erlangt, manche erläuternde Frage aufzuwerfen, die den Handel, die Manufakturen, das Aufkommen und den Verfall des Landes betreffen, und worüber er er auf andre Weise keine Erläuterungen bekommen kann, und hielte er sich auch Monate, oder ganze Jahre lang dort auf. Es sey dem Verfasser erlaubt, hier aus eigner Erfahrung zu reden, und Andern zu empfehlen, was ihm sehr nützlich gewesen ist.

V.

Auch untersuche der Reisende den innern Zustand der Lebensart in den großen und kleinen Städten, zum Beyspiel: Ob der größte Theil der Einwohner ganze Häuser für sich inhabe, oder ob mehr Familien in Einem Hause sich behelfen. Ist das Letzte der Fall; so herrscht wirklich Armuth unter dem Volke, mögte auch immer der Anschein das Gegentheil verkündigen; denn warum sollten sich die Familien der Ungemächlichkeit aussetzen, noch andre Hausleute aufzunehmen, wenn ihre Umstände es litten, daß sie diese Last von sich ablehnten? Nicht einmal zu erwähnen, daß, wenn mehr als eine oder zwey Familien sich in Einem Hause einsperren, ihr Hausrath unmöglich sehr beträchtlich seyn kann; und doch kann man, wenn man den Reichthum eines Landes untersuchen will, sicher annehmen, daß da Wohlstand herrscht, wo die Familien eine Menge von gutem Hausrathe besitzen.

VI.

Ferner beobachte der Reisende, wie die Bewohner der Städte und Dörfer im Allgemeinen die Aussenseiten ihrer Häuser verzieren und reinhalten, und dieselben Bemerkungen mache er, in Ansehung der Verzierungen an Feldern und Gärten; weil Leute, deren Umstände zerrüttet sind, gewiß an dergleichen wenig wenden werden. Hier zeugt das äußere Ansehn gewiß von der Beschaffenheit des Innern, und wo man dergleichen findet, da herrscht Thätigkeit. Sieht man hingegen elende, schmutzige Häuser, verwahrloste Felder und Gärten, und Verabsäumung der Kultur des Bodens; so kann man versichert seyn, daß dort die Einwohner nie wohlhabend gewesen, oder daß sie zurückgekommen sind.

VII.

Endlich muß er vorzüglich nachforschen, ob die Inhaber der Ländereyen gewöhnlich ihre Abgaben in Geld oder in Produkten bezahlen; denn dieß ist ein Hauptartikel, zu Erforschung des Reichthums, oder der Armuth eines Landes. Werden die Abgaben mehrentheils in Korn oder Vieh entrichtet, oder in andern ländlichen Produkten; so ist das ein sicherer Beweis, daß das Geld rar ist, und daß keine schickliche Märkte in der Nähe sind, wo die Leute ihre Produkte verkaufen und in Geld verwandeln können. Denn weder der Landedelmann noch seine Pächter würden sich zu dieser Art von Bezahlung verstehn, wenn eine andre möglich zu machen wäre. Der Edelmann nicht, weil ihm diese Art von Einnahme unmöglich immer gelegen seyn kann, indem er nicht im Stande ist, diese Produkte so leicht gegen andre Nothwendig-

keiten

keiten oder Bedürfnisse des Lebens umzutauschen. Der Pächter nicht, weil dieser einen freyen ofnen Markt immer zum Verkaufe dieser Dinge vorziehn wird, und es ihm unangenehm seyn muß, seine besten Produkte an Zahlungsstatt seinem Gutsherrn zu überliefern, weil er sie bey diesem gewiß nicht zu einem so hohen Werthe anbringen kann, als auf andre Weise.

www.ingramcontent.com/pod-product-compliance
Lightning Source LLC
Chambersburg PA
CBHW030349230426
43664CB00007BB/588